T0209800

Edition KWV

Die „Edition KWV" beinhaltet hochwertige Werke aus dem Bereich der Wirtschaftswissenschaften. Alle Werke in der Reihe erschienen ursprünglich im Kölner Wissenschaftsverlag, dessen Programm Springer Gabler 2018 übernommen hat.

Weitere Bände in der Reihe http://www.springer.com/series/16033

Heinz Erich Stiene

Von Horaz und Ovid bis zum Archipoeta

Sechs Rezeptionsgeschichten aus der deutschen Literatur

Heinz Erich Stiene
Frechen, Deutschland

Bis 2018 erschien der Titel im Kölner Wissenschaftsverlag, Köln

Edition KWV
ISBN 978-3-662-58400-2   ISBN 978-3-662-58401-9   (eBook)
https://doi.org/10.1007/978-3-662-58401-9

Die Deutsche Nationalbibliothek verzeichnet diese Publikation in der Deutschen Nationalbibliografie; detail-
lierte bibliografische Daten sind im Internet über http://dnb.d-nb.de abrufbar.

Springer Gabler
© Springer-Verlag GmbH Deutschland, ein Teil von Springer Nature 2015, Nachdruck 2019
Ursprünglich erschienen bei Kölner Wissenschaftsverlag, Köln, 2015

Springer Gabler ist ein Imprint der eingetragenen Gesellschaft Springer-Verlag GmbH, DE und ist ein Teil von
Springer Nature
Die Anschrift der Gesellschaft ist: Heidelberger Platz 3, 14197 Berlin, Germany

Vorwort

Ins reiche Land der Rezeption von lateinischer Literatur der Antike und des Mittelalters führen viele Wege. Die Bemühungen der Rezeptionsforschung haben sie im Laufe der Zeit heller und immer breiter werden lassen. Längst ist dieser Forschungszweig zu einer fruchtbaren Spezialdisziplin der Literaturwissenschaft herangewachsen. Mit Vorliebe hat sie sich den großen Autoren zugewandt, darüber aber auch kleinere, weniger bedeutende nicht vergessen. Literarische Gattungen hat sie in den Blick genommen – Epos, Schauspiel, Geschichtsschreibung, Epigrammatik, Redekunst usw. – und poetische Formen, Stoffe und Motive beleuchtet.

Für die Erforschung der Antike-Rezeption hat die Heidelberger Schule um Michael von Albrecht Bahnbrechendes geleistet. Sie hat nicht nur neue Erkenntnisse gewonnen und mitgeteilt, sondern darüber hinaus mit beharrlichem Fleiß die über Bücher und Zeitschriften verstreuten internationalen Studien gesammelt und in einem ebenso umfänglichen wie unentbehrlichen Nachschlagewerk vereint, der ‚Bibliographie zum Fortwirken der Antike in den deutschsprachigen Literaturen des 19. und 20. Jahrhunderts'. 2005 hat Michael von Albrecht sie mit Walter Kißel und Werner Schubert herausgegeben.

Die Rezeption der antiken lateinischen Literatur, der lange geläufige Begriff Nachleben ist etwas ins Abseits gedrängt worden, galt wesentlich den Autoren und Werken der klassischen und nachklassischen Zeit. Eine Ausnahme bildeten die altlateinischen Komödiendichter Plautus und Terenz, an denen sich, wie Michael von Albrecht sagt, die europäische Komödie gebildet hat. Die lateinische Literatur der Spätantike, mochte sie an erhaltenem Schriftgut die Klassik auch um ein Mehrfaches übertreffen, fristete ein Dasein am Rande. Erst recht galt das für die lateinische Literatur des Mittelalters; sie blieb bis ins 19. Jahrhundert ein bemitleidetes Mauerblümchen.

Die Erforschung der Rezeption lateinischer Autoren und Werke in der deutschen Literatur hat über die Jahrzehnte reiche Früchte getragen. Daß dabei trotz allen Forscherfleißes der eine oder andere Winkel unbeachtet und unbeleuchtet geblieben ist, will dieses Buch zeigen. Die ganz großen Namen sind nicht darin versammelt. Aber können nicht gerade die weniger namhaften ebenso beredt für die Macht einer Tradition sprechen? Doch was heißt schon weniger namhaft? Friedrich Rückert, Gustav Freytag, Joseph Victor von Scheffel, Otto Ernst – ja, diese Namen muß man heute vorsichtig buchstabieren. In ihrer Zeit und noch eine geraume Weile danach gehörten auch sie zu den großen, verehrten Namen. Und welche Achtung genoß einst Felix Dahn! In einem Gedicht und einer Erzählung hat er die hochmittelalterliche Sage von Einhart und Emma und dem nächtlichen Schneefall, der das Liebespaar überrascht, gleich zweimal aufgegriffen und mit unterschiedlichen Gewichtungen in Szene gesetzt. Auf ihre Art haben Dahns Zeitgenossen Ludwig Storch den Langobarden Paulus Diaconus und Ludwig Laistner den gelehrten Hermannus Contractus von der Reichenau gedeutet.

Aus gänzlich anderem Holz war der als Schriftsteller bisher kaum beachtete Carl Brinitzer. Im englischen Exil kämpfte er als Mitarbeiter des Deutschen Dienstes der BBC gegen die NS-Herrschaft. Nach dem Zweiten Weltkrieg trat Brinitzer vor allem als ein vom Journalismus geprägter Unterhaltungsschriftsteller hervor, der aber immer wieder auch engagiert politisch Stellung bezog. Die unsterblichen Faszinosa Liebe und zwischenmenschliche Beziehungen führten ihn als aufmerksamen Beobachter gleichsam von selbst zu den römischen Dichtern Ovid und Juvenal und zum mittelalterlichen Autor Andreas Capellanus. Ihnen näherte Brinitzer sich auf originelle, durchaus anregende Weise.

Wie konnte ein kritisches Wort unter napoleonischer Herrschaft die Zensur überlisten? Was Max von Schenkendorf und seinem Freund Xaver Franz Carnier dazu einfiel, ist unten nachzulesen.

Der Auftakt dieses Buches jedoch widmet sich den grundsätzlich verschiedenen Bedingungen, unter welchen sich in der Neuzeit die Rezeption der lateinischen Literatur der Antike (wie gesagt, der klassischen) und der des Mittelalters vollzog. Das klingt umständlich und nach hölzerner Theorie. Doch am Beispiel des allgegenwärtigen römischen Dichters Horaz und eines hier noch nicht verratenen Gandersheimer Molkereiproduktes wird sich das Anliegen des einleitenden Kapitels, so hoffe ich, sinnfällig erschließen.

Ein letztes Wort. Ich habe mich bemüht, nicht zu konstruieren und nicht zu dekonstruieren. Mein Anliegen war es, die vorgestellten Texte in ihrer Zeit an ihrem Ort zu belassen, sie einen Augenblick in ihrem Versteck aufzuspüren und etwas über sie zu erzählen. Dabei sind sechs Rezeptionsgeschichten entstanden.

Nur zu gerne erfülle ich die Pflicht der Danksagung. Frau Alexandra Patricia Wolf und die Herren Thomas Backhuys, Dr. habil. Klaus Maresch und Mario Wasserfuhr haben mir, dem Unkundigen, wertvollste Dienste geleistet, meine Worddatei allmählich für die Drucklegung zu formatieren. Nicht weniger schätzenswert war mir der professionelle Einsatz von Frau Stefanie Steinfeld vom Kölner Wissenschaftsverlag. Sie hat mich ermutigt, mein Vorhaben in die Tat umzusetzen.

Köln, im August 2015   Heinz Erich Stiene

Inhaltsverzeichnis

Vorwort V

Inhaltsverzeichnis VII

**I. „Unzählige Stellen aus ihren Gedichten". Gedanken zur leisen Rezeption
der Literatur der römischen Antike und des lateinischen Mittelalters in der
deutschen Literatur** 1
  1. Kein Unterrichtsstoff der Schule: die lateinische Literatur des Mittelalters 2
  2. Latein als universelle Wissenschaftssprache in der frühen Neuzeit 2
  3. Maßstab und Anregung: die Klassiker der römischen Literatur in der Neuzeit 3
    3.1 Livius – Catull – Horaz 3
    3.2 Cicero – Seneca – Vergil 4
  4. Schalk und Vater: die leise Gelegenheitsrezeption am Beispiel des Horaz 6
    4.1 Horaz als höchste Instanz der römischen Dichtung 6
    4.2 Horaz als Reiseführer durch Rom und die Campagna 9
    4.3 Der geflügelte Horaz 13
      4.3.1 *Ille terrarum mihi praeter omnes angulus ridet* 13
      4.3.2 *Utile cum dulci* 13
      4.3.3 *Carpe diem* 14
      4.3.4 *Quidquid delirant reges, plectuntur Achivi* 15
      4.3.5 *Parturient montes, nascetur ridiculus mus* 16
  5. „Solide Kenntnis der lateinischen Tradition": ein Rückblick aus dem jungen
21. Jahrhundert 18

**II. Ein Moralist und Postillon d'amour des 20. Jahrhunderts. Ovid, Juvenal
und Andreas Capellanus im Werk Carl Brinitzers** 21
  1. Biographisches zu Brinitzer 21
  2. Brinitzer als Schriftsteller 22
    2.1 Nationalsozialismus, Zweiter Weltkrieg und die BBC 22
    2.2 Brinitzer als Übersetzer 24
    2.3 Biographien: Aufklärung und Vormärz 24
    2.4 Von England und Italien, von Liebe, Wein und Schönheit: ein bunter
Strauß Kulturgeschichte 26
  3. Brinitzer und die lateinische Literatur 29
    3.1 Antike Weisheiten und eine – nationalsozialistische Ekloge? 29
    3.2 Carl Brinitzer interpretiert Ovid, Juvenal und Andreas Capellanus 32
    3.3 Liebeskunst ganz prosaisch: Ovids ‚Ars amatoria' 32
    3.4 ‚Medicamina faciei femineae': Ovids Vorlesungen über Kosmetik 39
    3.5 Liebeskunst ganz ritterlich: Die Vorlesungen des Andreas Capellanus 40
      3.5.1 Ein Ausflug ins Land der Troubadoure, Minnesänger und adligen
Liebesrichterinnen 45
    3.6 „Nach Ägypten". Juvenals sechste Satire – ein Schwarzbuch für
Heiratslustige, Flitterwöchner und Scheidungskandidaten? 49

III. Einhart, Paulus Diaconus, Hermannus Contractus. Drei Gestalten des lateinischen Mittelalters in einer lyrischen Anthologie aus Wilhelminischer Zeit..........55
    1. Zur Biographie des Herausgebers Franz Tetzner..........55
    2. Der Aufbau der Anthologie 55
    3. Die Dichter in Tetzners Anthologie 56
    4. Geschichtliche Belehrung und vaterländische Erbauung..........57
    5. Die drei mittellateinischen Autoren in Tetzners Anthologie: Einhart, Paulus Diaconus, Hermannus Contractus..........59
        5.1 Felix Dahn, ‚Emma an Einhart'..........59
        5.2 Eginhard und Emma in der Dichtung und auf der Bühne..........63
        5.3 Felix Dahns Gedicht ‚Emma und Einhart' im Rückblick..........65
        5.4 Dahns Erzählung ‚Einhart und Emma'..........66
        5.5 Nachbetrachtung..........68
        5.6 Ludwig Storch und Paul Warnefried (Paulus Diaconus)..........69
        5.7 Biographisches zu Ludwig Storch..........69
        5.8 Storchs Gedicht ‚Paul Warnefried'..........71
        5.9 Ludwig Laistner und Hermannus Contractus..........74
            5.9.2 Hermann der Lahme: Krüppel und Gelehrter..........75
            5.9.2 Laistners Gedicht ‚Hermannus Contractus'..........77
        5.10 Anhang: Die Weinbauern in Ausonius' ‚Mosella' (zu Seite 56) 80
            5.10.1 Franz Tetzner, ‚An der Mosella'..........80

IV. *In perniciem nunc ruat, casum suum ipse struat*: Max von Schenkendorf und Xaver Franz Carnier reimen gegen Napoleon 83
    1. Akzentrhythmen und Reime in der lateinischen Dichtung der Neuzeit..........83
    2. Gebet bei der Gefangenschaft des Papstes 87
    3. Das „Gebet" für Pius VII. im Konzert der lateinischen Napoleon-Dichtungen....91

V. *Sanctus amor patriae* und die „ganze altdeutsche Herrlichkeit". Die Editionen der ‚Monumenta Germaniae Historica' als Steinbruch für Übersetzungen und historische Erzählungen bei Joseph Victor von Scheffel, Gustav Freytag, Friedrich Rückert und Wilhelm Heinrich Riehl..........93
    1. Die Gründung der ‚Monumenta Germaniae Historica'..........95
    2. Joseph Victor von Scheffels ‚Ekkehard' und seine mittellateinischen Quellen....96
    3. Gustav Freytag als Sammler kulturgeschichtlicher Notizen 99
    4. „Herrn Geheimen-Rath Pertz": Friedrich Rückerts ‚Leben der Hadumod'..........100
        4.1 Rückert und die Agius-Edition von Georg Heinrich Pertz..........101
        4.2 Rückerts Übersetzung der ‚Vita Hathumodae' und des ‚Dialogus Agii'..........104
        4.3 Rückerts Übersetzung am Beispiel des 17. Kapitels..........106
        4.4 ‚Dialogus Agii' – „Gespräch" am Beispiel der Verse 19-42..........107
    5. Wilhelm Heinrich Riehl, ‚Im Jahr des Herrn'. Eine Erzählung nach den Fuldaer Annalen..........110
        5.1 Die ‚Annales Fuldenses' 110
        5.2 Wilhelm Heinrich Riehl, ‚Im Jahr des Herrn'..........112
    6. *Sanctus amor patriae dat animum*. Eine Nachbemerkung..........115

VI. „Edlen Wein hat er geschenkt und ihn gern gegeben". Der Archipoeta (Carmen Buranum 191) und Petrus von Blois (Carmen Buranum 30) in versteckten Nachschöpfungen von Otto Ernst und Herrmann Mostar 117

   1. Gottfried August Bürger, ‚Zechlied' 120

   2. Otto Ernst, ‚Mihi est propositum ...' 122

   3. Georg Bungter und Günter Frorath, Vagantenbeichte (1981) 123

   4. „Übertragen aus den Carmina Burana": Herrmann Mostars ‚Einst und jetzt' und ein Gedicht des Petrus von Blois (Carmen Buranum 30)..............127

   5. Zum Ausklang: Herrmann Mostar und die Vita des heiligen Goar 130

Verzeichnis der Personennamen 133

I. „Unzählige Stellen aus ihren Gedichten". Gedanken zur leisen Rezeption der Literatur der römischen Antike und des lateinischen Mittelalters in der deutschen Literatur

Wer es unternimmt, die deutsche Literatur der früheren Neuzeit auf die Rezeption der antiken lateinischen Literatur hier und der mittellateinischen dort zu befragen, sieht sich vor verschiedene Welten gestellt. Die eine Welt, es ist die Welt der Antike, ist schier endlos weit und über die Epochen gegenwärtig. Mag sie auch, wie der englische Kulturhistoriker Peter Burke hervorhebt, auf den Gebieten der Philosophie und der mathematischen Wissenschaften seit dem 17. Jahrhundert zunehmend an intellektuellem Prestige verlieren, die humanistische Tradition aber, der „Kult der Antike", bleibt noch lange eine Macht: „Der Humanismus überlebte die wissenschaftliche Revolution ... Der Lehrplan der Lateinschulen blieb bis zum Beginn des 19. Jahrhunderts mehr oder weniger der gleiche."[1] Doch mit der rasch fortschreitenden Industrialisierung in jener Zeit wurden die klassischen Studien allmählich zugunsten der Realien zurückgedrängt.

Neue Entwicklungen brachen sich Bahn, neue Horizonte rückten heran. In der Autobiographie ‚Im Strom unserer Zeit' hält der als Ingenieur berühmt gewordene Max Eyth (1836-1906) dem Leser sein eigenes Bild vom Fortschritt entgegen. Als reifer Mann erinnert er sich fasziniert an ein prägendes Erlebnis aus der Kindheit, an jenes „wunderliche Gemisch von Schauder und Entzücken", mit dem er als neunjähriger Junge die Arbeit eines von Wasserkraft getriebenen Eisenhammers beobachtete, in einer „von allem Verkehr abgeschnittenen Gegend", im Dörfchen Ernsbach am Kocher. Wie scharf kontrastierten mit dieser Welt die Ansprüche, an denen die Tradition des Schulunterrichts beharrlich festhielt: „Das war ein anderes Schaffen, als wenn ich Wörtchen aus dem Cornelius Nepos klaubte, um sie wieder zusammenzusetzen wie in einem Geduldspiel."[2]

Die kraftvoll wachsenden, unabweisbaren Ansprüche der Realien wurden von der Schulpolitik des 19. und 20. Jahrhunderts in Deutschland durchaus berücksichtigt. Gleichwohl waren es in der Bundesrepublik Deutschland nicht der Fortschritt in den exakten Wissenschaften und die Entwicklungen der Technik, die der Beschäftigung mit den klassischen Sprachen böse zusetzten. Hier erlebten die vielen humanistischen Gymnasien auch nach dem Zweiten Weltkrieg noch einen ungebrochenen Zulauf. Erst die seit 1970 von einer bildungsfeindlichen Politik ins Werk gesetzte Oberstufenreform zertrümmerte innerhalb weniger Jahre diesen erfolgreichen Schultypus und mit ihm eine lange, prägende Bildungstradition. Die Griechen Thukydides und Sophokles, Platon, Xenophon und Homer (dieser, wenn jungen Studenten heute überhaupt noch bekannt, fast ausschließlich nach englischer Gepflogenheit auf der ersten Silbe betont), die Römer Catull, Horaz, Cicero, Sallust, Vergil und Seneca, die wie Zeitgenossen die geistige Kultur Europas in ihrem steten Wandel über Jahrhunderte mitgeformt hatten –

---

[1] Peter Burke, Die europäische Renaissance. Zentren und Peripherien. Aus dem Englischen von Klaus Kochmann (Europa bauen), München 1998, S. 289.

[2] Max Eyth, Im Strom unserer Zeit. Aus Briefen eines Ingenieurs. Einführung von Harald Winkel (Klassiker der Technik). Einbändiger Reprint der Ausgabe 1954 u. 1956 (Düsseldorf 1985), Teil „Lehrjahre", S. 3-5.

© Springer-Verlag GmbH Deutschland, ein Teil von Springer Nature 2015
H. E. Stiene, *Von Horaz und Ovid bis zum Archipoeta*, Edition KWV,
https://doi.org/10.1007/978-3-662-58401-9_1

sie alle wurden binnen kürzester Zeit wie abgestandene Luft zum geöffneten Fenster hinaus entlassen. Was dafür herein strömte, war alles, nur keine frische Luft. Namentlich in diesen Machenschaften sehe ich einen entscheidenden Grund, warum, wie es unlängst der Althistoriker Egon Flaig formuliert hat, „Journalisten und Politiker zu einer bildungsfernen Schicht geworden" sind.[3] Zählen, so frage ich ergänzend, nicht längst überhaupt gewaltige Heerscharen von Akademikern zu dieser Schicht? Bringen wir es auf den Punkt: Die Bekanntschaft mit der antiken Tradition, die so lange zum unveräußerlichen Kern der kulturellen Identität gehörte, schwand hierzulande folgerichtig im selben schleunigen Maße, wie die Zahl der Abiturienten und Tattoostudios anschwoll.

1. Kein Unterrichtsstoff der Schule: die lateinische Literatur des Mittelalters

Die andere Welt, die des Mittelalters, war niemals eine Domäne der Schule gewesen. Wer sich dieser stets mit Argwohn betrachteten Epoche zuwandte, hatte fachlich gebundene Interessen, vor allem historische oder theologische. Die snobistische Abkehr von allem, was gemeinhin als klassisch, vorbildlich, nachahmenswert Anerkennung fand, konnte sich im Grunde nur eine literarische Figur wie Floressas des Esseintes erlauben, der letzte, exzentrische Sproß eines alten französischen Adelsgeschlechts, dessen künstlich-morbide Welt Joris-Karl Huysmans (1848-1907) in seinem Dekadenz-Roman ‚À rebours' (deutsch ‚Gegen den Strich') so meisterhaft wie verstörend gemalt hat. Aber dieser Roman erschien 1884, gegen Ende des 19. Jahrhunderts. Die schwarze Romantik stand in Blüte, es triumphierten, so 1930 der italienische Literaturwissenschaftler Mario Praz, „la carne, la morte e il diavolo", und da mußte ein Dandy sich einfach darin gefallen, die „elephantenhafte Grazie eines Horaz" herzlich zu verachten und sich für den rätselhaften Commodian zu begeistern mitsamt seinen „geschraubten, dunklen, nach Raubtier riechenden Versen".[4]

2. Latein als universelle Wissenschaftssprache in der frühen Neuzeit

Doch wenden wir unseren Blick zurück in die frühe Neuzeit. In den Städten blühen die Lateinschulen, in denen die Söhne der Ober- und Mittelschicht ihre Bildung erhalten. Das Lateinische ist die alleinige Unterrichtssprache, und die Lehrbücher sind selbstverständlich auf Latein verfaßt, oftmals von den Lehrern selbst. Auf den Universitäten setzen sich die in den Schulen eingepflanzten Gepflogenheiten fort. Hier sind die Werke der antiken Schriftsteller und Dichter und ihre Kommentierung Gegenstand der gelehrten Vorlesungen, und aus diesem kräftig gedüngten Boden sprießt – überall im westlichen Europa – die neulateinische Literatur. Welche Leistungen diese auf dem Feld der Dichtung, der erzählenden Prosa, der Fachliteratur usw. hervorgebracht hat, ist beim jetzigen Stand der Forschung auch nicht entfernt zu ermessen. Vor längeren Jahren hat der Altphilologe Walther Ludwig dazu diese Mutmaßung über ihren Umfang angestellt: „Da kein Register der neulateinischen Literatur existiert, kann ihre Zahl nur geschätzt werden. An Umfang dürfte sie die

---

[3] Egon Flaig, Gegen den Strom. Für eine säkulare Republik Europa (Springe 2013), S. 163.

[4] Joris-Karl Huysmans, Gegen den Strich. Aus dem Französischen von Brigitta Restorff. Mit einem Nachwort von Ulla Momm (München 1995), Kapitel III (S. 38-54, zitierte Stellen S. 40 und 46).

überlieferten antiken lateinischen Texte um das Hundert- bis Zehntausendfache übertreffen."[5]

Vor allem die wissenschaftliche Literatur ist in der frühen Neuzeit bis zur Wende vom 18. zum 19. Jahrhundert nahezu ausschließlich lateinisch verfaßt. Dabei ist gleich-gültig, um welchen Zweig der Wissenschaft es sich handelt. Ein Andreas Vesalius (1514-1564) schreibt seine anatomischen Erkenntnisse ebenso auf Latein nieder wie Johannes Kepler (1571-1630) die Ergebnisse seiner astronomischen Berechnungen oder Sir Isaac Newton (1642-1727) sein Hauptwerk, die 'Philosophiae Naturalis Principia Mathematica'. Neben diese Naturforscher stellen sich die unabsehbaren Scharen der Philologen, Theologen, Historiker, Diplomaten, Juristen. Der Lateiner ist kein Ende in der frühen Neuzeit, und das Lateinische bleibt, was es in Europa seit Jahrhunderten gewesen ist, die Sprache aller Gelehrten.

3. Maßstab und Anregung: die Klassiker der römischen Literatur in der Neuzeit

Bei allen Neuerungen, bei aller Modernität, welche die Zeitgenossen der Epoche selbstbewußt vertreten, bleibt die Literatur der Antike formal und ästhetisch der verbindliche Maßstab. Das gilt überall im abendländischen Europa, in Spanien und Italien ebenso wie in Skandinavien, in England ebenso wie in Deutschland, im Königreich Polen wie in Ungarn. Bereits die Renaissance hatte auch die griechische Literatur einbezogen, wenngleich sie in aller Regel noch nicht den hierarchischen Vorrang genoß, der ihr nach dem Bildungskonzept Wilhelm von Humboldts im 19. und 20. Jahrhundert unbestritten zukam. Noch bewegen wir uns ja in einer Welt „lange vor der allgemeinen Götterdämmerung der römischen Autoren im 19. Jahrhundert".[6] Immerzu begegnen hier die großen Namen des Kanons, welche in den Literatur-geschichten bis heute mit umfänglichen Kapiteln gewürdigt werden. Und in den meisten Fällen endet die engere Rezeption dieser römischen Autoren irgendwo an der Wende vom 18. zum 19. Jahrhundert, jenem Zeitalter, das mit Goethe den letzten universalen Autor der europäischen Literatur hervorgebracht hat. So jedenfalls hat Ernst Robert Curtius geurteilt.[7] Wieder mögen wenige ausgewählte Namen die in breiter Fülle rezipierten römischen Dichter und Schriftsteller vertreten.

3.1 Livius – Catull – Horaz

Den Geschichtsschreiber Livius, der im Mittelalter zwar oft genannt wurde, aber meist nur durch die spätantiken Auszüge aus seinem umfänglichen Werk bekannt war, nah-men die Humanisten begeistert auf. Aus ihm schöpften die neuzeitlichen Dichter die

---

[5] Walther Ludwig, Die neuzeitliche lateinische Literatur seit der Renaissance, in: Einleitung in die lateinische Philologie, hg. v. Fritz Graf (Stuttgart u. Leipzig 1997), S. 323-356, hier 333.

[6] Michael von Albrecht, Geschichte der römischen Literatur von Andronicus bis Boëthius. Mit Berücksichtigung ihrer Bedeutung für die Neuzeit, I-II, 3. Auflage (München 2003), S. 1010.

[7] Ernst Robert Curtius, Europäische Literatur und lateinisches Mittelalter, 7. Aufl. (Bern 1969), S. 25. In weiterer Zuspitzung behauptete Friedrich Ohly, das Mittelalter ende erst bei Goethe.

historischen Stoffe für ihre Bühnenstücke und Dichtungen, und seine national-patriotische Haltung wirkte bis ins 18. Jahrhundert nach.[8] Als Lyriker, Erotiker und Dichter mythologischer Kleinepen wurde Catull fleißig gelesen und zum Modell genommen. Allein in Frankreich wird „das Kuß-Gedicht *carm. 5* bis 1803 mindestens dreißigmal nachgebildet.“[9] Da will auch die beflissene Jugend nicht nachstehen. Im Mai 1789 krönt der fünfzehnjährige Gottfried Herder einen Brief an seinen in Italien weilenden Vater mit einem Gedicht „nach dem Catull I,9“: „Geliebtester, du mir von allen Menschen / Verständigster, der liebste mir, der Beste“.[10] Der Neoteriker gehört zu den wenigen römischen Autoren, die die „Götterdämmerung“ überlebt und die modernen Literaten bis ins 20. Jahrhundert ernsthaft beschäftigt haben. Nach Gedichten Catulls komponierte Carl Orff 1931 seine Kantate ‚Catulli Carmina’; 1943 wurde sie uraufgeführt. Die ungebrochene Modernität verbindet Catull mit Horaz. Der ein knappes Menschenalter jüngere Dichter wurde, wenngleich mit unterschiedlichen Gewichtungen, über die Epochen als Satiriker, Lyriker und Theoretiker der Dichtkunst wahrgenommen. Bedeutende neulateinische Dichter des 16. und 17. Jahrhunderts – in Deutschland Georg Fabricius, Paul Melissus Schede und Jacob Balde, in Frankreich die Dichter der „Pléiade“ und in Polen Mathias Casimirus Sarbiewski, um nur einige Namen zu nennen – nahmen sich die Lyrik des Horaz zum Vorbild, um in ihrer Zeit für ihre jeweilige politische Sache zu werben.[11] Das 18. Jahrhundert tat sich geradezu als eine „Aetas Horatiana“ hervor, und noch das 20. Jahrhundert suchte intensiv die Auseinandersetzung mit dem römischen Dichter. In der deutschen Literatur stehen dafür Namen wie Christian Morgenstern, Rudolf Borchardt und Bertolt Brecht.[12] Dem zweitausendjährigen Fortwirken des „Zeitgenossen Horaz“ war 1993 in Tübingen ein Symposion gewidmet. Der von Helmut Krasser und Ernst A. Schmidt herausgegebene Vortragsband erschien 1996.[13] In zahlreichen internationalen Beiträgen bot sich ein vielfältiges Bild der europäischen Horaz-Rezeption. Untersucht wurden freilich die Formen der engeren Rezeption, das heißt die bewußte Auseinandersetzung mit Horazens Werk oder Teilen seines Werkes.

3.2 Cicero – Seneca – Vergil

Die Werke des Marcus Tullius Cicero galten schon in der Antike als das vollendete Muster des lateinisches Stiles. In späterer Zeit haben zahllose Generationen von Schülern und Studenten sich den aus seinen Schriften destillierten Normen unter-werfen müssen. Doch zu allen Zeiten wirkte Cicero weit über das rein Sprachliche hinaus. Seine ethischen Forderungen zogen viele Denker an, in England etwa David Hume, in Frankreich Voltaire. Friedrich der Große schwärmt beinahe kategorisch von

---

[8]   v. Albrecht I (wie Anm. 6), S. 682ff.

[9]   *Vivamus, mea Lesbia, atque amemus*; vgl. v. Albrecht I (wie Anm. 6), S. 286.

[10] Johann Gottfried Herder, Italienische Reise. Briefe und Tagebuchaufzeichnungen 1788-1789. Herausgegeben, kommentiert und mit einem Nachwort versehen von Albert Meier und Heide Hollmer (München 1988), S. 465.

[11] Zur frühneuzeitlichen Rezeption in Deutschland vgl. Eckart Schäfer, Deutscher Horaz. Conrad Celtis, Georg Fabricius, Paul Melissus, Jacob Balde. Die Nachwirkung des Horaz in der neulateinischen Dichtung Deutschlands, Wiesbaden 1976.

[12] v. Albrecht I (wie Anm. 6), S. 585.

[13] Helmut Krasser / Ernst A. Schmidt, Zeitgenosse Horaz. Der Dichter und seine Leser seit zwei Jahrtausenden, Tübingen 1996.

Cicero. Der Preußenkönig „hält De officiis für ‚das beste Werk auf dem Gebiete der ethischen Philosophie, das jemals geschrieben worden ist oder geschrieben werden wird'. Auf Feldzügen begleiten ihn *De natura deorum*, *De finibus* und besonders die *Tusculanen*, die in ihm verwandte Saiten zum Klingen bringen."[14]

Die von Pathos und starken Affekten geprägten Tragödien Senecas, welche die Paduaner Frühhumanisten – Lovato Lovati, Albertino Mussato – um 1300 wiederentdeckt hatten, werden vom 16. bis weit ins 18. Jahrhundert überall im abendländischen Europa als Muster für Tragödien herangezogen, in Italien etwa von Gregorio Corraro und Giambattista Giraldi Cinzio, in Frankreich von Toutain und Étienne Jodelle. Die Hirtendichtung Vergils, die ihrerseits mit dem Vorbild des hellenistischen Dichters Theokrit wetteiferte, regte noch in der Antike einige Dichter zu bukolischen Werken an. Eher sparsam folgte das lange Mittelalter. Mit dem Aufkommen des italienischen Humanismus aber gab es kein Halten mehr. Jetzt erwuchsen in der Nachfolge Vergils bei den einen Dichtern Hirten- und Schäferwelten, andere entdeckten für sich neue bukolische Schauplätze. Die poetische Phantasie trieb über viele Generationen frei ihr Spiel und lebte sich aus in Winzer-, Jagd-, Gärtner- und Seemannseklogen. Sogar eine Hebammenekloge hat sich erhalten. Von besonderem Reiz jedoch waren die Fischereklogen, in denen Jacopo Sannazaro (1457/58-1530) und der Jesuit Niccolò Giannettasio (1648-1715) ihre Heimat, den Golf von Neapel, nach Vergils bukolischer Weise für eine gebildete Leserschaft besangen. Mehr als 400 Jahre lang, von etwa 1400 bis weit ins 18. Jahrhundert, dürfen wir ein unablässiges Hirten- und Schäferfeuerwerk bestaunen. Das bukolische Element ist gegenwärtig in der Literatur, in der Musik und in der bildenden Kunst, wobei die Bukolik spezifisch vergilischer Prägung schließlich übergeht in eine weniger klar konturierte, allgemeinere Pastorale mit ihrer popularisierten Schäferwelt.[15]

Wir wollten nur eine kleine Auswahl römischer Autoren vorstellen, die in der Neuzeit beispielhaft und lebendig fortgewirkt haben. So konnten wir es wagen, ganz bedeutende Gestalten zu übergehen, die alle in dieser Epoche einen nicht weniger nachhaltigen Einfluß ausübten: den Staatsmann Caesar und die Geschichtsschreiber Sallust und Tacitus, die Elegiker Properz und Tibull, den scharfzüngigen Epigrammatiker Martial und natürlich Ovid, der mit seinen Liebesdichtungen, den poetischen Briefen aus der Verbannung und seinem mythologischen Epos ‚Metamorphosen' schon im Hochmittelalter Maßstäbe gesetzt hatte. Ovids Werk und dessen Wirkung beleuchtet die Festschrift, die Schüler und Freunde Michael von Albrecht zum 65. Geburtstag widmeten.[16] Wer sonst ist ungenannt geblieben? Die beiden Plinii, der ältere und der jüngere, die Epiker Lucan und Statius aus dem 1. Jahrhundert oder Quintilian, der berühmte Lehrer der Beredsamkeit. In seinen Fragment gebliebenen Memoiren erinnert Heinrich Heine sich an seinen Französischlehrer auf dem Düsseldorfer Lyzeum, einen „emigrierten Priester", der auch eine ‚Art oratoire'

---

[14] v. Albrecht I (wie Anm. 6), S. 446.

[15] Eine eingehende Darstellung dieser Entwicklung bietet Elze Kegel-Brinkgreve, The Echoing Woods. Bucolic and Pastoral from Theocritus to Wordsworth (Amsterdam 1990), besonders das Kapitel „From Bucolic to Pastoral", S. 315ff.

[16] Ovid – Werk und Wirkung. Festgabe für Michael von Albrecht zum 65. Geburtstag, hg. von Werner Schubert (Studien zur klassischen Philologie, 100), Frankfurt am Main u. a. 1998.

und eine ‚Art poétique' veröffentlichte, „zwei Büchlein, wovon das erstere Bered-samkeitsrezepte aus Quintilian enthielt, angewendet auf Beispiele von Predigten Fléchiers, Massillons, Bourdaloues und Bossuets, welche mich nicht allzusehr lang-weilten." Auch nicht erwähnt haben wir aus dem 2. Jahrhundert den wirkungs-mächtigen Kaiserbiographen Sueton und den ebenso neugierig wie amüsiert be-achteten Schriftsteller Apuleius, den Verfasser des komisch-realistischen Romans ‚Metamorphosen', der unter dem Titel ‚Der goldene Esel' dauerhafte Berühmtheit erlangt hat. Ungenannt geblieben sind schließlich die großen lateinischen Kirchenväter Hieronymus, Ambrosius und Augustinus. Nicht zufällig; für sie sind, so scheint es, schon in der frühen Neuzeit hauptsächlich die Theologen zuständig und nach diesen die Philologen. Die Vertreter der „schönen Literatur" halten sich – das ist mein Eindruck – mit Verbeugungen dezent zurück.

Die gelehrte Welt der frühen Neuzeit ist erfüllt von der Antike. Sinnfällig sind vor allem die großen Linien, die Nachahmungen formaler Regeln und die fruchtbaren literarischen Aneignungen, die mit dem antiken Werk in Wettstreit treten. Doch bekundet die nicht abreißende, gleichwohl übergangene Flut von Andeutungen und kurzen Zitaten die Allgegenwart der lateinischen Literatur weniger nachdrücklich? Ja, auch das ist eine Form der Rezeption: die leisen Erwähnungen und freundlichen Anspielungen, die dem Leser lächelnd zunicken. Autor und Leser teilen die gleiche Heimat, in der beide einander nichts fragen und nichts erklären müssen. Mit Flaccus und Maro ist der eine wie der andere vertraut.

4. Schalk und Vater: die leise Gelegenheitsrezeption am Beispiel des Horaz

4.1 Horaz als höchste Instanz der römischen Dichtung

Die Sehnsucht nach der daheim gebliebenen lateinischen und griechischen Dichtung entlockt im 17. Jahrhundert dem Barockdichter Philipp von Zesen (1619-1689) diese Verse, die er mit der Überschrift ‚Als er verreiset' versehen hat[17]:

Wann Flaccus' schöne Lieder,
wann Maro nicht bei mir,
so ist mir nur zuwider
die schönste Lust und Zier.

Die Zeit will nicht verfließen,
wann Sappho schweigen muß,
wenn mich nicht kann durchsüßen
der schwere Pindarus.

Der Lehrplan der auf die alten Sprachen ausgerichteten Schule führte dahin, daß griechische und lateinische Autoren als Einheit gedacht und wiederholt im selben Strauß überreicht wurden. Im 18. Jahrhundert stimmt ein Dichter des Göttinger Hains,

---

[17] Komm, Trost der Nacht, o Nachtigall. Deutsche Gedichte aus dem 17. Jahrhundert, hg. von Horst Hartmann (Leipzig 1977), S. 129-130.

Johann Martin Miller (1750-1814), das ,Lied eines Leipziger Magisters' an. Bitter enttäuscht führt hier ein schmählich Verkannter Beschwerde über die Unergiebigkeit seiner poetischen Bemühungen. Nicht nur die kanonischen Dichter der Antike sind in die Wehklage eingebunden – Theokrit, Horaz, Anakreon, Homer –, auch der von den Zeitgenossen vergötterte und nach seinem Tod 1769 heftig betrauerte Christian Fürchtegott Gellert hat darin seinen Platz:

Was half es jede Messe mir,
    Zwölf Bogen anzufüllen?
Ich schrieb, in Theokrits Manier,
    Die lieblichsten Idyllen:
Sang in Horazens hohem Ton
    Bald Oden, bald Satiren,
Und wußte, wie Anakreon,
    Das Barbiton zu führen.
Hatt' eine Epopö' gemacht,
    Und übertraf Homeren;
Ließ mich nicht minder Tag und Nacht
    Bei Gellerts Grabe hören.
Umsonst, es ließ mich jedermann
    In stillem Kummer schmachten,
Und Rezensenten fingen an,
    Mich gröblich zu verachten.

Seine Rettung erkennt der vergrämte Magister, dem das Dichten nach antiker Weise nichts eingetragen hat, am Ende in der „edlen Übersetzungskunst". Aber des Englischen – die Literatur von der Insel stand damals allgemein in hoher Gunst – ist er, wie er selbstironisch eingesteht, leider auch nicht mächtig:

O, möcht ich eure Sprache doch,
    Ihr Briten, schon verstehen!
Man sollte diese Messe noch
    Von mir ein Pröbchen sehen.[18]

Friedrich Wilhelm Weber, der Dichter des einst gefeierten Versepos ,Dreizehnlinden', läßt als Achtzigjähriger im Herbst 1893 seine Lebensalter in Versen an sich vorüberziehen. In die poetische Rückschau ,Nur Traum?' webt er die unscharf gewordenen Erinnerungen an die Schulzeit ein:

Dann Tisch und Bank im weißgetünchten Saal:
Ein Knabenschwarm, meist rosige Gesichter,
Gebückt auf Buch und Schrift; ihr Freund und Richter
Ein milder Mann, lehrhaft mit Wort und Zahl;
Homer und Plato in der Wände Nischen,
Der Schalk Horaz und Tullius dazwischen.[19]

---

[18] Der Göttinger Hain. Herausgegeben von Alfred Kelletat (Stuttgart 1967), S. 145-146.

Horaz war, diesen Eindruck legen die zahllosen großen und kleinen Fingerzeige auf sein Werk nahe, augenscheinlich der am höchsten geschätzte römische Dichter. Als später Beleg für den hohen Rang, der ihm im Urteil der Nachwelt zukommt, mag die Erzählung ‚Der Rath Horn' gelten, die der jugendliche, als Dichter noch ungefestigte Rainer Maria Rilke in den frühen 1890er Jahren verfaßt hat. Sie wurde erstmals im Jahr 2000 veröffentlicht, 74 Jahre nach dem Tod ihres Urhebers. Wiederholt besucht der junge Ich-Erzähler, er heißt Paul, den Rath Horn, einen alten Herrn. Ein tragisches Schicksal lastet auf diesem, doch lange hält er seine Lebensgeschichte vor dem jungen Besucher verborgen. Eines Tages aber soll das Geheimnis denn doch gelüftet werden:

„Einmal, als die junge sieghafte Sonne besonders hell durch die schneeweißen Gardinen guckte, legte mir der Rath wieder die Hand auf die Schulter – und sagte zögernd:
‚Nun, - und was möchtest denn du werden, Paul?'
Ich überlegte nicht lange.
Ich hatte mich in der Lateinstunde gerade an Horatius' herrlichen Oden begeistert und rief daher lachend:
‚Ein Dichter möcht' ich werden, – ein Dichter – wie Horatius wie …'"

Die Worte des Jünglings schließen dem alten Rath Horn die lange gequälte Seele auf. Er erzählt seine tragische Lebensgeschichte, um danach befreit zu sterben.[20]

Viele Autoren haben sich Horazens gesamtes Werk gründlich zu eigen gemacht, sie kennen die lyrische Dichtung des Römers und nutzen gerne eine Gelegenheit, dem eingeweihten Leser einen geschmackvollen Vers aus den Oden oder Epoden zu reichen. Andere halten sich lieber an die Satiren und die ‚Ars poetica', wieder andere begnügen sich damit, auf eines seiner geflügelten Worte zurückzugreifen.
Ein großer Verehrer des Horaz war Achim von Arnims Großvater mütterlicherseits, der Baron Hans von Labes (1731-1776). Sein berühmter Enkel hielt 1814 diese Anekdote von ihm fest: „Uebrigens achtete er deutsche Poesie nicht hoch, Horaz war ihm der Inbegrif alles Geistes und aller Weisheit, das Latein empfahl er noch sterbend seinem Sohne, oder vielmehr der Mutter, daß sein Sohn es gründlich lerne".[21] Aus Halifax in Amerika, wohin es ihn durch die Machenschaften von Kriegswerbern verschlagen hatte, schrieb Johann Gottfried Seume 1782 nach Deutschland: „Ich lese jetzt, aber mit vieler Richtigkeit, mit vielem Nachdruck, Vater Horazen. Mit mehr Energie, als mein Rektor hineinloben konnte, besonders meine jetzige Leibode: Angustam amice pauperiem. Warum? Ich mache alle Tage selbst den Versuch, daß eine solche Reise, eine solche Kampagne gar herrliche Kommentare über dergleichen Stellen sind: ‚insequitur clamorque virum stridorque rudentum'; male dir's einmal so

---

[19] Friedrich Wilhelm Weber, Gedichte. Eine Auswahl. Zusammenstellung: Johannes Heinemann (Paderborn 1984), S. 53.
[20] Rainer Maria Rilke, Der Rath Horn – Was toben die Heiden? Erzählungen aus dem Nachlaß. Mit einem Nachwort von Moira Paleari (Frankfurt am Main u. Leipzig 2000), S. 9-25, hier S. 16.
[21] Achim von Arnim, Bettina von Arnim, Clemens Brentano, „Anekdoten, die wir erlebten und hörten". Hg. von Heinz Härtl (Göttingen 2003), S. 10.

lebhaft, als ich mir's denke!"[22] Seumes „jetzige Leibode", Horazens Carmen III 2, handelt vom Jüngling im harten Kriegsdienst. Den herrlichen – herrlich ironischen – Kommentar liefert seine unfreiwillige Reise zu Vergils Aeneis-Vers I 87: „Gleich drauf folgt der Männer Geschrei und das Knirschen der Taue". Um dieselbe Zeit, am 13. Januar 1783, berichtet Luise Mejer ihrem Freund und Vertrauten Heinrich Christian Boie: „Ich lese jetzt die Wielandische Übersetzung des Horaz, die mich so attachiert, daß ich immer mit Überwindung das Buch aus der Hand lege. Pestel weiß den Horaz beinahe auswendig. Sag' ich ihm eine Stelle, die mir vorzüglich gefällt, so deklamiert er sie mir gleich in Latein vor."[23] Boies und Mejers Zeitgenosse Matthias Claudius führt wiederholt Verse aus Horazens Carmina an. Es kennzeichnet den Schriftsteller und seine Zeit, daß er es verschmäht, die einzelnen Stellen pedantisch nachzuweisen. Ebenso hält es August Graf von Platen. Den Sommer und Herbst 1817 verbringt er im oberbayerischen Schliersee. Am 4. Juli notiert er dort in sein Tagebuch, zwar verspüre er zuweilen dichterische Anwandlungen, aber er unterdrücke sie, nicht zuletzt, weil es ihm an Ideen fehle. Doch der Graf hat eine weitere Erklärung für seine schöpferische Zurückhaltung: „Endlich gehört es ja auch zu meinen Vorsätzen, keine Verse mehr zu machen, und gegenwärtig bin ich auch zu sehr von Homer und Horaz erfüllt, als daß ich etwas Originales hervorbringen könnte. Dies wird auch nie geschehen. Ein ganz schlechter Dichter würde ich zwar nie werden, aber *mediocribus esse poetis / Non homines, non Di, non concessere columnae*." Daß Platen mit diesen Versen die ‚Ars poetica' 372-373 zitiert, löst er nicht auf. Für wen auch? Platen hat seinen Dichter im Kopf. Sein Tagebuch überliefert zum 3. Dezember 1817 aus München: „Wir hatten schöne Herbsttage. Ich machte ziemlich weite Spaziergänge, einmal nach dem Hirschgarten bei Nymphenburg, einmal nach Thalkirchen, ziemlich hübsch gelegen am linken Ufer der Isar. Gewöhnlich führte ich den Horaz bei mir und lernte mehrere Oden auswendig."[24]

4.2 Horaz als Reiseführer durch Rom und die Campagna

Andere Gebildete nutzen den römischen Dichter nach bald zwei Jahrtausenden noch als Reiseführer. Scheint Horaz nicht selbst hierzu seine Dienste anzubieten? *Ibam forte Via Sacra, sicut meus est mos, / nescio quid meditans nugarum, totus in illis.* Mit diesen Versen beginnt ja seine berühmte Satire I 9. Vor langen Jahrzehnten kamen sie dem wanderfreudigen Allgäuer Josef Hofmiller (1872-1933) in den Sinn: „Am Ende wird es sogar gleichgültig, wo wir wandern. Der alte Horaz bummelte vergnügt durch

[22] Gotthard Erler (Hg.): Wanderschaften und Schicksale. Reisebilder von Goethe bis Chamisso (Rostock 1977), S. 116.

[23] Ich war wohl klug, daß ich Dich fand. Heinrich Christian Boies Briefwechsel mit Luise Mejer, 1777-1785. Herausgegeben von Ilse Schreiber. Mit einem Vorwort von Joachim Kaiser. Nachdruck der zweiten, durchgesehenen und erweiterten Auflage 1963 (München 1975), S. 197. Der gerühmte intime Horaz-Kenner ist Friedrich Julius von Pestel, Oberappellationsrat in Celle.

[24] August Graf von Platen, Tagebücher. Im Auszuge hg. von Erich Petzet. Mit Porträt, Abbildung des Grabmals und Faksimile der letzten beiden Tagebuchseiten (München u. Leipzig o. J.), S. 116 und 125-126.

die heilige Straße auf dem Forum mitten im kaiserlichen Rom, und nichts zu suchen, das war sein Sinn."[25]

Der Kunsthistoriker Hermann Uhde-Bernays (1873-1965) bricht im Herbst 1903 zu einer Reise nach Rom auf. Dort wohnt er im selben Haus wie ein junger Deutscher, der kurz zuvor in Rom eingetroffen ist und von der Hausherrin „Piccinino" genannt wird. Mit dem Landsmann streift Uhde-Bernays die nächsten Wochen durch Rom. Auf ein Reisehandbuch, das die Fremden von Sehenswürdigkeit zu Sehenswürdigkeit treibt, verzichten sie mit Bedacht. Ein kundiger Führer ist dennoch dabei: „Piccinino trug als Baedeker eine alte, für zwei Soldi auf dem Trödelmarkt erworbene Ausgabe des Horaz in der Tasche, die bei feierlichen Gelegenheiten konsultiert wurde."[26]

Mit ihrem Horaz in der Tasche wandeln Uhde-Bernays und „Piccinino" in Rom anscheinend auf lange gebahnten Pfaden. Wilhelm Müller (1794-1827), der Schöpfer der Gedichtzyklen ‚Die Winterreise' und ‚Die schöne Müllerin', hat sich „seinen" Horaz zum ständigen Begleiter gewählt, jedenfalls während seines römischen Aufenthalts im Frühjahr und Sommer 1818. An den frischen Eindrücken sollen die Leser gleich im ersten Brief teilhaben: „Ich hätte eine Ode in Horazischem Stile schreiben können, so recht klassisch war mir zumute, als ich aus dem Sonnendampfe der dürren, gelben Campagna die sanft ansteigenden Höhen des grünen Albaner- gebirges langsam hinaufgezogen wurde und der erste frische Lufthauch mir aus den Kastanienwäldern des Monte Cavo entgegenblies. Nun glaub ich es den römischen Dichtern wohl, und vor allen meinem Horaz, wie sehr es ihnen Ernst war mit ihren Seufzern nach der Landluft und dem Landleben, und es fielen mir unterweges unzählige Stellen aus ihren Gedichten ein, worin sie dieses Gefühl klagend oder freudig bekunden. So haben mich also die letzten, in Schlaf und Müßiggang zu körperlicher und geistiger Erschöpfung hinschwindenden Tage meines Aufenthaltes in Rom dennoch in wahrhaft klassischer Wissenschaft weiter gefördert. Der versteht Horazens ‚Hoc erat in votis' etc. nur halb, wer nicht wenigstens eine Woche unter römischer Julius- oder Augustushitze gekeucht hat."[27]

Ja, eben das hatte Horaz sich ersehnt, ein bescheidenes Landgut mit einem Garten. Gleich beim Haus sollte ein Wasserlauf plätschern, und wie herrlich wäre es, wenn sich oberhalb des Anwesens noch ein Wäldchen ausbreitete! Gerne glaubt man Wilhelm Müller, daß er sich in der römischen Sommerhitze an jene Verse erinnert, mit denen Horaz im Sermo II 6 seine Sehnsucht nach einem beschaulichen Gut auf dem Land ausgemalt hatte. Teilnahmsvoll und neugierig erkundet Müller Rom und die umgebende Campagna, und was er dort fasziniert beobachtet, hält er in fiktiven Briefen fest. Klaus Günzel hat sie als eine „glänzende und beschwingt geschriebene Darstellung des römischen Volkslebens" charakterisiert.[28] Schon 1820 erscheint die Briefsammlung unter dem Titel ‚Rom, Römer und Römerinnen', denn die Horazische

---

[25] Josef Hofmiller, Wanderbilder und Pilgerfahrten, 3., erweiterte Aufl. (Leipzig o. J. [1938]), S. 183-184.

[26] Hermann Uhde-Bernays, Im Lichte der Freiheit (Frankfurt 1947), S. 260.

[27] Wilhelm Müller, Rom, Römer und Römerinnen, 2. Aufl. (Berlin 1983), S. 13.

[28] Die deutschen Romantiker. 125 Lebensläufe. Ein Personenlexikon von Klaus Günzel (Zürich 1995), S. 210.

Forderung, etwas Geschriebenes vor der Herausgabe erst ein paar Jahre im „Schreibtisch" reifen zu lassen (*nonum prematur in annum*, ‚Ars poetica' 388), dürfte, wie Müller klug einsieht, „an den Reisebeschreibungen ihre wohltätige Wirkung verfehlen."[29] Der oben vorgestellte Abschnitt leitet den ersten Brief ein, und nur folgerichtig ist, daß Müller seinen Lesern die Tür zum römischen Leben gleich mit einem Horazvers öffnet. Immer wieder einmal setzt er sich die horazische Brille auf, um die Kultur und Lebensäußerungen namentlich des einfachen Volkes mit den Versen des römischen Dichters einzufangen und zu erklären: „Die alten Römer hatten einen angeborenen Beruf und Hang zu dem Landbaue ... Erst als fremde Sitte, Kunst und Luxus die Oberherrschaft gewannen über die urväterliche Einfalt und Tugend, fiel der Landbau in die Hände der Pächter und Wucherer. Da wurde denn freilich auch die Sehnsucht nach dem Pfluge und der Sichel eine poetische Grimasse im Munde der Großen und ihrer Schmeichler, und nur im Horaz klingt sie zuweilen noch treu und wehmütig, wie ein Nachhall der guten Zeit, durch eigene und fremde Frivolität und Erschlaffung mächtig hervor." Beinahe trotzig erklärt sich Müller: „Unangesteckt und der alten Liebe zum Landbaue getreu ... verlebte der mäßigere und weniger reiche Römer die gefährlichen Monate August und September in seiner kleinen, aber wohleingerichteten Villa auf den nachbarlichen Bergen. Den Winter über verwaltete ein Villicus das Feld und die Gärten, und im Sommer machte der Besitzer gern in eigener Person den Aufseher und Ordner der ländlichen Arbeiten. Horazens Satiren und Episteln liefern anschauliche Darstellungen dieser antiken Villeggiatura des Mittelstandes."[30]

Wer die Landwirtschaft in der römischen Campagna so liebevoll beobachtet wie Wilhelm Müller, wird die Weine der Albaner Berge nicht verschmähen. Mit sichtlichem Vergnügen lädt er den Leser „in das Gebiet des Bacchus ein". Auch der ältere Plinius und Columella haben sich dort eingefunden; willkommen vor allem aber ist der Rat des fachkundigen Horaz. Im alten Rom habe es süßen und herben Albanerwein gegeben, weiß Wilhelm Müller, der herbe freilich sei seltener gewesen. „Durch das Alter ging auch die süße Gattung in einen herberen Geschmack über, und in dieser Wechselperiode mochte das über neunjährige Fäßchen des Horaz sich befinden, als er seine Phyllis zu dessen Mitgenusse einlud."[31] Von Phyllis' augenblicklichem Mitgenusse im Carmen IV 11 ist der Weg nicht weit zum umfassenderen Genuß des Lebens, zu dem Horaz seinen Freund Dellius im Carmen II 3 ermuntert. Mit der vierten Strophe dieser Ode beschließt Müller eine lebendige, in fröhlichsten Farben gemalte Genreszene aus dem römischen Volksleben[32]:

„Die Weinlese in und um Rom beginnt mit dem Ende des Septembers, und bis zu dem Anfange des Novembers dauern die Bacchanalien auf dem grünen Plane am Monte Testaccio. Die kühlen Keller dieses Berges verschließen die besten einheimischen Weine, und zu den Oktoberfesten werden die ältesten Fässer angezapft. Aus ihnen habe ich erst die Tugend der albanischen Weine erkennen gelernt: ein zwanzigjähriger

---

[29]   Müller, Rom, Römer und Römerinnen (wie Anm. 27), S. 9.
[30]   Müller, Rom, Römer und Römerinnen (wie Anm. 27), S. 105 und 106.
[31]   Müller, Rom, Römer und Römerinnen (wie Anm. 27), S. 88.
[32]   Müller, Rom, Römer und Römerinnen (wie Anm. 27), S. 89-90.

herber aus Civita la Vigna war Balsam geworden, unvergleichlich in Duft, Weichheit und Wärme. Daneben schenken die Winzer aber auch frischen Most, und der unabsehbare Rasenplatz ist mit Tischen, Bänken, Fässern, Flaschen und jubelnden Menschen über und über besäet. Die Winzerinnen tanzen den Saltarello, die Männer spielen die Laute dazu, und auch die Tamburins und Dudelsäcke dürfen nicht fehlen. Die vornehmen Städter und Städterinnen wandeln als Zuschauer dazwischen, aber die mächtige Freude zieht sie bald in ihren Zauberkreis hinein. Die Pyramide des Cestius blickt ernst und mahnend auf die Tänzer und Zecher herab, aber sie stört den Schwung des Festes nicht, sondern beflügelt ihn wohl. Denn noch heute ruft der Tod den Römern die alte Lehre zu:

– Vina et unguenta et nimium breves
Flores amoenae ferre jube rosae,
Dum res et aetas et sororum
Fila trium patiuntur atra!"

Mit diesem melancholischen Horaz-Tupfer wollen wir Wilhelm Müller allmählich verlassen und uns mit dem Hinweis begnügen, daß er den alten Dichter noch öfter in seinen römischen Erinnerungen streift. Der liberale Philologe spricht aus Müller[33], wenn er die damalige päpstliche Bücherzensur geißelt, die einige griechische, lateinische und italienische Klassiker „zum gemeinnützigen Gebrauche verstümmelt, andere ganz verbannt". Besonders schwere Fälle, für welche die „Absolution bei dem Kardinal-Großpönitentiar nachgesucht werden" muß, sind „zum Beispiel des Voltaire philosophische Schriften und die ‚Priapeia'". Selbst der große Horaz bleibt nicht vom Furor der Zensur verschont: „Als Beispiel römischer Kastration der Klassiker führe ich den privilegierten Horaz an. Im ersten Buche der Oden sind ausgeschnitten: Ode 5, 13, 19, 23, 25, 33; von einzelnen Stellen zum Beispiel die beiden letzten Verse von Ode 4, die letzte Strophe von Ode 27. Doch das ist alles erklärlich und verzeihlich, aber wie hat man Horazens reinste und wärmste Ode, ‚Donec gratus eram tibi', als Obszönität verdammen können?"[34]

Die Sommerhitze in Rom hatte Wilhelm Müller lebhaft an den Wunsch des Horaz gemahnt, ein Anwesen auf dem Land zu besitzen, dazu einen Garten, ein munter plätscherndes Wasser und einen kleinen Wald. Ein Idyll fernab der großen, hektisch lärmenden Stadt. Um deren Vorzüge freilich wußte Horaz durchaus, und mit wachem Auge deutete er in seiner Satire II 7,28-29 den Konflikt zwischen den gegensätzlichen Lebenswelten an. Es lag nahe, daß Wilhelm Müller seinem Horaz auch darin folgte: „Seit vier Tagen in Rom, eile ich, Dir zu schreiben, mein werter Freund, damit die heilige Stadt nicht unschuldigerweise in den Argwohn falle, meinen Briefeifer zu hemmen. Auch schauen die Höhen von Albano schon so lockend aus blauer Ferne daher, daß ich bei längerem Aufschube, wie der Horazische Vorwurf befürchten läßt, in der Stadt das Land preisen müßte, wie ich bereits auf dem Lande die Stadt gepriesen habe."[35]

---

[33] Auf der Universität in Berlin war er Schüler von Friedrich August Wolf und August Böckh gewesen.
[34] Müller, Rom, Römer und Römerinnen (wie Anm. 27), S. 158.
[35] Müller, Rom, Römer und Römerinnen (wie Anm. 27), S. 160.

4.3 Der geflügelte Horaz

Läßt sich der Horaz, dessen Dichtung ein Autor sich durch konzentriertes Studium angeeignet hat, abgrenzen vom geflügelten Horaz, dessen goldene Worte über die Generationen weitergetragen wurden? Auf diese Frage wird es schwerlich eine schlüssige Antwort geben. Kann es als Indiz gelten, wenn ein geflügeltes Wort in volkssprachlichen Fassungen geläufiger ist als im lateinischen Original? Hier und da vermutlich, aber doch wohl nicht allgemein. Wer will die zahllosen Zitate der geflügelten Horazworte zählen? Meistens unterbleibt der Hinweis auf den Urheber, und man weiß nicht, ob der Zitierende die Kenntnis der Quelle beim Leser stillschweigend voraussetzt oder ob er das Wort bloß aufgeschnappt hat und als freischwebendes Adespoton einsetzt, das in den allgemeinen Besitz übergegangen ist und längst auf keine Urheberrechte mehr pochen darf. *Nunc est bibendum.* Mit den ersten Worten des Carmen I 37 lockt in unseren Tagen das Etikett eines Lembergers aus dem Weinland Württemberg. In unseren Tagen? Ja, aber wen locken diese Worte tatsächlich, wer kann sie noch übersetzen, zuordnen, wer kennt den Dichter?

4.3.1 *Ille terrarum mihi praeter omnes angulus ridet*

Schauen wir auf Horazens Carmen II 6. Seinem Freund Septimius malt der Dichter ein Bild von dem Ruhesitz, den er sich für das Alter ersehnt. Ideal wäre das Städtchen Tibur in den Bergen östlich von Rom, das heutige Tivoli. Doch um Horazens Gunst wirbt auch ein Ort fern von Rom. „Sonst lockt ihn vor allem das schöne garten-umkränzte Tarent: in diesem lachenden Erdenwinkel, wo die Götter allen Segen der Natur spenden, Honig, Öl und Wein so köstlich gedeihen, möchte er leben"[36]: *Ille terrarum mihi praeter omnes angulus ridet*, verrät Horaz in den Versen 13-14. Der „Büchmann" zählt sie unter die geflügelten Worte unseres Dichters. Im August 1929 erinnert Josef Hofmiller sich ihrer auf der Insel Herrenchiemsee, denn „es ist doch einer der herrlichsten Flecke".[37] Dem Schwaben Friedrich Wilhelm Joseph Schelling hätte eine sächsische Stadt ein Ort der Sehnsucht werden können. In leichter Abwandlung des Horazischen Verses schreibt er am 1. Juli 1796 an seine Eltern: „Gewiß ist Dessau eine der angenehmsten Städte in Deutschland. Wie oft dachte ich von der Strecke von Wörlitz nach Dessau *ille mihi ante omnes angulus mundi ridet*. Wäre mir das Glück bescheert, privatisiren zu können, ich würde nicht leicht einen anderen Aufenthaltsort in Sachsen, als diesen, wählen."[38]

4.3.2 *Utile cum dulci*

Das Nützliche verbunden mit dem Angenehmen. *Omne tulit punctum, qui miscuit utile dulci*. Horazens Erfahrung, der Beifall habe stets dem gehört, der seine förderliche Belehrung in freundliche Worte kleidete (‚Ars poetica' 343), ist schon im Mittelalter

---

[36] Q. Horatius Flaccus, Oden und Epoden. Erklärt von Adolf Kiessling, besorgt von Richard Heinze, 13. Aufl. (Dublin u. Zürich 1968), S. 182.

[37] Josef Hofmiller, Briefe. Zweiter Teil: 1922-1933. Ausgewählt und herausgegeben von Hulda Hofmiller (Josef Hofmillers Schriften, 5-6), Dessau u. Leipzig 1941, S. 231. Im Druck steht *angelus* für *angulus*, zweifellos ein Versehen.

[38] Aus Schellings Leben. In Briefen. Erster Band, 1775-1803. Hg. von Gustav Leopold Plitt (Leipzig 1869/Nachdruck Hildesheim 2003), S. 129.

redensartlich geworden.[39] Godefrid von Winchester (um 1050-1107) etwa eröffnet mit dem zweiten Hemiepes dieses Horazverses seinen epigrammatischen ‚Liber proverbiorum': *Undique susceptum qui miscuit utile dulci.*[40] Eine dem Leben abgelauschte Erfahrung kann nicht aus der Mode kommen, schon gar nicht, wenn sie so pointiert formuliert wird, wie Horaz es tut. Fürst Hermann von Pückler-Muskau erinnert sich ihrer im Brief, den er am 19. Januar 1827 aus London an seine teure Freundin Julie richtet. Er erzählt von einem Herrn R ... [Jakob Heinrich Rehder], „ich glaube ein Schwabe, aber als zweijähriges Kind nach Frankreich gekommen und daher als Franzose erzogen worden". Somit verfüge er über das ebenso bewunderns- wie beneidenswerte Talent der Franzosen, „die amüsantesten Erzählungen aus den gewöhnlichsten Begebenheiten zu komponieren, die in anderm Munde sogleich alles Salz verlieren würden." Fürst Pückler mißt die französische Leichtigkeit an der deutschen Mentalität: „Wäre dem deutschen Element, das sich seine Sprache gebildet, es auch noch möglich gewesen, ihr jene Leichtigkeit, Rundung, angenehme Zweideutigkeit und zugleich Präzision und Abgeschlossenheit zu geben, welche Eigenschaften auch die französische Dreistigkeit in den gesellschaftlichen Verhältnissen hervorrufen, so müßte des Deutschen Konversation gewiß die befriedigendste von beiden sein, da er nie versäumen würde, dem Angenehmen auch das Nützliche beizufügen."[41]

Bei Wolfgang Müller von Königswinter beobachtet der Erzähler, der die Spitze der Löwenburg im rheinischen Siebengebirge erklommen hat, eine sich nähernde Gesellschaft von Männern, Frauen und Kindern. Alles redet, plaudert, doziert, erklärt, „die Kinder suchten nach Schmetterlingen und Blumen. Kurz Jeder folgte seinem Naturell. Aber plötzlich rief der lustige Rath: ‚*Utile cum dulci.* Das Nützliche mit dem Angenehmen. (...) Da mich nun die werthen Anwesenden zu ihrem Proviantmeister gewählt haben, so bin ich bemüht gewesen, meine Pflicht zu erfüllen und habe verschiedene Provisionen aus dem Städtlein Königswinter mitgenommen, so da bestehen aus kalter Küche Schinken, Wurst, Braten, Geflügel, Brod und Salz, aber auch aus trinkbarem Mosler.'"[42] Nun, da für alles gesorgt ist, kann „sich auf der Kuppe eine treffliche Wirthschaft" entfalten. *Utile cum dulci.*

4.3.3 *Carpe diem*

Allmählich wollen wir unsere Auswahl der kleinformatigen, beiläufig eingestreuten Horazzitate abrunden. Annette von Droste-Hülshoff paraphrasiert mehrmals geflügelte

---

[39] Maria-Barbara Quint, Untersuchungen zur mittelalterlichen Horaz-Rezeption (Studien zur klassischen Philologie, 39) Frankfurt am Main u. a. 1988, S. 68 und 98.

[40] Der „Liber proverbiorum" des Godefrid von Winchester, mit einer Einleitung hg. von Hartwig Gerhard (Diss. Würzburg 1971) Würzburg 1974, S. 54.

[41] Hermann von Pückler-Muskau, Reisebriefe aus England und Irland. Eine Auswahl aus den „Briefen eines Verstorbenen" in zwei Bänden. Mit zeitgenössischen Abbildung, 2 Bde., hg. von Therese Erler. Mit einem Nachwort von Konrad Paul (Berlin u. Weimar 1992), hier Bd. I, S. 174b/175b.

[42] Wolfgang Müller von Königswinter, Sommertage am Siebengebirge (Kreuznach 1867/Nd. 1982), S. 60.

Horazverse in ihren Briefen, etwa aus der 'Ars poetica' oder den Episteln. Eine geradezu banale Verbreitung hat Horazens im Carmen II 11,8 geäußerte Aufforderung erlebt, den Augenblick auszukosten. Die Lebensweisheit *Carpe diem* lockt und lockt, zum Beispiel als epikureische Einladung auf einem Weinkrug oder, diese Erkenntnisse verdanke ich dem Internet, als wohlmeinender Name eines Altersheims, dessen Betreiber den gebrechlichen Insassen vergnügt auf die Schultern klopfen. Auch ein Hotelgast wird hier und da in seinem Zimmer die kunstvoll auf die Wand gemalte Losung *Carpe diem* finden. Und was Hotelwänden recht ist, ist Tätowierungen auf diesem oder selbst jenem Körperteil billig. Sogar eine Imbißbude irgendwo im Orient darf sich mit Horazens unsterblicher Ermunterung schmücken. Die Suche im Internet spürt jede Torheit auf.

Geradezu philosophisches Schwergewicht hat in solch loser Umgebung der Eindruck, den der russische Sozialist Alexander Herzen (1812-1870) in seinen 'Briefen aus dem Westen' festgehalten hat: das *Carpe diem* sei gleichsam die Lebenseinstellung der Neapolitaner. Ja, Herzen, der sich im Februar 1848 in Neapel aufhält, verzichtet sogar auf das wörtliche Zitat: „Neapel ist dem Genusse und dem Augenblick treu, es steht mit einem Fuße auf Herculanum und tanzt auf diesem Sargdeckel. Für Neapel dient Pompeji und der Vesuv nur als eine ausdrucksvolle Warnung, jede Minute zu benutzen. Die Philosophie von Horaz wurde hier zur Sitte."[43] Georg Ebers (1837-1898), der renommierte Ägyptologe und fleißige Verfasser historischer Romane, dachte in seinen Lebenserinnerungen über die angemessene Übersetzung des Sinnspruchs nach: „Das Motto 'carpe diem', das ich im Horaz des Vaters gefunden hatte und das meinen Siegelring zierte, gewann unversehens eine neue Bedeutung, indem ich es nicht mehr 'genieße', sondern 'benütze den Tag' übersetzte, bis die Zeit kam, in der beide Auffassungen mir sich mit einander zu decken schienen."[44]

4.3.4 *Quidquid delirant reges, plectuntur Achivi*

Maximus Lollius läßt sich in Rom zum Redner ausbilden. Im Brief I 2 drängt Horaz den jungen Freund, sich beizeiten der Lebensweisheit zu öffnen. Denn was Leidenschaften zerstören können, hat er gerade wieder deutlich erkannt, als er sich abermals in Homers Ilias und Odyssee vertieft hat. Mit wenigen genialen Strichen umreißt der Dichter den Inhalt der Ilias und die unversöhnlichen Haltungen der verfeindeten Seiten. Dabei entschlüpft Horaz jener Vers 14, der zum geflügelten Wort werden sollte: *Quidquid delirant reges, plectuntur Achivi*. „Ganz gleich, wie verrückt die Fürsten sind, büßen müssen es die Griechen."

Eduard von Bauernfeld (1802-1890) blickt in seinem kulturkritischen Essay 'Aus Alt- und Neu-Wien' (1873) auf den lauten Zwist zurück, den 1867 die Entlassung Heinrich Laubes hervorrief, des Direktors des Wiener Burgtheaters. Der vielseitig talentierte Laube, 1806 im sächsischen Sprottau geboren, war als politischer Schriftsteller, Theaterdichter und Regisseur hervorgetreten. Seit 1849 hatte er das Burgtheater

---

[43] Alexander Herzen, Briefe aus dem Westen. Mit einem Essay von Isaiah Berlin (Nördlingen 1989), S. 43.

[44] Georg Ebers, Die Geschichte meines Lebens. Vom Kind bis zum Manne. 3. Auflage (Stuttgart u. a. 1893), S. 439.

geleitet und es in dieser Zeit zu einer hohen Blüte geführt. Nun aber wehrte sich der aus seiner Stellung Entfernte mit polemischen Artikeln in der ,Neuen Freien Presse', „in denen er zu beweisen suchte, daß das Burgtheater nach ihm sogleich in Verfall geraten sei. (...) Man schrie von oben Zeter über diese heftigen Angriffe und strich die Stücke des rücksichtslosen Kritikers augenblicklich vom Repertoir. – Das war jedenfalls gefehlt. Das Publikum, unbekümmert um die Zwistigkeiten der Bühnenlenker, hatte ein Recht auf seine Lieblingsstücke, die man ihm nun vorenthielt. Allein – *Quidquid delirant reges, plectuntur Achivi.*"[45]

Am Ende seiner ,Gedanken und Erinnerungen' greift auch Otto von Bismarck diesen Horazvers auf. Er stellt Überlegungen zur politischen Voraussicht an und gibt grundsätzlich zu bedenken: „Über die Fehler, welche in der auswärtigen Politik begangen wurden, wird sich die öffentliche Meinung in der Regel erst klar, wenn sie auf die Geschichte eines Menschenalters zurückzublicken imstande ist, und die *Achivi qui plectuntur* sind nicht immer die unmittelbaren Zeitgenossen der fehlerhaften Handlungen."[46] An ein Horazwort erinnert sich Bismarck schon an einer früheren Stelle seiner ,Erinnerungen'. Er hatte erkannt, daß er unter dem preußischen König Friedrich Wilhelm IV. „eine für (ihn) haltbare Ministerstellung nicht erlangen würde." Deutlich sah er „die Schwierigkeit, welche ein verantwortlicher Minister dieses Herrn zu überwinden hatte bei dessen selbstherrlichen Anwandlungen mit oft jähem Wechsel der Ansichten, bei der Unregelmäßigkeit in Geschäften und bei der Zugänglichkeit für unberufene Hintertreppeneinflüsse von politischen Intriganten, wie sie von den Adepten unsrer Kurfürsten bis auf neuere Zeiten in dem regierenden Hause, sogar bei dem strengen und hausbackenen Friedrich Wilhelm I. Zutritt gefunden haben – *pharmacopolae, balatrones, hoc genus omne.*"[47] Bismarck überträgt (den Horazvers kürzend) die Verachtung, welche der römische Dichter in den Satiren I 2,1-2 für jenes billige Volk äußert, das um den so spendablen Sänger Tigellius trauert, auf die Entourage der preußischen Könige, eben „Quacksalber, Schwadroneure und all dieses Volk".

4.3.5 *Parturient montes, nascetur ridiculus mus*

In unserer Skizze, die man getrost auch ein Sammelsurium nennen kann, einen Flohmarkt, mußten viele Horazverse, die einst zum Gemeingut der Gebildeten gehörten, ungenannt bleiben. Ein Vers aus seinem Werk freilich ist so überzeitlich, so allgemeinmenschlich und so plakativ und bündig, daß er auch heute noch immer wieder einmal begegnet. Die Rede ist vom Vers 139 der ,Ars poetica': *Parturient montes, nascetur ridiculus mus* – „Gebirge wollen gebären, zur Welt kommt ein lustiges Mäuschen!"[48] Mag auch der Vers und das Bild, wie so vieles Römische,

---

[45] Bauernfelds ausgewählte Werke in vier Bänden [in 1 Band]. Mit einer biographisch-kritischen Einleitung herausgegeben von Emil Horner (Leipzig o. J. [1905]), hier Band 4, S. 134.

[46] Otto von Bismarck, Gedanken und Erinnerungen, 3. Buch, 12. Kapitel, „Handelsvertrag mit Österreich".

[47] Bismarck, Gedanken und Erinnerungen, 1. Buch, 4. Kapitel, „Diplomat".

[48] Oft wird der Vers mit der Präsensform *Parturiunt* zitiert.

griechischen Ursprungs sein[49], verbindet er sich doch stets mit dem Namen Horaz. Als Ernst Moritz Arndt (1769-1860) vom Mai bis in den August 1799 in Paris weilt, liegt die Französische Revolution erst zehn Jahre zurück. Was bleibt am Ende, fragt sich Arndt, viel Lärm um nichts? Dieser Sommer „zeigte manches in einer verjüngten Gestalt wieder, was ehedem die Herzen von Europa zwischen Furcht und Hoffnung hin und her bewegte, was manche eine Weltverjüngung und Welterneuerung träumen ließ und wovon jetzt viele mit ihren maulwurfsäugigen Gemütern meinen, es werde bloß das Horazische ,Es springt ein lächerliches Mäuschen heraus' werden.“[50] Arndt sollten noch sechzig Jahre beschieden sein, in denen er als wacher Beobachter erlebte, wie so manche politischen Ideen aus den Turbulenzen des Jahres 1789 heraus- und weiterwucherten. „Parturiunt montes etc.“, fürchtet denn auch Wilhelm von Kügelgen (1802-1867) im Brief, den er am 9. Februar 1847, ein gutes Jahr vor der Märzrevolution 1848, aus Ballenstedt an seinen in Estland lebenden Bruder Gerhard sendet. Die politische Luft ist dick. „Die langerwartete Constitution in Preußen ist erschienen und liegt vor mir, datiert vom 3t Febr. Dieses neue Geschenk wird als unbefriedigend nicht sonderlich freudig vom Volke begrüßt werden." Die beunruhigenden Entwicklungen in der Gegenwart berechtigen Kügelgen, tief besorgt in die Zukunft zu schauen: „Mir ist's manchmal als stünde die ganze Nation an einem schaudervollen Abgrunde. Am Ende wird es Gott leiten wie er will, aber schrecklich ist es wenn eine ganze Gesellschaft wachend und mit offenen Augen an einer jähen Klippe hinfährt und der Kutscher scheint zu schlafen.“[51]

Keinerlei politische Visionen hingegen verfolgte Annette von Droste-Hülshoff, als sie sich im September 1842 gleichermaßen amüsiert, verwundert und neugierig bei ihrem Vertrauten Levin Schücking erkundigte, wieso er denn behaupte, keine Texte zur Veröffentlichung zu haben: „was stellt das für, daß Du behauptest gar kein Material zu haben? – wo sind denn diejenigten glänzenden, poetischen, gediegenen, mit (Gesichts-)Schmerzen gebornen ,jüngsten Kinder meiner Laune' die ich dir in meinem letzten Briefe von Meersburg gesendet? – heißt es hier wirklich: PARTURIUNT MONTES, NASCETUR RIDICULUS MUS? – zu Deutsch: kannst Du wirklich ganz und gar nichts davon brauchen?“[52]

Das letzte Wort in dieser Runde soll Josef Hofmiller haben. Noch einmal wollen wir einen Brief von ihm heranziehen. Geschrieben hat er ihn am 22. August 1933, wenige Wochen vor seinem Tod, an einen in München lebenden Freund, den Oberstudienrat Anton Glock. Hofmiller hält sich gerade im oberbayerischen Elbach auf. Dort hat sich sein Rosenheimer Lehrerkollege Eduard Stemplinger – ebenjener Stemplinger, der

---

[49] Die Sprichwörter und sprichwörtlichen Redensarten der Römer. Gesammelt und erklärt von August Otto. Zweiter reprografischer Nachdruck der Ausgabe Leipzig 1890 (Hildesheim u. New York 1971), S. 234-235.

[50] Ernst Moritz Arndt, Pariser Sommer 1799. Herausgegeben von Wolfgang Gerlach (Frankfurt am Main / Olten / Wien 1982), S. 21.

[51] Wilhelm von Kügelgen, Bürgerleben. Die Briefe an den Bruder Gerhard 1840-1867. Herausgegeben und mit einer Einleitung versehen von Walther Killy (München 1990), S. 292-293.

[52] Vgl. ihren Brief vom 7. Juli 1842. Darin erwähnt die Droste auch die schlimmen Gesichtsschmerzen, an denen sie periodisch litt.

Horaz und Ovid auf bayerisch nachgedichtet hat – „ein herrliches Holzhäusel bauen lassen, für die Vakanzen vorerst, wenn er pensioniert ist, für mehr." Hofmiller erzählt über alles mögliche, und wie so oft in seinen Briefen spricht er auch in diesem von seiner Liebe zur klassischen Musik. Einige Jahre hatte er es wie ein Kind genossen, allabendlich über das Operntelefon den Aufführungen der Münchener Staatsoper lauschen zu können. Die Einstellung dieser Einrichtung zum 31. August 1930 hatte er schmerzlich bedauert.[53] Doch das Radio hatte sie überflüssig gemacht, und nun berichtet Hofmiller dankbar erleichtert: „Wir hören viel Radio, Stemplinger hat einen großartigen Apparat heroben, Saba heißt er, eben hören wir Luxemburg, wir kriegen fast alles her". Dem spätromantischen Musikstück jedoch, das da im Hochsommer 1933 aus dem Lautsprecher des Radios erklingt, kann der knorrige Hofmiller rein gar nichts abgewinnen. Obacht! Das Wortspiel am Anfang der Horazparodie ist leicht zu übersehen: „Eben hören wir aus Luxemburg eine symphonische Dichtung von César Franck, ‚Der wilde Jäger', es klingt, wie wenn die Militärmusiker auf Oberwiesenfeld üben, jeder ein anderes Signal, also sehr schön. *Partituriunt montes, nascetur ridiculus stuss*."[54] Überlassen wir Hofmiller sein Urteil; wir müssen es ja nicht teilen.

5. „Solide Kenntnis der lateinischen Tradition": ein Rückblick aus dem jungen 21. Jahrhundert

Überall und immerfort, nichts anderes wollte das Sammelsurium unserer ausgewählten Zitate noch einmal hervorheben, ist Horaz in der Neuzeit auch im kleinen gegenwärtig, ein stiller, aber stets naher, berufener, unentbehrlicher Vertrauter in vielen Gelegenheiten und Lebenslagen. Die Gebildeten leben wie selbstverständlich mit ihm. Doch ebenso selbstverständlich, wie sie diesen Dichter für sich fruchtbar machen, beziehen sie die anderen lateinischen Autoren des traditionellen Literaturkanons – Catull und Cicero, Vergil und Sallust, Seneca und Tacitus – in ihr Denken, ihre Wahrnehmungen und ihre Assoziationen ein. Eine Darstellung, die ein weit vollständigeres Bild anstrebte als die unsere, käme nicht umhin, auf der rezipierten Seite die schulkanonische griechische Literatur und auf der rezipierenden die westlichen Literaturen insgesamt heranzuziehen.

Wenn wir versuchen, die verschiedenen Formen der Rezeption in ein Bild zu kleiden, möchte uns der klare Nachthimmel in den Sinn kommen. Mit dem Blick darauf ließe sich jene Rezeption der antiken Literatur, die sich in der Aufnahme formaler Gestaltung, in der gehaltlichen Auseinandersetzung und in der Weitergabe

---

[53] In Frankreich war das Operntelefon am Beginn der 1880er Jahre eingerichtet worden. Vgl. dazu Günter Burkart, Handymania. Wie das Mobiltelefon unser Leben verändert hat (Frankfurt am Main u. New York 2007), S. 18. Zur Nutzung des Telefons vgl. auch Joachim R. Höflich, Telefon: Medienwege – Von der einseitigen Kommunikation zu mediatisierten und medial konstruierten Beziehungen, in: Manfred Faßler/Wulf R. Halbach (Hgg.), Geschichte der Medien (München 1998), S. 187-225, hier bes. 190-193. Für den freundlichen Hinweis auf diese beiden Titel danke ich Herrn Professor Günter Burkart, Lüneburg.

[54] Hofmiller, Briefe II (wie Anm. 37), S. 339. Der französische Originaltitel des Orchesterstücks lautet ‚Le Chasseur Maudit'.

normsetzender Vorschriften zeigt, mit der Vielzahl der glitzernden Sterne vergleichen, die das bloße Auge einzeln zu unterscheiden vermag. Darüber aber wölbt sich wie der Schleier der Milchstraße die andere, weniger sinnfällige Form der Rezeption, die sich in zahllosen beiläufigen Anspielungen und flüchtigen Eingebungen niederschlägt. Es bestätigt sich die gleichermaßen schlichte wie sichere Einsicht Michael von Albrechts: „Die Bedeutung der antiken Komponente ist vom 16. bis zum 18. Jahrhundert unübersehbar groß." Zwar lief das Griechische im 19. Jahrhundert dem Lateinischen den Rang ab – doch das war die Theorie: „in der Praxis bleibt unter den deutschen Gebildeten eine solide Kenntnis der lateinischen Tradition zumindest bis etwa zur Mitte des 20. Jahrhunderts erhalten."[55] Allerdings scheinen die altlateinischen und vorklassischen Autoren auch bei der leisen Rezeption deutlich weniger repräsentiert zu sein. Doch sie gehörten ja niemals zum engeren Schulkanon. Das gleiche stiefmütterliche Schicksal teilten die lateinischen Autoren der Spätantike. Kaum jemand scheint sie zu erwähnen oder auf sie anzuspielen, und wer es doch tut, steht gewöhnlich allein und wird in aller Regel von einem besonderen Fach- oder Erkenntnisinteresse geleitet.

In diesem Punkte berührt sich die lateinische Literatur der Spätantike eng mit der des Mittelalters. Auch diese gehörte in der Neuzeit niemals zum Kanon der Schule. Ihre unklassische Sprache wurde als „Mönchslatein" verlacht, ihre Inhalte – hier zogen die strengen Kritiker mit Vorliebe Traktate der Scholastik aus den Bibliotheken hervor – galten als spitzfindig, abgeschmackt und unaufgeklärt. Die mittellateinische Literatur war, wie es Paul Gerhard Schmidt pointiert formuliert hat, eine Literatur, „die von ‚verächtlichen Manipulationen' handelt, überliefert in verstaubten Scharteken, die nur zum Einwickeln von Fischen oder zum Feuermachen taugten."[56] Wer sich im 17. oder 18. Jahrhundert in ein Werk des lateinischen Mittelalters vertiefte, tat dies aus theologischem, historischem oder irgendeinem enzyklopädischen Fachinteresse. Ausnahmen von dieser Regel betreffen nicht Autoren, sondern einige volkstümliche Stoffe und Formen. So etwa wurde die ‚Vagantenbeichte' auch ohne den Namen des Archipoeta von Orlando di Lasso vertont, und die seit dem Hochmittelalter verbreitete schwankhafte Sage von Eginhard-Einhart und Emma wurde „gegen Ende des 16. Jahrhunderts zu neuem Leben erweckt" und erfuhr seither eine Reihe Bearbeitungen in epischem und dramatischem Gewande.[57]

Wie oben angedeutet, wurde mit der Romantik die mittellateinische Literatur all-mählich neu bewertet, sicherlich auch gerechter. Die Schultüren blieben ihr trotzdem verschlossen. In Deutschland suchten damals viele gebildete Schriftsteller den Zugang zur lateinischen Literatur des Mittelalters. Sie hatten es sich zur Aufgabe gesetzt, die Vergangenheit des eigenen Volkes zu erkunden und zu ergründen, und wie konnte das unverfälschter, authentischer geschehen als durch das Studium der echten

---

[55] Michael von Albrecht, Walter Kißel, Werner Schubert (Hgg.): Bibliographie zum Fortwirken der Antike in den deutschsprachigen Literaturen des 19. und 20. Jahrhunderts (Studien zur klassischen Philologie, 149), Frankfurt a. M. u. a. 2005, S. VII.

[56] Paul Gerhard Schmidt, Das Interesse an mittellateinischer Literatur (Wolfgang Stammler Gastprofessur für Germanische Philologie, Vorträge, 3), Freiburg/Schweiz 1995, S. 11.

[57] Heinrich May, Die Behandlungen der Sage von Eginhard und Emma (Forschungen zur neueren Litteraturgeschichte, 16), Berlin 1900. Vgl. dazu unten das Kapitel III.

mittelalterlichen Quellen! Jacob Grimm ging so weit, die auf deutschem Boden entstandene mittellateinische Literatur als „eigentlich deutsche Literatur in lateinischer Sprache" zu begreifen, gewiß eine stark verengte Sichtweise, die aber nicht ohne Wirkung blieb.[58] Das wird unten im Kapitel über die Editionen der ,Monumenta Germaniae Historica' als Steinbruch für historische Romane und Erzählungen noch anklingen.

Vergleichen wir die Hinweise auf die mittellateinische Literatur nach 1800 mit jenen in der frühen Neuzeit, werden wir zu Zeugen einer Explosion. Vor dieser Zeitenwende muß man jenseits der Fachliteratur und der volkstümlichen Stoffe wie ein Goldgräber mit unendlicher Geduld danach suchen. Beiläufige Anspielungen, geflügelte Worte, die von uns so genannte leise Rezeption, das alles scheint es zwischen dem 15. und dem 18. Jahrhundert nicht zu geben.

Freilich kann die Aufmerksamkeit für die lateinische Literatur des Mittelalters auch skurrile Züge annehmen. Besonders gefährdet sind, wie es scheint, lokalpatriotische Bemühungen. Börries von Münchhausen (1874-1945) erzählt uns eine amüsante Anekdote: „Einmal bekam ich einen Brief von der Vethschen Weichkäserei in Gandersheim. Darin stand, daß die Fabrik ein ganz neues fabelhaftes Werbeunternehmen plane, nämlich die Herausgabe einer Werbeschrift für ihren Käse mit Beiträgen lauter ernster Künstler. Zum Anreiz schickte Herr Veth eine ganze Kiste der vorzüglichsten Käse, alle in Pergament und Blattzinn verpackt und mit den verführerischsten Namen, wie ,Gandersheimer Hroswitha-Weich-Käse', sauber beklebt."[59]

---

[58] Schmidt, Interesse (wie Anm. 56), S. 12.
[59] Börries von Münchhausen, Fröhliche Woche mit Freunden (Stuttgart u. Berlin 1922), S. 64.

II. Ein Moralist und Postillon d'amour des 20. Jahrhunderts. Ovid, Juvenal und Andreas Capellanus im Werk Carl Brinitzers

Die Literaturkritik flicht dem Unterhaltungsschriftsteller keine Kränze. Carl Brinitzer war vor allem ein Unterhaltungsschriftsteller, und dieser Makel verwehrte ihm den Eingang in die Literaturgeschichten und Enzyklopädien. Wer Brinitzer vorstellen möchte und biographisches Material über einen Mann sucht, der sich immerhin um einige lateinische Autoren angelegentlich bemüht hat, wird deshalb Seitenwege einschlagen müssen. Da auch das allwissende Internet augenblicklich (2015) mit gebündelten Informationen geizt, kommen wir nicht umhin, einzelne Hinweise auf Brinitzers Leben und Schaffen aus verschiedenen Quellen zu sammeln und sie zu einem ersten, sehr schemenhaften Bild zu ordnen. Das Internet habe ich hauptsächlich für die Suche nach bibliographischen Daten genutzt. Behilflich waren ferner Angaben von Brinitzers Verlagen besonders auf den Schutzumschlägen seiner Bücher, vor allem aber die autobiographischen Mitteilungen Brinitzers selbst. Immerhin wird er in Gero von Wilperts Lexikon der Weltliteratur erwähnt. Der nur wenige Zeilen umfassende Artikel verrät aber schwerlich mehr als die nüchternen Lebensdaten; charakterisiert wird Brinitzer als „Feuilletonist und amüsant plaudernder Biograph".[1]

1. Biographisches zu Brinitzer

Geboren wurde Carl Brinitzer am 30. Januar 1907 in Riga als Sohn eines Arztehepaars. Er wuchs in Altona auf, wo er das Reform-Realgymnasium besuchte. Nach dem Abitur studierte er die Rechtswissenschaften in Genf, Hamburg, München, Berlin und schließlich in Kiel. Hier wurde Brinitzer 1933 mit einer Untersuchung über ‚Strafrechtliche Maßnahmen zur Bekämpfung der Prostitution' promoviert. Schon während seines Studiums verfaßte er Artikel für den ‚Lübecker Volksboten'. Freilich wurde diese sozialdemokratische Tageszeitung im Frühjahr 1933 nationalsozialistisch gleichgeschaltet, und noch im selben Jahr wurde Brinitzer genötigt, aus dem Justizdienst auszuscheiden: er war Jude. Rasch emigrierte er aus Deutschland und fand nach einem Umweg über Italien 1936 in England Zuflucht. Die Insel wurde ihm zur neuen Heimat. Doch die Bindung an Deutschland, an die Kultur und die Traditionen des Landes bewahrte Brinitzer sich, auf unterschiedliche Weise. 1938 wurde er in London Mitarbeiter des Deutschen Dienstes der BBC. Ihm gehörte er während des Zweiten Weltkriegs nicht nur als Sprecher an; für die propagandistisch ausgerichteten Sendungen, „für die einen und gegen die anderen Deutschen"[2], schrieb er auch Manuskripte und Programme. Nach dem Ende des Krieges und der nationalsozialistischen Diktatur blieb Brinitzer in England und war weiterhin für die BBC tätig. Er berichtete von den Nürnberger Prozessen, die er als juristisch geschulter Beobachter aus der Nähe verfolgte, wandte sich aber mit dem Ausbruch des Kalten Krieges besonders der Sowjetzone zu, für deren Bürger er unter anderem die satirische Hörfolge ‚Der westöstliche Iwan' verfaßte. Darin entspannen sich nach außen amüsante, tatsächlich aber politisch brisante Dialoge zwischen dem, wie Brinitzer es

---

[1] Gero von Wilpert, Lexikon der Weltliteratur. Deutsche Autoren A – Z, 4., völlig neu bearbeitete Auflage (Stuttgart 2004), S. 84.
[2] Der Spiegel, Nr. 5/1961, S. 47.

© Springer-Verlag GmbH Deutschland, ein Teil von Springer Nature 2015
H. E. Stiene, *Von Horaz und Ovid bis zum Archipoeta*, Edition KWV,
https://doi.org/10.1007/978-3-662-58401-9_2

selbst beschrieben hat, „ewig betrunkenen Iwan und dem kleinen deutschen SED-Funktionär Kasperkopp." Von den buntbewegten Zeiten beim Deutschen Dienst der BBC hat Brinitzer in seiner 1969 erschienenen Dokumentation ‚Hier spricht London. Von einem der dabei war' ausführlich berichtet.[3] Er stieg schließlich zum Programmleiter des Deutschen Dienstes auf und trat 1967 in den Ruhestand. Fortan lebte er als freier Schriftsteller in Kingston in der Grafschaft Sussex. Am 24. Oktober 1974 ist Brinitzer in London gestorben.

2. Brinitzer als Schriftsteller

2.1 Nationalsozialismus, Zweiter Weltkrieg und die BBC

Allerdings hatte Brinitzer die Schriftstellerei schon seit den späten 1930er Jahren intensiv betrieben und über die Jahrzehnte fortgeführt. Vier größere Themenkreise lassen sich erkennen, die, wie es scheint, auch bestimmten Lebens- und Schaffensperioden zugeordnet werden können. Am Beginn stehen einige Bücher, in denen Brinitzer sich mit dem Nationalsozialismus und dem Zweiten Weltkrieg auseinandersetzt. Sie sind englisch geschrieben und in England erschienen. 1938 schleuderte Brinitzer eine gallige Satire gegen das nationalsozialistische Deutschland, den von Victor Gollancz verlegten ‚Zulu in Germany'.[4] In fiktiven Berichten an die heimatliche Zulu Post läßt er den Zulu Usikota seine Reisen und Erlebnisse im nationalsozialistischen Deutschland schildern. Mit Verwunderung, Kopfschütteln und ironischem Entsetzen meldet er, was ihn etwa in Berlin, München oder Nürnberg bei Tage bedrängt und sich nachts schrill in Alpträumen wieder Bahn bricht. Höhepunkte sind Usikotas Begegnungen mit den Größen des Regimes, mit Goebbels (der den Zulu an den humpelnden Hephaistos erinnert[5]), Göring, Streicher und schließlich mit Adolf Hitler selbst. Die Männer sind groß und doch klein, bedrohliche Karikaturen, die zugleich vergötzt und gefürchtet werden und abseits jeder Humanität stehen.

1941 folgte das Buch ‚German versus Hun', eine Anthologie mit skeptischen Äußerungen deutscher Autoren über Deutschland.[6] Die Auswahl der Zitate, die Brinitzer mit seiner Ehefrau Berthe Grossbard traf, war grell durch den Krieg bestimmt. Klang der Ton in ‚Zulu in Germany' noch überlegen-amüsiert, hat er nun eine unerbittliche Schärfe angenommen. Aus dieser engen Zeitgebundenheit erklärt sich eine haltlose Einschätzung wie diese: „The Nazi system of today is only a new form of an old disease. For as long as there have been Germans there have been

---

[3] Carl Brinitzer, Hier spricht London. Von einem der dabei war, Hamburg 1969.
[4] Zulu in Germany. The Travels of a Zulu Reporter amongst the Natives of Germany, by Usikota. His Despatches to the Zulu Post, London 1938. Im Buch selbst erscheint der Name Brinitzer nirgends. Als Verfasser der Satire bekennt Brinitzer sich aber in den oben genannten Erinnerungen ‚Hier spricht London', S. 63.
[5] Zulu in Germany (wie Anm. 4), S. 51. Sogleich hat Usikota auch die berühmten Verse aus Homers Ilias I 599-600 bei der Hand: „Unrestrained laughter shook the celestial gods / When they saw Hephaestus hobbling hither and thither."
[6] Carl Brinitzer and Berthe Grossbard, German versus Hun. Translated by Bernard Miall, London 1941.

Nazis."[7] Nach dieser Prämisse waren die Angst und Schrecken verbreitenden Horden der Cimbern und Teutonen die ersten Nazis. Marius sei Zeuge! Doch als Friedrich von Spee 1631 klagte: „I am ashamed of Germany"[8], tat er da solches ernstlich *sub specie nazitatis*?

Brinitzers spätere Versicherung[9], der Deutsche Dienst der BBC sei in den ersten Kriegsjahren niemals der Linie des Diplomaten Robert Vansittart gefolgt, der 1941 in seiner Propagandaschrift ‚Black Record' die Deutschen als ein nach seinem Wesen und über seine ganze Geschichte grausames Volk genannt hatte, klingt mindestens mit dem Blick auf die im gleichen Jahr erschienene Polemik ‚German versus Hun' schwerlich glaubhaft. Jedenfalls scheint Brinitzer die seit der Jahresmitte 1943 verfolgte Linie der BBC, nicht mehr „zwischen den Nazis und dem deutschen Volk" zu unterscheiden[10], schon 1941 vorweggenommen zu haben.

Als der Zweite Weltkrieg sich im Herbst 1944 erkennbar seinem Ende näherte und der Untergang des Dritten Reichs, seiner Repräsentanten und seiner Einrichtungen abzusehen war, stellte Brinitzer ein deutsch-englisches Wörterbuch zusammen, das die eigens geschaffene nationalsozialistische Terminologie, ihre verwaltungs- und organisationstechnischen Begriffe, aber auch neueste militärische Fachausdrücke und den Soldatenjargon ins Englische übertrug. Das Buch erschien 1945 unter dem Titel ‚Cassell's War and Post-War Dictionary'.[11] Weitsichtig begründete Brinitzer seine linguistische Fleißarbeit: Mit dem Dritten Reich werde auch dessen Sprache verschwinden, doch viele Begriffe würden noch lange im Gebrauch sein und der Übersetzung bedürfen, und schließlich werde sich die Geschichtswissenschaft mit dieser Epoche befassen: „Out of a forgotten world, out of the far distant, sunken world of National-Socialism, the fossilized linguistic monsters will have to be dug up."[12] Wer das englische Äquivalent für Leistungskampf der Deutschen Arbeitsfront oder Entsprechungen für Panzer-Faust, Panzer-Graus und Panzer-Schreck sucht, wird in Brinitzers Dictionary fündig. Den Nutzen, den das ‚War and Post-War Dictionary' der

---

[7] German versus Hun (wie Anm. 6), S. 11.

[8] German versus Hun (wie Anm. 6), S. 154. Vielleicht hat Brinitzer eine Stelle am Beginn von Spees umfänglicher ‚Cautio criminalis' im Blick. Der Autor fragt sich, warum das Hexenwesen gerade in Deutschland mir einer solchen Leidenschaftlichkeit betrieben werde. Seine Antwort entnehmen wir der deutschen Übersetzung von Johann Seyffert, die 1647 in Bremen erschien (hier S. 5): „Keine Nation leugnet / daß nicht allezeit leut seyen / welche Gott vor anderen in zeitlichen Gütern mehr gesegnet / die nicht mit verkauffen besser zu recht kommen als andere / die nicht im kauffen anderen bevor gehen / vnd also eher reich werden als etwan ein ander: Höre hier vnseren Teutschen Pöfel! flux kompt ein Nachbar der zurück bleibet / der steckt den kopff mit seines gleichen zu hauff / man fanget an munckelen / eß gehe mit hexerey zu: erstlich entstehet ein argwohn / dieser wächset / so man einen in der kirchen andächtiger siht beten / etc. Ich schäme mich dieses von vns selber zu sagen / welches bey anderen Nationen doch gar nicht vblich / vnd man dahero so viel von hexerey bey jhnen nit weiß / alß bey vns."

[9] Hier spricht London (wie Anm. 3), S. 256-258.

[10] Hier spricht London (wie Anm. 3), S. 257-258.

[11] Carl Brinitzer, Cassell's War and Post-War Dictionary. With Foreword by N. F. Newsome, London u. a. 1945.

[12] Cassell's Dictionary (wie Anm. 11), S. 8-9.

Geschichtswissenschaft gebracht hat, vermag ich nicht zu beurteilen, doch ich neige eher zur grundsätzlichen Skepsis Helmut Schmidts: „Aus dem Vokabular einer untergegangenen Welt läßt sich deren Wirklichkeit nur unzulänglich rekonstruieren; das muß bei Wörterbüchern aus unmenschlicher Zeit immer beachtet werden."

Brinitzers oben genannter autobiographischer Ausschnitt über seine Tätigkeit bei der BBC – ‚Hier spricht London' – setzte einen späten publizistischen Schlußpunkt unter die Zeit des Nationalsozialismus und des Zweiten Weltkriegs.

2.2 Brinitzer als Übersetzer

Aber noch zum gleichen Themenkreis gehörte eine Biographie des Generalfeldmarschalls Erwin Rommel, die Desmond Young 1950 veröffentlicht hatte. Im selben Jahr erschien Brinitzers Übersetzung ins Deutsche (‚Rommel'); sie wurde ebenso wie das englisch verfaßte Original bis in unsere Jahre vielfach aufgelegt, später mit dem Zusatz ‚der Wüstenfuchs'. ‚Rommel' war Brinitzers erste deutsche Buchübersetzung; einige Jahre darauf schlossen sich die Übertragungen von drei Kriminalromanen des Amerikaners Rex Stout an. Die Figur des New Yorker Privatdetektivs Nero Wolfe erhielt eine deutsche Stimme in ‚Zu viele Köche' (1957, ‚Too Many Cooks'), ‚Das zweite Geständnis' (1959, ‚The Second Confession') und ‚Vor Mitternacht' (1961, ‚Before Midnight'). Bei letzterem Roman ist Brinitzers Frau Berthe Grossbard als Mitübersetzerin genannt. In dieselbe Zeit (1958) fällt die Übersetzung von ‚Bong Kwe', der, wie es im Untertitel heißt, ‚Biographie eines Büffels', die der amerikanische Schriftsteller und Jäger Wynant Davis Hubbard schon 1930 vorgelegt hatte. Auch diese Übertragung erarbeitete Brinitzer mit Berthe Grossbard.

2.3 Biographien: Aufklärung und Vormärz

Von der Biographie des Büffels Bong Kwe eilen wir geradewegs hinüber auf das Feld der Biographien berühmter Männer. Ist Brinitzer hier der amüsante Plauderer, als der er in Wilperts Literaturlexikon vorgestellt wird? Zugegeben, er plaudert auch gerne einmal, dabei durchaus amüsant und mit Witz, doch nirgends gestattet er sich einen behaglichen oder gemütvollen Tonfall. Mit kurzen, raschen, scharfen Sätzen treibt Brinitzer seine Gedanken weiter. Und immer ist er entschieden ernsthaft. In seinen Biographien wendet er sich Zeitgenossen des 18. und 19. Jahrhunderts zu, die als überzeugte Verfechter einer liberalen Gesinnung gegen obrigkeitliche Bevormundung, Unterdrückung der Geistesfreiheit und die Zwangsjacke der Zensur kämpfen. Dieses hohe Ideal umschließt sie alle wie ein leitmotivisches Band. Es sind die Epochen der Aufklärung und des Vormärz, von deren Köpfen Brinitzer angezogen wird. ‚Das streitbare Leben des Verlegers Julius Campe'. Schon der Titel dieser 1962 erschienenen Biographie ist ein liberales Programm, erst recht die Charakterisierung Campes: „Er protestierte immer. Gegen alle Hemmungen, die sich dem freien Geist entgegenstellten."[13] Bei seinen Vorarbeiten zu Campe war Brinitzer im Britischen Museum auf das Büchlein ‚Schiller's politisches Vermächtniß' aus dem Jahre 1832 gestoßen. Darin hatte der Hamburger Verleger zahlreiche Stellen aus Werken Schillers

---

[13] Carl Brinitzer, Das streitbare Leben des Verlegers Julius Campe (Hamburg 1962), S. 136.

versammelt, in denen der damals allgemein verehrte Klassiker die Fahne für die bürgerliche Freiheit ergreift. Gegen Campe war gerade ein gerichtliches Verfahren eröffnet worden, weil er 1831 Ludwig Börnes ‚Briefe aus Paris' verlegt hatte. Der kaiserliche Hof in Wien erkannte in ihnen eine Schmähschrift gegen den Deutschen Bund. Campe nahm Schiller gleichsam zum Kronzeugen für seine freisinnige Sache. Was lag näher, als noch 1962 mit der Biographie Julius Campes im selben Verlag Hoffmann und Campe einen Nachdruck von Schillers ‚Vermächtniß' erscheinen zu lassen? Das engagierte Vorwort dazu verfaßte Carl Brinitzer.

Zwei Jahre zuvor, 1960, war Brinitzer mit der umfangreichen Biographie ‚Heinrich Heine – Roman seines Lebens'[14] hervorgetreten. Der in Paris mehr schlecht als recht dahinlebende Dichter lag ihm am Herzen, weil er als Erbe Byrons zwar „den Kampf gegen die europäische Reaktion"[15] führte, sich dabei aber nicht von einer Partei vereinnahmen ließ. „Nichts lag ihm ferner, als eine Diktatur des Proletariats anzustreben, den alten Staatsapparat, seine Gesetzgebung und seine Moral gewaltsam und vollständig zu zertrümmern."[16] Trotz aller Sympathie für Heine gerät Brinitzer nirgends ins Schwärmen. Davor bewahrt ihn sein *common sense*.

1968 brachte er dem deutschen Publikum einen berühmten englischen Gelehrten des 18. Jahrhunderts näher. Das Buch trug den Titel ‚Dr. Johnson und Boswell. Begegnung und Freundschaft', und zu wiederholten Malen verrät Brinitzer, was er an dem eigenwilligen Doktor trotz seiner gelegentlichen Engstirnigkeit so hoch schätzt: den gesunden Menschenverstand und die unsentimentale Klarheit des Denkens.[17] Bereits 1956 hatte er sich mit Georg Christoph Lichtenberg beschäftigt. Ein vergessener Physiker oder ein bewunderter Aphoristiker? Brinitzer vermittelte zwischen diesen scheinbaren Polen: ‚G. C. Lichtenberg. Die Geschichte eines gescheiten Mannes'.[18] Vom gescheiten Lichtenberg, dem Brinitzer seine erste Biographie gewidmet hatte, führt ein kurzer Weg zu Daniel Chodowiecki. Der Radierer und Kupferstecher aus Danzig war der letzte, dessen Leben Brinitzer beschrieb: ‚Die Geschichte des Daniel Ch. – ein Sittenbild des 18. Jahrhunderts' (1973). Was ihn an diesem Künstler faszinierte, erhellt durch das bestimmt

---

[14] Vgl. Der Spiegel Nr. 5/1961, S. 47-49. In dem ‚Verbrinitzert' überschriebenen Artikel verrät der Autor, daß er für seine Heine-Biographie den Titel ‚Dichter unbekannt' vorgesehen hatte, ein markanter Hinweis darauf, daß Heines *Loreley* im Dritten Reich zwar in Liederbüchern gedruckt wurde, darunter aber „Dichter unbekannt" stand; vgl. S. 582. Trotzdem habe der Verlag Hoffmann und Campe sich für ‚Heinrich Heine – Roman seines Lebens' entschieden. Als Taschenbuch erschien Brinitzers Heine-Biographie 1972 im Verlag Ullstein in Frankfurt am Main.

[15] Heinrich Heine (wie Anm. 14), S. 387.

[16] Heinrich Heine (wie Anm. 14), S. 386.

[17] Vgl. Carl Brinitzer, Dr. Johnson und Boswell. Begegnung und Freundschaft (Mainz 1968), S. 80 und 140. Ähnlich S. 148: „Dr. Johnson lebte immer in einer Welt der Realität."

[18] Als Taschenbuch wiederveröffentlicht unter dem Titel ‚Georg Christoph Lichtenberg. Genialität und Witz', München 1979, „mit einem für die Taschenbuchausgabe neu erarbeiteten wissenschaftlichen Anhang." In der englischen Übersetzung von Bernard Smith war das Werk schon 1960 in London unter dem Titel ‚A Reasonable Rebel: Georg Christoph Lichtenberg' erschienen.

ausgesprochene Urteil: „Chodowiecki war ein Mann der Aufklärung."[19] Die persönliche Verbindung zwischen dem „deutschen Hogarth" und Lichtenberg hatte Brinitzer bereits 1971 aufgegriffen. In diesem Jahr erschien ein Buch, das 72 sogenannte Monatskupfer Chodowieckis und Lichtenbergs scharfsichtige Erklärungen zu ihnen vereinigte. Für das Vorwort hatte der Verlag Carl Brinitzer gewonnen.[20]

In seinen Biographien offenbart Brinitzer eine breite Belesenheit. Quellen sowie Primär- und Sekundärliteratur hat er jeweils in Fülle verarbeitet und zu einem detailreichen Bild zusammengesetzt. Er ist intim mit den beschriebenen Personen und ihren Zeitumständen vertraut und deutet sie mit kritischer Zuneigung in ihren Epochen; sie sind Liberale und Aufklärer, und Brinitzer, von den gleichen politischen Idealen geleitet, stellt sich zu ihnen. Von seinem behenden Stil sollten wir uns nicht täuschen lassen. Wer Brinitzer nur für einen amüsant plaudernden Biographen hält, verkennt ihn gründlich.

2.4 Von England und Italien, von Liebe, Wein und Schönheit: ein bunter Strauß Kulturgeschichte

Zwischen seine umfänglichen, auf ebenso ausgedehnte wie aufwendige Recherchen gebauten Biographien streute Brinitzer mit leichter Hand einige unterhaltsame, geistvolle Lese- und wohl auch Erfahrungs- und Herzensfrüchte. Hier darf ein Connaisseur seine Leser in andere Welten entführen, nach England und ins immerblaue Italien, aber auch auf das heikle Terrain unablässig lockender sinnlicher Genüsse des Essens und Trinkens, der Liebe und, selbstverständlich, der weiblichen Schönheit.

Die erste Blütenlese in Friedenszeiten widmete Brinitzer 1956 seiner Wahlheimat England. Das Land, ‚Wo die Queen regiert ...', stellte er im Spiegel deutscher Literatur aus fünf Jahrhunderten vor und ließ zahlreiche Autoren, unter ihnen bekannteste Namen ebenso wie verschollene, in ihren Briefen, Reiseberichten und Lebens-erinnerungen zu Wort kommen. Sie alle haben der Insel die aus ihrer Persönlichkeit und der jeweiligen Zeit geborenen Urteile aufgedrückt, viele liebe Klischees über die eigentümlichen Gepflogenheiten der Engländer bestätigt, in Frage gestellt oder auch berichtigt. Sie spießen Skurrilitäten auf, wenden sich entsetzt ab oder ziehen bewundernd den Hut. Betrachten wir, rein zufällig, die englische Küche. Nietzsche hielt sie für eine Art Kannibalismus, und Heinrich Heine warnte eindringlich: „Der Himmel bewahre jeden Christenmensch vor ihren Saucen, die aus 1/3 Mehl und 2/3 Butter, oder, je nachdem die Mischung eine Abwechslung bezweckt, aus 1/3 Butter und 2/3 Mehl bestehen. Der Himmel bewahre auch jeden vor ihren naiven Gemüsen, die sie in Wasser gekocht, ganz wie Gott sie erschaffen hat, auf den Tisch bringen." Für solch lose Despektierlichkeiten freilich mochte der charmante Johann Wilhelm

---

[19] Carl Brinitzer, Die Geschichte des Daniel Ch. – ein Sittenbild des 18. Jahrhunderts (Stuttgart 1973), S. 402.

[20] Georg Christoph Lichtenberg, Handlungen des Lebens. Erklärungen zu 72 Monatskupfern von Daniel Chodowiecki. Vorwort von Carl Brinitzer, Stuttgart 1971. Das Nachwort ver-faßte Brinitzer zu Georg Christoph Lichtenberg, Werke in einem Band, hg. von Peter Plett, Hamburg 1967.

von Archenholz 1791 überhaupt kein Verständnis aufbringen: „Ich habe in England ausländische Frauenzimmer gekannt, die sehr delikat erzogen und voller Vorurteile gegen die englische Küche hier angekommen waren, allein in kurzer Zeit durch eigene Erfahrung eines besseren belehrt wurden und der britischen Kochart den Vorzug vor allen andern gaben."[21] Welcher Gentleman will nach einer so tiefen Verneigung noch, Seit' an Seit' mit dem Fürsten Pückler, die Mäkelei Domenico Caracciolis (1715-1789) ins Feld führen, des neapolitanischen Diplomaten und Vizekönigs von Sizilien, in England gebe es „sechzig christliche Sekten und nur eine Sauce, geschmolzene Butter"?

Mit Brinitzer springen wir in eine überschaubarere und dennoch größere Welt. Ein kleiner Kompaß für das nie versiegende Meer des Trinkens? Nun, originell war weder der Gegenstand noch die literarische Form. Doch gerne stöbert sich der Leser mit unserem Autor durch die Kulturgeschichte der, vorzugsweise alkoholischen, Getränke. Er hat teil an dionysischen Weisheiten und erstaunlichen Aphorismen aus der alten und neuen Welt, und bei alledem darf er sich an den flüssigen abecedarischen Lesefrüchten erquicken, die der Autor eigens für ihn in eine mächtige Flasche gefüllt hat. ‚Bacchus, Gambrinus und Co.' steht groß auf dem Etikett und etwas kleiner darunter: ‚Eine nüchterne Geschichte des menschlich-unmenschlichen Durstes'. Dieses aufregende Büchlein erschien 1972[22], und noch im selben Jahr kam eine gekürzte Fassung unter einem abgewandelten Titel heraus, der jedem trinkfreudigen Leser tröstlich versichernd auf die Schulter klopfte: ‚Bacchus trank auch'.[23] Auf diesem Feld ist Brinitzer unbestritten ein amüsanter Plauderer, ganz gleich, ob das Stichwort Absinth, Heidelberger Faß, Schädelbecher oder schlicht Wasser lautet. „Wasser, wenn mit Mäßigung getrunken, kann niemandem schaden", soll Mark Twain listig erkannt haben. Nicht das Wasser meinte Rabelais mit seiner Warnung: „Wer's nicht spürt, trinkt umsonst." Wohl bekomm's!

Geistige Getränke verlangen nach einer festen Grundlage. Erfreulicherweise hatte Carl Brinitzer beizeiten auch dafür gesorgt. 1969 servierte er seinen Lesern abecedarisch ‚Zwei Löffel Goethe – eine Prise Shaw: Kulinarisches literarisch'.[24] Hier konnten sie sich, an die Hand genommen nicht allein von Goethe und Shaw, sondern gleich von einer Heerschar berufener Gastrosophen oder einfach nur feinschmeckender Dilettanten, stärken an bodenständigen Deftigkeiten und raffinierten Genüssen, an Austern, Blutwurst, Krammetsvögeln, Mayonnaise, Pökelfleisch und Wildbret. Aber auch rein Theoretisches setzte Brinitzer allen jenen unter seinen Lesern vor, die Näheres über Antiköche, Gefräßigkeit, Verdauung und, horribile dictu, Menschenfresserei erfahren wollten. Das Stichwort Lamm nutzte Brinitzer, um seiner liberalen Gesinnung auch an unvermuteter Stelle Gehör zu verschaffen: „Für alles, was mit deutscher Freiheit zusammenhing, brauchte man schon immer eine Lammsgeduld."[25]

---

[21] Carl Brinitzer, Wo die Queen regiert ... (München 1956), S. 148 und 144.
[22] Beim Verlag Ullstein in Frankfurt am Main, Berlin und Wien.
[23] Hergestellt von J. D. Broelemann in Bielefeld.
[24] Carl Brinitzer, Zwei Löffel Goethe – eine Prise Shaw. Kulinarisches literarisch, Reinbek 1969.
[25] Zwei Löffel Goethe (wie Anm. 24), S. 97.

Wo die leiblichen Genüsse so zahlreich versammelt sind, darf die Schönheit nicht fehlen. Mit Brinitzer wollen wir also den Frauen huldigen und dabei großzügig über Ludwig Börnes trockene Sottise hinwegsehen, das weibliche Geschlecht heiße das schöne, weil es m a n c h m a l schön sei. ‚Wie machte das Cleopatra?' 1972 nimmt Brinitzer die quälende Frage seiner Leserinnen ernst und bietet ihnen ein ‚Brevier der Schönheit mit lehrreichen Beispielen aus Geschichte und Literatur, dem Frauen-zimmer zu löblichem Nutzen und Ergötzung'.[26] Neugierig schaut er auf die Schönen und ihre Schminktöpfe im alten Ägypten und plaudert sich in chronologischer Folge über alle Epochen bis ins 20. Jahrhundert. Hier läßt der Erste Weltkrieg, begünstigt durch die, so Brinitzer spöttisch, „Kirchenväterinnen der Frauenbewegung" (S. 132), einen neuen Frauentypus entstehen: Er ist erwerbstätig und trägt kokett einen Bubi-kopf, zunächst jedenfalls. Und als Brinitzer ein halbes Jahrhundert später an seinem Brevier schrieb, propagierten erhitzte Traumtänzer gerade den gleichgeschalteten Uni-Sex in der Kleidung: „Je mehr sich die Geschlechter in ihrem Äußeren angleichen, um so mehr hören wir auf, Körper zu beurteilen anstatt Persönlichkeiten." Derlei lebens-ferne Eseleien – im 21. Jahrhundert von einer geistig verwahrlosten, sich in jeden Kretinismus verbeißenden Politik zur fortschrittlichen Staatsraison geadelt – erheiter-ten unseren Autor ungemein, kannte er doch die Gewißheit des spätmittelalterlichen Scholastikers Duns Scotus: „Alle Weiber, mit Ausnahme der Maria, werden am jüng-sten Tage als Männer auferstehen, damit im Himmel kein Zank und Neid ausbreche."[27] Möge Gustave Flaubert uns aus allem Gewölk in die Wirklichkeit zurückrufen: „Die Betrachtung einer nackten Frau läßt mich von ihrem Skelett träumen."[28]

„Ein römisches Sprichwort sagt: Amor besiegt alles. Und die Literatur ist seine geheime Waffe." Mit diesem Wissen schließt der Klappentext zu ‚Amors Gesammelten Werken', die Brinitzer 1970 allen Lesern anbot, welche neugierig auf die Weisheiten kluger und fühlender Männer und Frauen über die Liebe waren. Brinit-zer hat auch diese Bekenntnisse mit wacher, gleichsam monomaner Aufmerksamkeit

---

[26] Wie machte das Cleopatra? Ein Brevier der Schönheit mit lehrreichen Beispielen aus Geschichte und Literatur, dem Frauenzimmer zu löblichem Nutzen und Ergötzung verfaßt von Carl Brinitzer. Mit Zeichnungen von Elfriede Weidenhaus, Stuttgart 1972. Damit inhaltsgleich ist das Buch, das der Stuttgarter Verlag Engelhorn 1988 unter dem Titel ‚Kleine Geschichten über schöne Frauen' herausgab.

[27] Wie machte das Cleopatra? (wie Anm. 26), S. 141-142. Bereits die Kirchenväter hatten nach dem Herrenwort im Matthäusevangelium 22,30 und dem Epheserbrief 4,13 die Frage des Geschlechts der Auferstandenen kontrovers erörtert. „Der Spiritualismus des Origenes und dessen Schule (Gregor von Nyssa) lehnt entweder jegliches Geschlechtsmerkmal in der Verklärung ab oder läßt alle nur männlichen Geschlechts auferstehen. Hieronymus, Augustinus und die meisten Väter beziehen gegen die origenistischen Strömungen scharf Stellung". (Hermann J. Weber, Die Lehre von der Auferstehung der Toten in den Haupttraktaten der scholastischen Theologie von Alexander von Hales zu Duns Skotus [Freiburger theologische Studien, 91], Freiburg u. a., 1973, S. 78-79.) Wenn Gott, so Augustinus, zwei Geschlechter erschaffen hat, wird er auch zwei auferstehen lassen. Die mittelalterlichen Theologen schließen sich der Lehre der lateinischen Kirchenväter an. Eine Ausnahme macht anscheinend Johannes Duns Scotus, der sich „für die Männlichkeit aller ohne Unterschied" aussprach. Vgl. Johann Heinrich Oswald, Eschatologie, 5. Aufl. (Paderborn 1893), S. 315-316.

[28] Wie machte das Cleopatra? (wie Anm. 26), S. 129.

gesammelt und alphabetisch nach Stichwörtern aufgereiht.[29] Glücklicherweise fordern nicht alle hier ausgebreiteten Aperçus ein angestrengtes Kopfzerbrechen. Hält man es mit der amerikanischen Autorin Marya Mannes: „Geld ist kein Aphrodisiakum", oder doch eher mit ihrer wissenden Landsmännin Lynn Keefe: „Viel Geld regt die Libido mancher Frauen offenbar stärker an als ein muskulöser Oberarm"? Wohlweislich überläßt Brinitzer seinen Lesern die Wahl.

Gerundet wird der Blick auf Brinitzers kulturgeschichtliche Anthologien jedoch erst mit dem schon 1964 erschienenen Reise-Handbuch ‚Deutsche Dichter führen nach Italien'.[30] Aus dem überreichen Angebot an Einlassungen über das Land, wo die Zitronen blühen, hat der Herausgeber überlegt literarische Blüten aufgelesen und dazu doppelsinnig angemerkt: „Dieses Buch ist ein Führer, der nur ins Blaue führt. Kreuz und quer durch Italien. Kreuz und quer durch die Zeit." Kreuz und quer geht es in der Tat. Die etwas mechanisch anmutende alphabetische Ordnung – die Tür öffnet das vielgepriesene Amalfi vor der Kulisse des Golfs von Salerno, den Ausklang bildet die alte, auf einem Bergkegel hingekauerte Etruskerstadt Volterra – nötigt den Besucher der landschaftlichen und architektonischen Schönheiten Italiens zum häufigen und beinahe immer sprunghaften Ortswechsel. Außer Atem kommen wird er bei so vielen Herrlichkeiten trotzdem nicht.

Schauen wir noch einmal zurück. Carl Brinitzer hat sich uns als ein gewandter, staunenswert belesener und hochgebildeter Autor vorgestellt, der niemals der Gefahr erliegt, das Fundament des *common sense* zu verlassen. Er weiß durch die Weite des Blickfeldes für sich einzunehmen und verficht sein liberales politisches Anliegen mit intellektueller Brillanz. Pathetisch wird Brinitzer nie. Den Vergleich mit so manchem schreibenden Kollegen, den die rasch entflammbare Zunft der Literaturkritiker für ein paar stolze Minuten mit ihrem Laudationsgefloskel umtänzelt hat, hält diese vergessene Schriftstellerpersönlichkeit leicht aus.

3. Brinitzer und die lateinische Literatur

3.1 Antike Weisheiten und eine – nationalsozialistische Ekloge?

Unser Buch widmet sich der modernen Rezeption lateinischer Autoren. Bei Brinitzer sind sie bisher mehrmals begegnet, wenn auch nur als Funken, die hier und dort aufblitzen. Mal ein Dichtername, mal ein herrenloses Zitat, das erst vom Leser dingfest gemacht werden will, dann wieder kleine Aphorismen über die neckischen und ergötzlichen Dinge des Lebens: Brinitzers Werk ist gespickt mit Lesefrüchten aus lateinischen, aber auch griechischen Autoren. Besonders reich tummeln sie sich, wie man das erwarten darf, in den kulturgeschichtlichen Anthologien. Hier versammelt sich in gelöstem Chor die intellektuelle Prominenz einer tausendjährigen Epoche: Sophokles und Xenophon, Platon und Lukian, Alkiphron und der Rhetor Libanius, Plautus, der jüngere Plinius, Properz, Horaz und, natürlich, Apicius, ferner Manilius,

---

[29] Amor's gesammelte Werke. Ins Alphabet gebracht von Carl Brinitzer. Mit 26 Initialen von Karel Svolinský, Reinbek 1970.

[30] Carl Brinitzer, Deutsche Dichter führen nach Italien. Ein Reise-Handbuch, Mainz u. Berlin 1964.

Martial und der Kirchenvater Augustinus. Den zahlreichen Zitaten wollen wir an dieser Stelle nicht kleinlich nachspüren. Woher auch immer Brinitzer sie jeweils genommen hat, in seiner Zeit gehörten sie noch zum unveräußerlichen Bestand eines Gebildeten, den – ebenso wie viele seiner Leser – der altsprachliche Unterricht auf der Schule nachhaltig geprägt hatte und beinahe selbstverständlich mit vergangenen Epochen verband. Sogar der Zulu Usikota, der einen Ozeandampfer noch ein *canoe*, den weißen Arzt einen *medicine-man* und die Eisenbahn eine *wheeled hut* nannte, erweist sich, wenn nötig, als überraschend vertraut mit der klassischen Literatur. Seine Kenntnisse pflückt der Mann, dessen Denken im Grunde um den heimatlichen Kral kreist, bei Bedarf einfach vom Himmel. In einem glücklichen Augenblick fällt ihm, freilich ohne pedantische Stellenangabe, das witzige kasuistische Exempel des Juristen Cascellius aus Macrobius' Saturnalien II 6,1 ein: *Si in Vatinium missurus es, pomum est.*[31] Und den kinderlosen Führer erinnert der Philologe Usikota auf dem Gipfel des Obersalzbergs frech an einen etymologischen Zusammenhang: „That little word genius – is it not derived from gignere (to beget)?"[32]

Der klassischen Allusionen sind aber damit nicht genug. Von einer Art Jenseitswanderung berichtet unser Zulu in seinem fünften Brief. Stand hier des Aeneas Wanderung durch die Unterwelt in Vergils sechstem Aeneisbuch Pate oder Dantes Divina Commedia, wo Vergil den Dichter durch das Inferno geleitet, oder eine andere der vielen literarischen Jenseitsreisen? Ganz gleich, denn Usikotas Jenseitswanderung folgt ohnehin ihren eigenen Gesetzen. Nach der Begegnung mit Goebbels erlebt Usikota einen Alptraum. Zunächst führt ihn der Propagandaminister persönlich durch ein ödes, trostloses Land, das *land of all desolation*. Überall sind Skelette und Knochen verstreut. Dr. Goebbels erklärt: Die Skelette hier gehörten denen, die dem Nationalsozialismus geopfert wurden, der eine Haufen Knochen dort stammt von den 24000 Juden, die ums Leben kamen, weil sie sich mit den Midianiterinnen eingelassen hatten[33], und der andere hier, das sind die Juden, die Arierinnen geschändet haben. Weitere Haufen aus Edelsteinen, Silber und Gold sind die Beute, die man den ermordeten Verrätern und Staatsfeinden abgenommen hat.[34] Unterdessen aber sind Usikota und Goebbels zu der Stätte gelangt, wo die bedeutenden Geister der Menschheit leben. An dieser Stelle bleibt Goebbels zurück: Nationalsozialisten sei der Zutritt verwehrt. Durch eine kleine Pforte tritt Usikota allein ein. Er begegnet Lao-tse,

---

[31] Zulu in Germany (wie Anm. 4), S. 151. Der Hintergrund ist folgender. Bei einem Gladiatorenspiel war Vatinius von den Zuschauern mit Steinen beworfen worden. Deshalb erwirkte er, daß fortan nur noch Äpfel in die Arena geworfen werden durften. Darauf fragte jemand bei Cascellius nach, ob auch ein Pinienzapfen zu den Äpfeln zähle. Mit der Chuzpe des Juristen antwortete Cascellius: „Wenn du ihn auf Vatinius werfen willst, dann ist es ein Apfel."

[32] Zulu in Germany (wie Anm. 4), S. 184.

[33] Hier scheint Brinitzer eine leichte Verwechslung zu unterlaufen. Offenkundig bezieht er sich auf das alttestamentliche Buch Numeri (4. Buch Moses), Kap. 25,1 und 6-9. In Schittim treiben die Israeliten Unzucht – freilich mit Moabiterinnen. Ein Israelit kommt und bringt eine Midianiterin mit zu seinem Volk. Pinchas ermordet beide auf ihrem Lager. Darauf wird das Volk Israel von seiner Plage befreit. Doch die Zahl derer, die bei der Plage ums Leben gekommen waren, belief sich auf 24000.

[34] Zulu in Germany (wie Anm. 4), S. 60-61.

Konfuzius, Sokrates, Platon, Aristoteles, Epikur, Marc Aurel, Thomas von Aquin sowie allen Großen und Weisen der Welt und des Zuluvolkes. An die Stelle des Dr. Goebbels tritt als Cicerone nunmehr – Seneca. Der Philosoph macht den Zulu mit Friedrich dem Großen bekannt. Nein, betont der alte Preußenkönig, er sei kein Nationalsozialist, auch wenn Hitler und Goebbels ihn als einen solchen vereinnahmten. Nichts ziere einen Staat so sehr wie die von ihm geförderten Künstler. Beim Augusteischen Zeitalter[35] denke man doch vor allem an Cicero [!], Ovid, Horaz und Vergil und weniger an die lange Reihe der Opfer des Augustus, „who himself has the lyre of Horace to thank for his fame." Und dann Senecas komisch-ernüchternde Frage: „But who will there be to sing of Hitler?"[36]

In der Gattung der Bukolik, im dritten vorchristlichen Jahrhundert begründet vom Griechen Theokrit, hatte bereits Vergil ganz eigene Wege beschritten. Seine schöpferische Aneignung des Genres wird zum Maßstab aller nachfolgenden Hirtendichtung. Namentlich am Beginn der frühen Neuzeit dehnt sich ein ansehnliches bukolisches Feld, das sich schließlich, vom 16. bis ins 18. Jahrhundert, zu einer grandiosen pastoralen Landschaft weitet, in der Schäferromane, Schäferspiele und Schäferdramen in Fülle zu Hause sind. Auch die bildende Kunst gesellt sich dazu und als dritte Kunst die Musik, die mit betont volkstümlichen Instrumenten wie Pfeifen, Flöten und Schalmeien in dieser Epoche ihre arkadische Heimat findet.

Gibt es eine nationalsozialistische Pastorale? Eine abrupte, verstörende Frage, gewiß. Bei Brinitzer-Usikota könnten wir ihr dennoch begegnen, im Kapitel über musikalische Kühe, nordische Schweine und den deutschen Bauernführer.[37]
Der junge Morgen wirft sein erstes Licht auf ein Idyll:
„It was early morning. The dew was still on the grass. Lusty maidens walked through the wet grass. The maidens were following a group of very curious figures: men with long manes and with glasses in front of their eyes. They were carrying musical instruments; horns and flutes, drums and fiddles."[38]
Schon spielen die Musiker auf, und die jungen Frauen melken ihre Kühe – zu den Klängen des Horst-Wessel-Liedes! Dann wird Usikota mit Funktionären der NS-Landwirtschaft bekannt gemacht, mit dem Siebenbürgener Büffelforscher Georg Tartler und dem Bauernführer Walther Darré, die beide dem Zulu ihre jeweilige Philosophie ausbreiten: über den Einfluß der Musik auf arische und nichtarische Kühe, über Blut und Boden und nordische Schweine. So geht ein Tag dahin, bis sich die Abenddämmerung auf das unheimliche Idyll senkt:
„The day had waned to evening. The twilight was blood-red.
Night came.
The pigs were still grunting.
Echoes of weird and solemn grunts rolled through the nordic night."[39]

---

[35] Brinitzer schreibt irrtümlich „Augustinian age" anstatt „Augustan age".
[36] Zulu in Germany (wie Anm. 4), S. 62-63.
[37] Zulu in Germany (wie Anm. 4), S. 84-92.
[38] Zulu in Germany (wie Anm. 4), S. 84.
[39] Zulu in Germany (wie Anm. 4), S. 92.

Stand Brinitzer, als er das nationalsozialistische Bauernkapitel mit einer für das bukolische Genre so bezeichnenden Abendstimmung ausklingen ließ, im Banne Vergils, bei dem in gleich fünf seiner zehn Eklogen der Abend die Grenze setzt?[40] Wir wissen es nicht, dürfen es aber unverzagt vermuten. Denn vertraut war der Verfasser mit der römischen Dichtung.

3.2 Carl Brinitzer interpretiert Ovid, Juvenal und Andreas Capellanus

In drei kleinen Büchern nämlich hat sich Carl Brinitzer dreier lateinischer Autoren angenommen und sie mit kühnem Schwung ins 20. Jahrhundert befördert. Sein Anliegen war es, Ovids ‚Ars amatoria' und dessen ‚Medicamina faciei femineae' sowie die hochmittelalterliche Liebeslehre des Andreas Capellanus für unsere Zeit zu vergegenwärtigen. Hätte der in allen Liebesfragen Erfahrene dazu einen kürzeren, persönlicheren Weg wählen können als die Form des Vortrags? Die losen Lehren, die Ovid der römischen Jugend einst in Versen erteilte, verkündet Brinitzer als neuer Ovid einem jungen Auditorium vom Katheder im Hörsaal. Nicht anders verfährt der neue Andreas Capellanus. Nach achthundert Jahren kehrt er noch einmal auf die Erde zurück, um seinen verehrten Damen und Herren einige Vorlesungen über die Liebe und die Troubadoure seiner Zeit zu halten. Der römische Dichter Juvenal wiederum nimmt sich in seiner sechsten Satire gut 650 Hexameter Zeit, um den heiratswilligen Freund Postumus eindringlich vor dem unberechenbaren Wesen der Frau zu warnen. Brinitzers Juvenal knöpft sich den Freund in deutlicher Prosa vor: Mensch, bist du eigentlich bei Sinnen? Doch zu Juvenal kommen wir erst am Ende unserer amourösen Betrachtungen.

3.3 Liebeskunst ganz prosaisch: Ovids ‚Ars amatoria'

Seinen Rezeptionsreigen eröffnete Brinitzer 1966 mit der ‚Liebeskunst ganz prosaisch. Variationen über ein Thema von Ovid'.[41] Er paraphrasiert die drei Bücher der ‚Ars amatoria', indem er geschmeidig in die Rolle des von Frau Venus zum Professor ernannten Ovid schlüpft, aufs Katheder steigt und seine Erfahrungen und Ratschläge in drei Vorlesungen vor jungen Männern und Frauen ausbreitet. Ausgerechnet dem eleganten Verskünstler Ovid, dem nach eigenem Bekunden alles, was er schrieb, zum Vers wurde (trist. IV 10,25-26), dem Ovid, dessen Diktion durch „wundervolle Leichtigkeit und Schmiegsamkeit" glänzte, diesem Ovid also rückt Brinitzer ganz prosaisch zu Leibe. Mit kecker Absicht. Im Vorwort legt er den Lesern seine Technik offen. Er möchte das „Wesen Ovids" erfassen, und dazu erscheint es ihm reizvoller, „frei von den Fesseln antiker Rhythmen ... Sinn und Sinnlichkeit" dieses römischen Dichters zu übertragen „als lateinische Worte und lateinische Verse".[42] Die philologisch besorgten, im Grunde ängstlichen Verdeutschungen mit ihren

---

[40] Es sind die Eklogen 1, 2, 6, 9 und 10. In neronischer Zeit läßt Calpurnius Siculus seine zweite und fünfte Ekloge, im späten 3. Jahrhundert Nemesian die ersten drei seiner vier Eklogen ebenfalls mit dem Abend ausklingen.

[41] Carl Brinitzer, Liebeskunst ganz prosaisch. Variationen über ein Thema von Ovid. Mit Zeichnungen von Franziska Bilek, Reinbek bei Hamburg 1966.

[42] Liebeskunst ganz prosaisch (wie Anm. 41), S. 9.

abgemessenen Hexametern erfüllen Brinitzer mit Gram. „Als einzige Ausnahme wäre hier nur die graziöse Nachdichtung der *Liebeskunst* zu nennen, die Alexander von Gleichen-Rußwurm zuerst im Jahre 1907 veröffentlichte". Ihr bringt Brinitzer Sympathie entgegen. Mit Gleichen-Rußwurm, dem letzten Urenkel Schillers, verbindet ihn die Philosophie des Übertragens, die ihre Aufgabe darin sieht, dem Sinn den Vorrang gegenüber der biederen Buchstabentreue einzuräumen. Ovid, so hatte Gleichen-Rußwurm hochgestimmt verkündet, sei der freundliche Führer in die verklungene Welt antiker Heiterkeit. „Solche Erfrischung kann nur eine ganz leichte, freie Art der Übersetzung gewähren, die mehr dem Sinn als dem Buchstaben folgt."[43] Und Ovid als Dozent im Kreise junger Leute? Auch diese Impression konnte Brinitzer bei Gleichen-Rußwurm schwärmerisch hingebreitet finden: „Inmitten der römischen Welt, umgeben von einer Schar lebenslustiger, vornehmer Jünglinge, die auf verliebte Abenteuer ausgingen, als gefeierter Dichter von den Frauen umringt, die am Hof und in der Gesellschaft den Ton angaben, sammelte er im ‚Lehrgedicht' fröhliche Weisheit zu Nutz und Frommen seiner jungen Freunde ... Wie mögen sie die großen, schwarzen Augen aufgerissen und wie andächtig gelauscht haben, wenn der erfahrene Mann von den Schlichen erzählte, mit denen er Herzen erobert und betrogen hatte."[44]

Dankbar nimmt Brinitzer den Faden auf, den Schillers Urenkel ihm gesponnen hat, will ihn aber nach höchsteigenem Kunstsinn verweben. Nach seinem Urteil ist Gleichen-Rußwurm, mag er auch bewundernswert zwischen Worttreue und Sinn vermittelt haben, „an der mythologischen Kurzschrift Ovids" gescheitert.[45] Was meint Brinitzer? „Ein römischer Dichter konnte sich damit begnügen, seinen Lesern einfach ein mythologisches Stichwort hinzuwerfen. Sofort wußte jeder Bescheid."[46] An diesen Stellen greift Brinitzer gegen alle philologische Gepflogenheit verkürzend, aber erhellend ein. Aus dem „hämonischen Mann" (ars I 682) wird bei ihm kurzerhand Achill: „Woher sollen wir auf Anhieb wissen, daß Thessalien auch Hämonia genannt wurde, daß Achill in Phthia in Thessalien geboren wurde und daß daher der ‚hämonische Mann' niemand anderer ist als der uns sonst so gut bekannte Mann mit der verwundbaren Ferse."[47] Um verständlich zu sein, verzichtet Brinitzer auf alle gelehrten mythologischen Anspielungen. Er löst die schwierige Aufgabe, dennoch am Text zu bleiben, indem er die nur mit einem Stichwort angerissene Sage in wenigen Strichen nacherzählt. Er zieht den Kommentar in seinen Vortrag hinein. Und wenn Ovid einmal der mythologische Hafer sticht und er weit und gelehrt ausgreift, nimmt Brinitzer sich die Freiheit, den römischen Dichter daran zu erinnern, daß in der Kürze die Würze liegt. Dann überspringt er bald ein Verspaar, bald ein Dutzend oder noch mehr Verse, strafft beherzt die Darstellung und fügt die Gedanken so organisch aneinander, daß der Leser die Auslassung schwerlich bemerkt, wenn er nicht mißtrauisch vergleichend seine Ovidausgabe neben die Übersetzung legt. Nur dann wird er feststellen, daß Brinitzer zum Beispiel die Schilderung von der verlassen auf Naxos umherirrenden Ariadne ebenso übergeht (ars I 527-564) wie die eingehend

[43] Ovids Liebeskunst. Ins Deutsche übertragen von Alexander von Gleichen-Rußwurm (Berlin 1907), S. 96.

[44] Gleichen-Rußwurm, Ovids Liebeskunst (wie Anm. 43), S. 97.

[45] Liebeskunst ganz prosaisch (wie Anm. 41), S. 7.

[46] Liebeskunst ganz prosaisch (wie Anm. 41), S. 7.

[47] Liebeskunst ganz prosaisch (wie Anm. 41), S. 8.

erzählte Geschichte von Daedalus und Ikarus (ars II 21-98). Kleinere und größere Beispiele ließen sich hinzufügen.

Hin und wieder aber ist Brinitzer recht redefreudig. Grundsätzlich ist die Verschwiegenheit ein hohes Gut. Weil er die Geheimnisse des Himmels nicht für sich behielt – schlimmere Vergehen, deren ihn die Mythographen beschuldigten, bleiben hier unerwähnt –, muß Tantalus nun grausam büßen. In nur einem Distichon, schon mehr als ein mythologisches Stichwort, verrät Ovid warnend seine Genugtuung über das gerechte Strafmaß für den Schwätzer:[48]

O bene, quod frustra captatis arbore pomis
   Garrulus in media Tantalus aret aqua!

Brinitzer erzählt den Mythos von Tantalus ausführlicher, beschränkt sich aber ebenfalls auf die von Ovid ins Feld geführte Geschwätzigkeit.[49]

Gelegentliche anachronistische Einsprengsel, die Brinitzer sich und seinen Lesern gönnt, stören nicht, fügen sich wie von selbst in Ovids Gedanken ein. Hier einige Beispiele. „Danken wir den Göttern, daß es noch keine Gabeln gibt!" Oder: „Jede Frau ist vom Stamme jener Asra, die gerne erben, wenn sie lieben" – eine mutwillige Anspielung auf Heinrich Heines Gedicht ‚Der Asra'.[50] Geradezu frivol tritt der mit Ovid (ars II 539-540) geteilte Ratschlag auf, einen Nebenbuhler mit Geduld zu ertragen, denn: „Dann ist Ihnen der Endsieg sicher. Bitte, meine jungen Freunde, schütteln Sie jetzt nicht ungläubig den Kopf. Ich schöpfe meinen Glauben an den Endsieg aus bester Quelle." Nun wird Brinitzers Ovid vollends sibyllinisch: „Meine Weisheit stammt von den beiden weissagenden Tauben aus dem Eichenwald bei Dodona, der Jupiter heilig ist – und die Tauben müssen es doch wissen."[51] Von welchen Tauben ist hier die Rede?

Wird Brinitzers eigenwillige Bearbeitung der ‚Ars amatoria' seinem Anspruch gerecht, Wesen und Geist Ovids zu übertragen? Ein längeres Textbeispiel möge Brinitzers Technik erhellen; vielleicht kann es eine Antwort auf unsere Frage geben. Zum Vergleich werden die Ovidischen Verse sowie die von Brinitzer gerühmte Nachdichtung von Alexander von Gleichen-Rußwurm und die Übertragung von Wilhelm Hertzberg/Franz Burger-München in der Edition Tusculum[52] vorangestellt.

---

[48] Ars II 605-606. Vgl. auch Ovid, Amores II 2,43-44.
[49] Liebeskunst ganz prosaisch (wie Anm. 41), S. 138-139.
[50] Liebeskunst ganz prosaisch (wie Anm. 41), S. 65 und 200. In Heines Gedicht verliebt die schöne Sultanstochter sich in einen jungen Sklaven. Eines Abends fragt sie ihn nach seinem Namen und seiner Herkunft: „Und der Sklave sprach: Ich heiße / Mohamet und bin aus Yemmen, / Und mein Stamm sind jene Asra, / Welche sterben, wenn sie lieben." Vgl. dazu auch Brinitzer, Heinrich Heine (wie Anm. 14), S. 513.
[51] Liebeskunst ganz prosaisch (wie Anm. 41), S. 132.
[52] Publius Ovidius Naso, Liebeskunst. Lateinisch-deutsch. Nach der Übersetzung W. Hertzbergs bearbeitet von Franz Burger-München, München 1956 u.ö. Es ist derselbe Franz Burger, dem Ernst Heimeran in seiner Schrift ‚Lehrer, die wir hatten' (München 1954 u.ö.) mit einem eigenen Kapitel ein liebevolles, bewunderndes Denkmal gesetzt hat.

1. Ovid, ars I 35-66:

35   *Principio, quod amare velis, reperire labora,*
      Qui nova nunc primum miles in arma venis.
   Proximus huic labor est placitam exorare puellam:
      Tertius, ut longo tempore duret amor.
   Hic modus; haec nostro signabitur area curru:
40   *Haec erit admissa meta premenda rota.*

   Dum licet, et loris passim potes ire solutis,
      Elige cui dicas „tu mihi sola places".
   Haec tibi non tenues veniet delapsa per auras;
      Quaerenda est oculis apta puella tuis.
45   *Scit bene venator, cervis ubi retia tendat,*
      Scit bene, qua frendens valle moretur aper:
   Aucupibus noti frutices; qui sustinet hamos,
      Novit, quae multo pisce natentur aquae.
   Tu quoque, materiam longo qui quaeris amori,
50   *Ante frequens quo sit disce puella loco.*
   Non ego quaerentem vento dare vela iubebo,
      Nec tibi, ut invenias, longa terenda via est.
   Andromedan Perseus nigris portarit ab Indis,
      Raptaque sit Phrygio Graia puella viro.
55   *Tot tibi tamque dabit formosas Roma puellas,*
      „Haec habet" ut dicas „quicquid in orbe fuit."
   Gargara quot segetes, quot habet Methymna racemos,
      Aequore quot pisces, fronde teguntur aves,
   Quot caelum stellas, tot habet tua Roma puellas:
60   *Mater in Aeneae constitit urbe sui.*
   Seu caperis primis et adhuc crescentibus annis,
      Ante oculos veniet vera puella tuos:
   Sive cupis iuvenem, iuvenes tibi mille placebunt,
      Cogeris voti nescius esse tui:
65   *Seu te forte iuvat sera et sapientior aetas,*
      Hoc quoque, crede mihi, plenius agmen erit.

2. Übersetzung von Alexander von Gleichen-Rußwurm[53]:

Mit Fleiß und Verstand such' dir zuerst ein minniges Schätzchen,
Wenn du Handgeld genommen im Dienste der Venus.
Dann wisse den Sinn der Schönen hingebend zu stimmen
Und endlich dein Glück vor raschem Welken zu schützen.
Sieh auf die Bahn und das Ziel, hier gilt es Rennen und Sieg!
Sicher bleib' deine Hand, daß glücklich rolle dein Rad!
Bist du noch frei, blick' auf zur schönen Erwählten,
Sage ihr schmachtend das Wort: Du gefällst mir allein.

---

[53] Gleichen-Rußwurm, Ovids Liebeskunst (wie Anm. 43), S. 6-7.

Guck nicht in die Luft, als brächte dir Zephir das Liebchen,
Schau dich nur um und trau deinem spähenden Blick.
Wohl weiß der Jäger Schlingen dem Wilde zu legen,
Jagt er mit Kunst, ist ihm jegliche Fährte bekannt.
Vogler kennen den Strich, die Fischer den Reichtum der Seen.
So wisse auch du auf dem Weg, ein Liebchen zu suchen, Bescheid,
Den richtigen Ort, die günstigste Stunde zu treffen.
Perseus mußte aus Indiens Gluten Andromeda retten
Und der phrygische Held raubte in Hellas sein Glück.
Du hast es leichter, Rom bietet dir die Schönsten der Schönen.
Ach! Gesteh' es nur ein: „Hier blüht alle Anmut der Welt."
Gargaras Ährenpracht, Methymnos Fülle der Trauben,
Ja, was die Fische dem Meer, die Vögel dem Wald
Und was am Himmel die Sterne, das sind die Frauen in Rom.
Also beherrscht Venus die Stadt ihres Sohnes Äneas.
Wenn die erste Blüte dich reizt, der Purpur schamroter Wangen,
Warum sollte das Glück dir keine Jungfrau bescheren?
Liebst du jedoch bei jüngeren Frauen schwellende Glieder,
Tausende bieten sich dir, lachen und lächeln dir zu.
Sollten dich reife Schönheit und reifes Wissen nur fesseln,
Glaub' mir's, – ich weiß es genau – auch da hat Rom Auswahl genug.

3. Übersetzung von Hertzberg/Burger-München (S. 9/11):

35   Erstlich suche zu finden, was du zum Lieben erkiesest,
       Trittst du als neuer Soldat unter Cupidos Gewehr.
       Dann ist das zweite Geschäft, die Erkorene dir zu gewinnen,
       Aber das dritte, daß lang daure der zärtliche Bund.
       Dies ist die Gangart, dies ist die Bahn, die dem Wagen gesteckt ist,
40   Dieses ist das Ziel, das ich nah' streife mit schleunigem Rad.

       Weil es noch frei dir steht, mit lockerem Zügel zu schwärmen,
       Wähle sie aus, der du sagst: Du nur gefällst mir allein!
       Doch nicht fällt sie von selbst dir herab aus dem luftigen Himmel:
       Suchen mit eigenem Blick mußt du ein passendes Kind.
45   Weiß doch der Jäger genau, wo dem Hirsch man spannet die Netze,
       Weiß er es doch, wo im Tal hauset die knirschende Sau.
       Wohl ist dem Vogler bekannt das Gesträuch, und der Mann von der Angel
       Weiß, in welcherlei Flut wimmeln die Fische zumeist.
       Du auch, wenn du Stoff für dauernde Liebe dir suchest,
50   Lerne zuvor, wo stets Mädchen in Menge du triffst.
       Nicht auf der Jagd dem Winde die Segel zu bieten verlang' ich,
       Kein langwieriger Weg mühet dich, eh' du sie triffst.
       Hole Andromeda nur von den schwärzlichen Indern sich Perseus,
       Mag ein grajisches Weib rauben der phrygische Mann!
55   Rom allein beut dir so viele, so reizende Mädchen,
       Daß du meinst, was die Welt jemals besessen, ist hier.

So viel Saat um Gargara wächst und Wein um Methymna,
    So viel Fische das Meer, Vögel die Waldung bedeckt,
So viel Sterne der Himmel – so viel zählt Roma der Mädchen:
60   Ihres Äneas' Stadt bleibet die Mutter getreu.
Lockt dich das früheste Alter, das noch im Wachsen begriffen:
    Wirkliche Mädchen genug stellen dem Blicke sich dar.
Suchst du ein jugendlich Weib? Es gefallen dir junge tausend,
    Und du vergißt in dem Schwarm, welche du selbst dir gewünscht.
65 Oder gefällt dir vielleicht das gereifte, das weisere Alter?
    Nun, dann bietet fürwahr sich noch ein vollerer Kreis.

4. Carl Brinitzers Prosaparaphrase

Ans Ende sei Brinitzers Prosaparaphrase gestellt, der Beginn seiner ersten Vorlesung.[54] Ob auch sie nach bald einem halben Jahrhundert die Nachgewachsenen schon wieder angestaubt anmutet, vermag ich nicht zu sagen. Immerhin hat eine von abgründiger Weisheit erleuchtete Politik in dieser Zeit emsig am Kulturbruch gearbeitet. Die gelegentlich von mir in Klammern eingestreuten Ziffern verweisen auf die entsprechenden Verse im ersten Buch von Ovids ,Ars amatoria'.

Meine Damen und Herren!
Beginnen wir mit drei Grundregeln:

    1. Wenn man im Dienst der Frau Venus Handgeld genommen hat, muß man zunächst ein geeignetes Objekt für seine Bemühungen finden.
    2. Ist das geschehen, muß man die Auserwählte für sich gewinnen.
    3. Man muß behutsam vorgehen. Tut man es nicht, läuft einem das Liebchen schon nach kurzer Zeit davon.

(41) Vor Ihnen, meine jungen Freunde, liegt nun die große Rennbahn der Liebe.
Lenken Sie den Wagen mit sicherer Hand! Dann werden die Räder glücklich rollen.
Es geht um den Sieg!
Suchen Sie also das Mädchen aus, dem Sie mit schmachtender Liebe gestehen können:
„Liebling, ich liebe dich – nur dich allein!"
Aber Sie müssen Ihren „Liebling" suchen. (43) Nur ganz selten fallen Lieblinge vom Himmel.
Überall müssen Sie Umschau halten, stets auf der Lauer sein, immer auf Anschlag liegen.
Jäger wissen es, wie man dem Hirschen Netze spannt. Sie kennen alle Fährten und wissen, in welchem Tal sich die Wildsau verbirgt. (47) Der Vogelsteller kennt tausend Listen zur Berückung seines Opfers. Jedes Gesträuch, jeder Tränkeplatz ist ihm vertraut. Der Angler weiß, wo er seine Rute auszuwerfen hat.
(49) Auch Sie, meine jungen Freunde, die Sie ausziehen, Ihr Liebchen zu suchen, müssen mit dem Gelände vertraut sein. Sie müssen über gründliche topographische

---

[54] Liebeskunst ganz prosaisch (wie Anm. 41), S. 15-19.

Kenntnisse verfügen und vorher genau wissen, an welchen Orten junge Mädchen in Hülle (und vielleicht auch ohne), aber jedenfalls in Fülle anzutreffen sind.

Ich verlange nun nicht, daß Sie sich die Sache unnötig schwer machen und die ganze Welt absuchen, bis Sie am richtigen Ort zur richtigen Stunde das richtige Mädchen treffen.

(53) Es wäre verfehlt, sich ein Beispiel an Perseus zu nehmen, der eine lange Flugreise unternahm, um sich von der Küste Äthiopiens seine geliebte Andromeda zu holen. Auch Paris ging etwas umständlich vor, als er von Troja nach Sparta reiste, um die schöne Helena heimzuführen.

Vergessen Sie nicht, daß Perseus und Paris nur Provinzler waren.

(55) Wer in Rom lebt, lebt im Mittelpunkt der Welt. Blicken Sie sich in Ihrer Vaterstadt um! Hier finden Sie alles, was es an Schönheit auf Erden gibt. (57) Andere Länder mögen reich an Getreide sein, an Trauben und Wein. Rom ist reich an Frauen, reich an Schönheit. (59) Wer vermag die Sterne am Himmel und die schönen Mädchen in Rom zu zählen?

Jeder hat natürlich seinen eigenen Geschmack.

(61) Lockt Sie das kindhafte Mädchen, bei dem alles noch in Andeutung ist, alles knospenhaft frisch in natürlicher Unschuld, mit Wangen, die noch scheu zu erröten wissen, warum sollte Ihnen das Jagdglück keine Jungfrau bescheren?

(63) Aber vielleicht ziehen Sie entwickeltere Formen vor, Glieder, die schon in Vorahnung reizvoller Üppigkeit schwellen? Halten Sie nur Umschau! Sie werden Tausende finden, die Ihnen aus greifbarer Nähe freundlich zulächeln – und die Wahl wird schwer sein.

(65) Und wenn auch das nichts für Sie ist, diese blutjungen, blutvollen Mädchen, wenn Sie die reife Schönheit mit reifer Erfahrung bevorzugen, Blüte statt Knospe, so wird es auch da nicht an Auswahl fehlen. Es kommt nur auf den Versuch an – und auf das Suchen.

Wir können zurückblicken auf einige Verse der Ovidischen ,Ars amatoria' und ihre Übertragungen durch von Gleichen-Rußwurm und Hertzberg/Burger-München. Ist Brinitzers launige Prosaparaphrase ein Zugewinn? Die Frage ist nicht bündig zu entscheiden. Wenn wir den ernst gestimmten Philologen urteilen lassen, der kummervoll mit Martin Schanz beklagt, daß schon Ovids Herz nur an des Lebens flüchtigem Schaum und Tand hing und die Kunst des Dichters keinen erhabenen ethischen Ideen goldene Fassung verleiht[55], dann mag dieser Philologe sich auf den strengen Anspruch seiner Zunft berufen und Brinitzers ,Liebeskunst' den barschen Verweis erteilen: Wie trivial ist das Buch, es biedert sich an und verwässert! Ein milderer Richter hingegen wird in der Metamorphose des römischen Dichters frisch zupackende Lebenskraft aufspüren und lächelnd einwenden: Doch wer es ehrlich studiert, kennt alle Finten Ovids.

---

[55] Martin Schanz, Geschichte der römischen Litteratur, II 1 (³München 1911), S. 347.

3.4 ‚Medicamina faciei femineae’: Ovids Vorlesungen über Kosmetik

Die prosaische Liebeskunst blieb nicht Brinitzers einzige Annäherung an Ovid. In seiner bereits vorgestellten Schönheitsfibel ‚Wie machte das Cleopatra?’ hat er die Verse des nur fragmentarisch überlieferten Lehrgedichts ‚Medicamina faciei femineae’ in gleicher Weise prosaisch paraphrasiert und als „Ovids Vorlesungen über Kosmetik“ eingefügt.[56] Der Schritt lag nahe, hatte doch schon Ovid selbst in seiner ‚Ars’ noch einmal für seine ‚Medicamina’ geworben (III 205-208).[57] Bevor Brinitzer in die Rolle Ovids schlüpft und eine Schar aufmerksam lauschender Damen um sich versammelt, führt er den Leser, die Leserin noch rasch in die Kosmetikkultur der Antike ein[58]:

Auch die angesehensten Ärzte der römischen Kaiserzeit hielten es nicht für unter ihrer Würde, sich mit Fragen der Kosmetik zu befassen. Der Leibarzt des Kaisers Augustus, Musa, schrieb ein vortreffliches Buch darüber. Ein anderer prominenter Mediziner, Kriton, Leibarzt des Kaisers Trajan, faßte dann alles zusammen, was seine Kollegen über dieses Thema veröffentlicht hatten. Er machte daraus ein vierbändiges ‚Handbuch der Verschönerungskunst’. Leider besitzen wir von diesem Werk nur eine recht dürftige Inhaltsangabe, die uns ein anderer berühmter Arzt, der bereits erwähnte Galen, überliefert hat.
Bei dem großen Interesse, das in Rom für Kosmetik herrschte, war es kein Wunder, daß sich auch Laien mit diesem Thema befaßten. Ovid, dem wir die ‚Liebeskunst’ verdanken, hielt eine Reihe von Vorlesungen über Schönheitspflege.
Leider ist uns auch von diesem klassischen Werk nur das folgende Bruchstück erhalten geblieben.

Von „Ovids Vorlesung“ sei zunächst der Beginn wiedergegeben; er entspricht den ersten sechs Versen des römischen Dichters[59]:

Meine verehrten jungen Damen! Hören Sie mir bitte mit gespannter Aufmerksamkeit zu! Ich will Ihnen eine kleine Lektion erteilen. Ich will Ihnen verraten, wie Sie Ihre Reize erhöhen und Ihre Schönheit erhalten können.
Beachten Sie bitte: es handelt sich dabei um ganz natürliche Eingriffe. Jeder Landmann weiß: Ödland kann nur durch mühsame Pflege in fruchtbaren Boden verwandelt werden. Unkraut und wucherndes Gestrüpp müssen entfernt werden. Nur durch unaufhörliche Pflege verliert das Obst seinen herben Geschmack. Nur durch behutsame Schnitte läßt sich der Obstbaum zu schönen und kräftigen Formen erziehen.

Die Ovidische Dichtung bricht nach einhundert Versen ab. Vom letzten Rezept, der Gesichtsmaske aus gemahlenen, in Wasser eingeweichten Mohnsamen (Verse 99-100), verrät Brinitzer seinen Leserinnen nichts mehr. Mit dem vorausgehenden Rezept

---

[56] Wie machte das Cleopatra? (wie Anm. 26), S. 39-45.
[57] Vgl. Liebeskunst ganz prosaisch (wie Anm. 41), S. 168-169.
[58] Wie machte das Cleopatra? (wie Anm. 26), S. 39.
[59] Wie machte das Cleopatra? (wie Anm. 26), S. 39-40.

bringt er seine Vorlesung zu einem schwungvollen Abschluß, der den Bruch geschickt überspielt. Wir lassen ihn mit dem Rosenrezept in Vers 93 beginnen[60]:

Auch ein paar welke Rosen können auf Ihrer Haut Wunder wirken, wenn Sie die verwelkten Blüten mit männlichem Weihrauch verbinden, ich meine mit einem Weihrauch, der Hodengestalt hat. Darüber gießt man dann etwas Gerstenschleim.
Das ist die Mixtur, mit der Sie nun Ihr Gesicht ausgiebig bestreichen. Die aufgelegte Farbe wird haften bleiben. Sie werden jetzt gewiß frisch und jung aussehen – wie das blühende Leben und wie die Natur, deren Produkte Sie in verschwenderischer Weise zu diesem gefälligen Zweck geplündert haben.

3.5 Liebeskunst ganz ritterlich: Die Vorlesungen des Andreas Capellanus

Wir schlagen Brinitzers Seiten über den Liebeslehrer Ovid zu und öffnen ein neues Kapitel. Die Kunst der Liebe beschäftigt uns auch weiterhin, und dennoch werden wir in eine andere Welt entführt. Mehr als tausend Jahre springen wir vorwärts, ins hohe Mittelalter nach Frankreich. Zwei Jahre nachdem er die ‚Ars amatoria' auf ganz neue Weise vorgetragen hatte, wandte Brinitzer sich Andreas Capellanus zu. Auch dieser war mit einer Liebeslehre hervorgetreten, freilich mit einer von der Ovidischen ‚Ars' sehr verschiedenen. Andreas' Werk, ‚De amore'[61], hat in der Forschung reiche Beachtung gefunden; trotzdem sind manche Fragen bisher ohne eine befriedigende Antwort geblieben. Die Unsicherheiten beginnen bereits bei der Person des Andreas, der, so wird vermutet, zur Kanzlei des französischen Königshofes in Paris gehörte. Lebensdaten sind unbekannt; auch steht nicht fest, wann er ‚De amore' geschrieben hat und wer jener Walter (Gualterius) ist, an den er sein Werk richtet. Das an einer Stelle genannte fiktive Datum „1. Mai 1174" ist ein Terminus post quem, die Nennung des Werks durch Albertanus von Brescia im Jahre 1238 muß als Terminus ante quem gelten. Am wahrscheinlichsten ist die Annahme, Andreas Capellanus habe seinen Traktat um die Mitte der achtziger Jahre des 12. Jahrhunderts verfaßt.[62]

Nicht minder verwirrend sind die Fragen, die Andreas' Werk selbst aufwirft, übrigens das einzige, das wir von ihm kennen. Mit dem Blick auf seine Rezeption durch Carl Brinitzer soll es hier noch einmal kurz vorgestellt werden. Klar ist die Gliederung in drei Bücher, klar auch deren inhaltliche Gewichtung. Das erste Buch widmet sich nach einleitenden Kapiteln, in denen Andreas das Wesen der Liebe definiert, dem Liebeswerben und den Ritualen des schicklichen Anbändelns. Die weltmännische Sicht des Großstädters Ovid, der seine aus Erfahrung und Beobachtung gewonnenen Lehren an junge Männer und Frauen gleichermaßen richtet, weicht bei Andreas einer betont höfischen und ständischen Perspektive, bei welcher der Mann der werbende

---

[60] Wie machte das Cleopatra? (wie Anm. 26), S. 45.

[61] Die einzige kritische Edition besorgte Emil Trojel, Andreae Capellani regii Francorum De amore libri tres, Kopenhagen 1892. Editio altera, München 1964 und 1972, mit von Walther Bulst angefügten Ergänzungen (S. 372-375).

[62] Andreas Capellanus, Über die Liebe (De amore). Ein Lehrbuch des Mittelalters über Sexualität, Erotik und die Beziehung der Geschlechter. Übersetzt und kommentiert von Fidel Rädle (Bibliothek der Mittellateinischen Literatur, 1), Stuttgart 2006, S. XXI-XXII.

Teil ist. Nacheinander läßt Andreas einen Bürger, einen Adligen und einen Hochadligen auftreten und mit Frauen aus diesen drei Ständen – Fidel Rädle spricht treffend von „Versuchsanordnungen" und „Musterdialogen"[63] – werbend über die Liebe disputieren. Kasuistische Spitzfindigkeiten wie etwa das Werben um eine verheiratete Frau geben dem scholastisch geführten Streit dabei ihre besondere Würze. Tatsächlich versteigen sich die Redenden mehrmals zu der Ansicht, daß Liebe und Ehe einander ausschlössen, es mithin auch keine Eifersucht unter Eheleuten geben könne. Über die Liebe der Kleriker, Nonnen, Bauern und Huren unterweist Andreas seine Leser in eigenen Kapiteln, mit denen er das erste Buch beschließt.

„Auch das zweite Buch bewegt sich nahezu ungestört in der säkularen erotischen Welt, deren äußere Bedingungen durch die höfische Gesellschaft vorgegeben sind."[64] Gegenstand dieses Buches ist die Bewahrung und Steigerung der Liebe. Auch Ovid hatte im zweiten Buch seiner ‚Ars amatoria' Ratschläge erteilt, wie die nunmehr eroberte Geliebte zu halten sei (II 12): *Arte mea capta est, arte tenenda mea est.* Wie vermag ein Mann die geliebte Frau dauerhaft an sich zu fesseln? Andreas gibt handfest-praktische und obendrein, hierin sich von Ovid unterscheidend, ideell-moralische Empfehlungen. Er soll nachgiebig Rücksicht nehmen und allen schlechten Umgang meiden, er soll angemessen seinen Körper pflegen und ein mutiger Kämpfer sein, er soll seiner Dame bereitwillig Gehorsam erweisen und ihr die Treue bewahren. Die Tugend der Freigebigkeit wird moralisch unterfüttert und entgrenzt: „Alle Liebenden sollten ihren Reichtum gering achten und an diejenigen verteilen, die Not leiden."[65] Die körperliche Liebe darf ebenfalls nicht zu kurz kommen, denn frisch erhält sie sich „auch durch das freudespendende und süße Ausleben körperlicher Sexualität".[66] Im ganzen aber ist der dem Erhalt der Liebe gewidmete Teil recht knapp bemessen.

Seinen angemessenen Umfang erhält das zweite Buch, indem Andreas den ersten Teil heterogen ergänzt. Die Liebe bleibt das einheitstiftende Band, aber nun fügt der Autor zunächst 21 verwickelte Liebesfälle und ihre Entscheidung durch – fiktive – Minnehöfe an. Auf diese wiederum folgt die Erzählung von einem britischen oder auch bretonischen Ritter, der zu Hause um ein schönes Fräulein wirbt, nunmehr aber durch die Welt zieht und nach gefährlichen Zweikämpfen im Palast von König Artus einen Sperber erstreitet. Auch entführt er von dort ein Pergamentblatt mit den 31 Liebesregeln, die der König der Liebe, *ipse amoris rex*[67], persönlich für alle Liebenden diktiert hat. Durch die Dame des Ritters werden die Regeln verbreitet und, *sub amoris poena*, für alle Zeiten als verpflichtend anerkannt.

Für uns ist nur dieser letztere Teil des zweiten Buches bedeutsam. Ihn greift Brinitzer mit der Neugierde des geschulten Juristen auf, aus ihm formt er den Kern seiner Andreas-Rezeption. Wir werden gleich darauf zurückkommen.

---

[63] Andreas Capellanus, übs. von F. Rädle (wie Anm. 62), S. XIII.
[64] Andreas Capellanus, übs. von F. Rädle (wie Anm. 62), S. XV.
[65] Andreas Capellanus, übs. von F. Rädle (wie Anm. 62), S. 166.
[66] Andreas Capellanus, übs. von F. Rädle (wie Anm. 62), S. 167.
[67] Trojel (wie Anm. 61), S. 308.

Das dritte Buch von ‚De amore' hat Brinitzer ebenso übergangen wie das erste. Es steht in einem schrillen Kontrast zu den Büchern I und II, die bei allen zierlichen Konstrukten und trotz gelegentlicher innerer Widersprüche auch eine Lebenswirklichkeit abbilden, die sich den Menschen zu allen Zeiten durchaus erschließt. In Buch III hingegen tritt Andreas zu einer Generalverdammung der Liebe als Wurzel allen Übels an und erkennt als deren Ursache vor allem die Frau. Nach den vielen psychologisch einfühlsamen Reflexionen in I und II[68] erstaunt die Plattheit und Grobschlächtigkeit der misogynen Litaneien, die Andreas im dritten Buch herunterspult. Es liegt auf der Hand, daß die Forschung sehr kluge und bisweilen verzweifelt diskrepante Interpretationen in Fülle über dieses dritte Buch gegossen und den offenen oder, wie einige meinen, auch nur scheinbaren Gegensatz zu den beiden ersten Teilen von ‚De amore' zu klären versucht hat. Wie lange die modische *communis opinio* Bestand hat, Andreas betreibe nur ein destruierendes Spiel mit seinem Gegenstand, den er ironisiere oder parodiere[69], ist in einem Augenblick, da die Dekonstruktion von Texten unvermindert hohe Wertschätzung genießt und akademischen Titeln und Ehren die Türen weit aufstößt, nicht abzuschätzen.

Für unsere Betrachtung sind solche Fragen gleichgültig, da sie auch Brinitzer fremd sind. Das Kopfzerbrechen der mediävistischen Forschung kümmert ihn wenig. Nicht nur beschränkt er sich bei seiner Rezeption des Andreas vor allem auf den juristischen Teil des zweiten Buches, er folgt auch, wie einzelne Indizien nahelegen, der zuerst 1941 erschienenen englischen Übersetzung von John Jay Parry[70] und damit der bis um die Mitte des 20. Jahrhunderts und noch darüber hinaus verbreiteten „Gleichsetzung von De amore mit der Trobadorlyrik."[71] Andreas galt als „der gewichtigste Repräsentant der höfischen Liebe". Und von Troubadouren und Trobadoren wimmelt es auch bei Brinitzer. So konnte er für sein Büchlein schwerlich einen treffenderen Titel finden als ‚Liebeskunst ganz ritterlich. Neun Vorlesungen des Kaplans Andreas, weiland Professor an der Liebesakademie zu Troyes'.[72]

Ovids pointierte Liebeslehre hatte Brinitzer Vers für Vers und zur Gänze in seine prosaische Vortragstonart transponiert. Den mittelalterlichen Prosaautor Andreas formt er sich nach einem anderen, individuellen Modell. Auch der Kaplan Andreas hält Vorlesungen, folgt aber seinem eigenen Werk, das er vor langen achthundert Jahren verfaßt hat, nur zum geringeren Teil. Brinitzers Kapitelüberschriften mögen den eingeschlagenen Sonderweg andeuten:
Erste Vorlesung: Wie die Liebe auf wundersame und bisher unbekannte Weise entdeckt wurde
Zweite Vorlesung: Das Gesetzbuch der Liebe

---

[68] Vgl. auch Rädle (wie Anm. 62), S. XVIII.
[69] Vgl. zusammenfassend Rädle (wie Anm. 62), S. XXIV-XXV.
[70] The Art of Courtly Love, by Andreas Capellanus, with introduction, translation, and notes by John Jay Parry, New York 1941, Neudrucke 1959 u. ö.
[71] Rüdiger Schnell, Andreas Capellanus. Zur Rezeption des römischen und kanonischen Rechts in *De Amore* (Münstersche Mittelalter-Schriften, 46), München 1982, S. 12.
[72] Carl Brinitzer, Liebeskunst ganz ritterlich. Neun Vorlesungen des Kaplans Andreas, weiland Professor an der Liebesakademie zu Troyes. Üppig illustriert von Franziska Bilek, Hamburg 1968.

Dritte Vorlesung: Wie der Junker Guilleaume de Cabestaing sein Herz verlor

Vierte Vorlesung: Von den vier Stufen der Liebe

Fünfte Vorlesung: Dienen und Dulden

Sechste Vorlesung: Von Lichtenstein Herr Ulrich

Siebte Vorlesung: La dame de mes pensées

Achte Vorlesung: Wie das Hohe Minnegericht weise und verständnisvoll in heiklen Liebesfragen entschied

Neunte Vorlesung: Wie das Mittelalter wieder alt und runzlig wurde

Gewinnend leitet Brinitzers Andreas seinen Vorlesungszyklus mit der Erzählung von jenem Ritter ein, dem es gelingt, nach bestandenen Abenteuern einen Falken und vor allem das Pergament mit den 31 Liebesregeln vom Hof des Königs Artus zu entführen und kampfeslustig in die Welt zu tragen.[73] Hier treibt der Erzähler die Handlung, die schon von Andreas nicht stimmig und in geruhsamer Breite erzählt wird[74], bisweilen etwas verflachend und allzu hastig fort. Drei blutige Kämpfe des Ritters gegen gefährliche Gegner überspringt er ungeduldigen Herzens, um ihn ohne Umschweife, gleichsam im Vorbeireiten, das „Geschuhe des Falken" erbeuten zu lassen.

Das „Geschuhe des Falken", es eröffnet den Reigen der Fragen, die sich nicht allein um Brinitzers Andreas und seinen Ritter aufstellen. Die ornithologische Zuordnung des Greifvogels schwankt in den Übertragungen. Die deutschen Übersetzer vom spätmittelalterlichen Autor Johannes Hartlieb (um 1400–1468)[75] bis zu Hanns Martin Elster[76], Fritz Peter Knapp und Fidel Rädle erkennen im *accipiter* des Andreas Capellanus einen Sperber, ebenso der italienische Übersetzer Salvatore Battaglia, der den Ritter einen „sparviere" suchen läßt.[77] Wenn bei Brinitzer der Ritter den Auftrag erhält, seiner geliebten Dame „den berühmten Falken zu bringen, der am Hof des Königs Artus auf einer goldenen Stange sitzt", folgt er wahrscheinlich Parry, der, ebenso wie gut vierzig Jahre nach ihm P. G. Walsh[78], von „hawk" spricht. Und der

---

[73] Liebeskunst ganz ritterlich (wie Anm. 72), S. 13-24.

[74] Andreas Capellanus, De amore / Von der Liebe: Libri tres / Drei Bücher. Text nach der Ausgabe von E. Trojel. Übersetzt und mit Anmerkungen und einem Nachwort versehen von Fritz Peter Knapp (Berlin 2006), S. 614-615.

[75] Alfred Karnein, De Amore deutsch. Der Tractatus des Andreas Capellanus in der Übersetzung Johann Hartliebs (Münchener Texte und Untersuchungen zur deutschen Literatur des Mittelalters, 28), München 1970.

[76] Des königlich fränkischen Kaplans Andreas 3 Bücher Über die Liebe. Aus dem Lateinischen übertragen von Hanns Martin Elster, Dresden 1924.

[77] Andreae Capellani regii francorum ‚De amore' libri tres. Testo latino del sec. XII con due traduzioni toscane inedite del sec. XIV. A cura di Salvatore Battaglia, Rom 1947. Überraschend verzichtet Florian Neumann in seiner ausgewählten Übertragung (Andreas Capellanus, De amore / Über die Liebe, Mainz 2003) auf eine Wiedergabe der farbigen Erzählung und geht gleich zu den 31 Liebesregeln über. Die Eigenwilligkeit des Sperberkampfes bei Andreas Capellanus betont Alfred Karnein, Zur Funktion und Struktur der Sperberaventiure im höfischen Roman, in: ders., Amor est passio. Untersuchungen zum nicht-höfischen Liebesdiskurs im Mittelalter. Hg. von Friedrich Wolfzettel (Hesperides, 4), Triest 1997, S. 167-175, hier 17-175.

[78] Andreas Capellanus, On Love, edited with an English translation by P(atrick) G(erard) Walsh, London 1982.

kann im Englischen für einen Falken ebenso wie für einen Sperber, Habicht oder Bussard stehen.[79]

Aber was ist das Geschuhe des Falken, das der Ritter bei seinem ersten Abenteuer erbeutet? Wer sich als Unkundiger vorwitzig hineintraut in die Sphäre der Berufs- und Fachsprachen, steht nur allzubald ratlos vor den Pforten einer abgesonderten Begriffswelt. So bekenne ich freimütig, daß ich auf dem mir exotischen Feld der Greifvogelkunde erst einmal Nachforschungen anstellen mußte, was denn ein Geschuhe sei. Aber nicht Geschuhe fand ich dabei, sondern Geschüh oder Geschühe, und darunter versteht der Greifvogelhalter die Ledermanschetten an den Ständern eines Beizvogels, die durch eine Drahle mit der Langfessel verbunden sind. Da steh' ich nun, ich armer Tor. Hat, wie Brinitzer uns glauben machen will, der kühne Ritter es tatsächlich auf diese schmalen Riemchen abgesehen? Keineswegs. Seine stolze Beute ist der kräftige lederne Handschuh des Jägers, auf dem der Beizvogel sich niederläßt. *Chirotheca* schreibt Andreas, was Parry korrekt mit „gauntlet" übersetzt.

Hat Brinitzer dieses „gauntlet" nur falsch gedeutet? Vermutlich war es so, denn mehrere Indizien belegen, daß er sich eng an Parrys Übersetzung angeschlossen hat. Was tut die wunderschöne Jungfrau, welcher der Ritter im Wald begegnet? „Sie saß auf einem edlen Roß. Wahrscheinlich glaubte sie, allein im Wald zu sein, denn als der Ritter ihr nahte, war sie gerade mit ihrer Frisur beschäftigt."[80] Mit nüchternem Sinn hat Fidel Rädle die junge Dame schärfer geschaut: „'in capillorum ligatura' meint kaum, wie von fast allen Übersetzern gedeutet, daß die Fee auf dem Pferd (!) sich eben das Haar band."[81] Vielmehr sitzt sie „auf einem prächtig geschmückten Pferd und trug kunstvoll gebundenes Haar."[82] Hören wir dagegen Parry: „he (the knight) came unexpectedly upon a young girl of marvellous beauty, sitting on a fine horse and binding up her hair."[83] Als der Ritter mit den 31 Liebesregeln im Gepäck wieder auf die Jungfrau im Wald trifft, verabschiedet er sich bald von ihr mit einem Kuß, den er noch dreißigmal wiederholt – offenkundig gibt es für jede Liebesregel einen: *osculo assumpto et ter decies repetito.*[84] Parry übergeht den ersten Kuß und gibt sich überhaupt knausriger, wahrscheinlich weil er *ter decies* mißverstanden hat: „He kissed her thirteen times over", schreibt er[85] und legt damit die Spur zu Brinitzer: „Der Ritter küßte die Jungfrau dreizehnmal."[86]

---

[79] Von „falcone" spricht in ihrer Übersetzung Jolanda Insana, Andrea Cappellano, De amore, Mailand 1996.

[80] Liebeskunst ganz ritterlich (wie Anm. 72), S. 15.

[81] Rädle (wie Anm. 62), S. 266, Anm. 302. Knapp (wie Anm. 74), S. 473 übersetzt: „mit einem Band im Haar".

[82] Rädle (wie Anm. 62), S. 201.

[83] Parry (wie Anm. 70), S. 177.

[84] Trojel (wie Anm. 61), S. 309. Vielleicht ist diese Stelle interpoliert.

[85] Parry (wie Anm. 70), S. 184.

[86] Liebeskunst ganz ritterlich (wie Anm. 72), S. 23. Die beharrliche Macht der kanonisch gewordenen Übersetzung zeigt sich noch in der umfänglichen Studie von Don A. Monson, Andreas Capellanus, Scholasticism, and the Courtly Tradition (Washington, D. C., 2005), S. 256: „The single kiss given for encouragement is followed by thirteen more once the adventure is successfully completed".

Auf die Frage nach der Herkunft des Ritters weiß Brinitzer eine klare Antwort. Es ist Britannien, und sein geliebtes Fräulein, das zu Hause auf ihn wartet, ist eine junge Engländerin.[87] Die meisten Übersetzer erkennen in Andreas' *Brito* einen Briten, dessen Heimat Britannien ist. Auch Parry spricht von Briton und Britain. Wie schon Karnein weist Rädle hingegen die Erzählung der „matière de Bretagne" zu[88] und erklärt den Ritter zu einem Bretonen.[89]

3.5.1 Ein Ausflug ins Land der Troubadoure, Minnesänger und adligen Liebesrichterinnen

Aber diese Frage berührt wieder einen Kernbereich der Literaturwissenschaft, und so dürfen wir mit Brinitzer erwartungsvoll weiterschreiten zur zweiten Vorlesung. Jedoch schon hier begibt er sich flugs auf Abwege.

Zunächst macht der Kaplan Andreas sein Auditorium mit den 31 Liebesregeln bekannt, mit dem LGB, wie er es anspielend nennt, dem Liebesgesetzbuch. Durch Edeldamen aus Frankreich, die bei dem englischen Fräulein zu Gast sind und entzückt die Regeln abschreiben, gelangt das LGB in die Provence – der echte Andreas Capellanus hatte die Regeln an die Liebenden auf der ganzen Welt verteilen lassen: *per diversas mundi partes*.[90] Doch Brinitzer drängt es in die Provence, das Land der Troubadoure, deren Liebesnöte und -qualen der Kaplan in mehreren Vorlesungen behandeln wird. Das zweite Kapitel bereitet den Boden für die nachfolgenden Vorlesungen. Das LGB liegt den Entscheidungen der Minnegerichte zugrunde, und das gibt Brinitzer-Andreas Gelegenheit, mit wenigen Strichen eine künftige Liebesrichterin vorzustellen, die berühmte Eleonore von Aquitanien. Bei Andreas Capellanus fällt sie mehrere Urteile in strittigen Liebesfragen (II 7, Nr. 2, 6, 17, 20); von ihrem Leben, zunächst an der Seite König Ludwigs VII. von Frankreich, nach ihrer Scheidung dann als Gemahlin König Heinrichs II. von England, erzählt er aber nichts. Das übernimmt Brinitzer, der das Anekdotische ihrer Biographie hervorkehrt. Auch Eleonores Großvater, dem Herzog Wilhelm IX. von Aquitanien (1071-1127), widmet er dankbare Aufmerksamkeit: „Sie hatte die Liebe im Blut, denn ihr erlauchter Großpapa, Wilhelm IX., Herzog von Aquitanien und Graf von Poitiers, war einer der beachtlichsten Liebesfachleute seiner Zeit und zugleich ein Troubadour von unbestreitbaren Verdiensten. Niemand, der einem Minnegericht vorstand, hätte sich einen besseren Großpapa wünschen können."[91] Hinter der Larve seines Kaplans Andreas erzählt Brinitzer ein paar kernige Anekdoten, die in jener Zeit über diesen frühesten Vertreter der provenzalischen Troubadourdichtung im Umlauf waren. Das

---

[87] Liebeskunst ganz ritterlich (wie Anm. 72), S. 18.

[88] Alfred Karnein, De amore in volkssprachlicher Literatur. Untersuchungen zur Andreas-Capellanus-Rezeption in Mittelalter und Renaissance (Germanisch-Romanische Monatsschrift, Beiheft, 4), Heidelberg 1985, S. 90-93; Rädle (wie Anm. 62), S. XXXIV.

[89] Vgl. dagegen Knapp (wie Anm. 74), S. 473, Anm. 145: „*Britannia* und Brito bezieht sich eher auf die Insel als die Bretagne, die doch meist im Lateinischen *Britannia minor* oder *Armorica* heißt."

[90] Trojel (wie Anm. 61), S. 312.

[91] Liebeskunst ganz ritterlich (wie Anm. 72), S. 32/34. Brinitzer stellt ihn versehentlich als Wilhelm I. vor.

Bild seiner Enkelin Eleonore wird gleichfalls mit allen anekdotischen Farben gemalt. Es entspricht der seit dem „Ende des 12. Jahrhunderts vorherrschenden Meinung, sie sei die ‚Heldin von Skandalgeschichten' gewesen.“[92] So darf das höhnische Wort über ihre Ehe mit Ludwig VII. nicht fehlen: „Ich wollte einen König heiraten – und im Bett lag ein Mönch.“[93] Der plakative Effekt mogelt sich aber auch schon einmal an den historischen Tatsachen vorbei: In der neuen Ehe mit Heinrich II. von England „gab es allerlei Schwierigkeiten, vor allem mit den lieben Kindern, die gegen den eigenen Papa rebellierten. Diese unaufhörlichen politischen Zwiste wurden Eleonore bald zu dumm. Sie packte ihr Köfferchen, löste sich eine Einzelfahrkarte Dover-Calais und ließ sich in Poitiers nieder, wo sie die Königliche Akademie der ritterlichen Liebeskunst gründete.“[94] Tatsächlich hatte Eleonore ihre rebellierenden Söhne unterstützt und wurde dafür von Heinrich II. auf die Insel Oléron verbannt. Erst mit dem Tod des Königs 1189 kam sie nach sechzehn Jahren frei und verbrachte die letzten Jahre ihres Lebens in der Abtei Fontevraud an der Loire. Dort befindet sich auch ihr Hochgrab – neben dem ihres königlichen Gemahls. Die Königin der Troubadoure jedoch ist Eleonore, allen hartnäckigen Legenden zum Trotz, niemals gewesen. In den historischen Quellen tritt sie „nirgends als Förderin von Dichtern und Troubadouren hervor.“[95]

Zwei weitere Liebespräsidentinnen erwähnt Kaplan Andreas vorerst noch, Ermengarde von Narbonne und seine eigene Herrin, die Gräfin von Champagne, „die mich an ihre Akademie in Troyes berief.“[96] Und die Erinnerung an sie bietet ihm die willkommene Gelegenheit, den äußeren Rahmen und den Ablauf eines Verfahrens beispielhaft vorzuführen und gleichsam eine Reportage aus dem Minnegerichtssaal zu übertragen. Verhandelt wird ein amouröser Fall des Junkers Guilleaume de Cabestaing, eines Troubadours obendrein.[97] Bei Andreas Capellanus begegnet er nirgends. Aber das gilt auch für das ganze Völkchen der Troubadoure, deren liebeswundes Treiben die zentralen Kapitel der ‚ritterlichen Liebeskunst' beherrscht: Peire Raimon, Peirol (Peyrol), Peire Vidal, Marcabrun, der Mönch von Montaudon, Guillaume de Balaun, Jaufre Rudel, Raimon de Miraval, Gaucelm Faidit. Man darf vermuten, daß Brinitzer die bisweilen aufregenden, bisweilen anrührenden Liebesfälle, die er in diesen Kapiteln mit Behagen ausbreitet, aus den sogenannten Vidas und Razos geschöpft hat. Das waren prosaische Biographien der Troubadoure und kommentierende Einführungen in ihre Dichtungen, die im 13. Jahrhundert für ein höfisches Publikum abgefaßt wurden. Oft waren die Erzählungen bunt und lebendig, und die einzelnen Troubadoure erlebten darin ihre höchst unterschiedlichen Liebesabenteuer. Die Vida des eben genannten Guilleaume de Cabestaing berührte die Gemüter mit der, wie die Literaturwissenschaft nachgewiesen hat, legendenhaften Erzählung von dem schaurigen

[92] Ursula Vones-Liebenstein, Eleonore von Aquitanien. Herrscherin zwischen zwei Reichen (Göttingen 2000), S. 7. Ähnlich S. 111: „Die Legendenbildung setzte schon zu ihren Lebzeiten ein.“

[93] Liebeskunst ganz ritterlich (wie Anm. 72), S. 37.

[94] Liebeskunst ganz ritterlich (wie Anm. 72), S. 37.

[95] Vones-Liebenstein, Eleonore von Aquitanien (wie Anm. 92), S. 110.

[96] Liebeskunst ganz ritterlich (wie Anm. 72), S. 38.

[97] Im Lexikon des Mittelalters 2 (1983), Sp. 1329 ist er als Guillem de Cabestany und Guilhem de Cabestanh eingetragen.

Ende, das die Liebe zwischen ihm und seiner Marguerite nahm, der Gattin des Ritters Raymond von Roussillon. Der gehörnte Raymond ließ seinen Nebenbuhler ermorden und dessen Herz der arglosen Marguerite als Speise vorsetzen. Nach der Mahlzeit „stand Herr Raymond auf und sagte ihr, sie habe das Herz des Junkers verspeist. Er zeigte ihr den Kopf und fragte: ,Und wie hat dir diese Speise gemundet?' Sie sagte: ,So gut und schmackhaft war das Herz, daß keine andere Speise, kein anderer Trank mir je den Geschmack vom Munde vertreiben soll, den das Herz des Junkers darin zurückgelassen.' Als sie diese Worte sprach, wollte ihr Gatte sie mit dem Schwert durchbohren. Aber sie sprang vom Stuhl auf, eilte zu einem Balkon und stürzte sich hinab.“[98]

Brinitzer weiß das unglückliche Ende dieses Liebesbundes mit den zwölf Geboten zu verknüpfen, die der König der Liebe persönlich erlassen hat.[99] Der verbindende, freilich recht dünne Faden ist die Verschwiegenheit des liebenden Junkers. Das zehnte Gebot lautet: „Liebe heischt Verschwiegenheit.“ Allerdings verkürzt diese Formulierung Brinitzers den Sinn des Gebotes. Denn Andreas Capellanus spricht nicht vom eigenen Liebesverhältnis, über das Stillschweigen zu wahren ist, sondern von jenen, deren Mitwisser jemand ist: *Amantium noli exsistere propalator*.[100] So übersetzt Parry korrekt: „Thou shalt not be a revealer of love affairs.“[101] Nicht anders überträgt auch Rädle: „Du sollst die Liebenden nicht der Öffentlichkeit preisgeben.“[102]

Zwischen die provenzalischen Troubadoure, denen die Vorlesungen 3, 5 und 7 gehören, schiebt der Kaplan Andreas in der sechsten Vorlesung eine Handvoll griffiger Anekdoten über Ulrich von Lichtenstein ein.[103] Der steirische Minnesänger drängte sich auf, weil er um 1250 mit seinem ,Frauendienst' den ersten deutschen Ich-Roman geschrieben hatte. Lange Zeit galt dieser als authentische Autobiographie. „Er war ein oberflächlicher Weltmensch“, urteilte im 19. Jahrhundert Wilhelm Scherer über Ulrich, „der schöne Frauen, gutes Essen, schöne Rosse, gutes Gewand und schöne Helmzierde als die fünf höchsten Freudenquellen des Mannes aufzählt. Zweien Damen hat er gedient, und es gab keine Thorheit, deren er für sie nicht fähig war.“ Mit solcher Skepsis im Blick deutet Scherer Ulrichs ,Frauendienst' als „seine Liebesmemoiren“.[104] Die jüngere Forschung dagegen konnte das Werk als fiktive Autobiographie enttarnen, die Ulrich nach der Tradition des Minnesangs stilisiert hat.[105] Aufregende Begebenheiten bot dieses Minneleben in Fülle, und Brinitzers Kaplan Andreas konnte sie effektvoll in seiner Vorlesung einsetzten. Als ein fast unbegreiflich kühner Vorgriff auf unsere Zeit erscheint die Schönheitsoperation, die

[98] Liebeskunst ganz ritterlich (wie Anm. 72), S. 51.

[99] Liebeskunst ganz ritterlich (wie Anm. 72), S. 54-56; vgl. Trojel (wie Anm. 61), S. 106; Rädle (wie Anm. 62), S. 74. Den von einem entrückten Ritter geschauten Aufzug des Totenheeres, welcher der Verkündigung der Gebote vorausgeht, übergeht Brinitzer.

[100] Trojel (wie Anm. 61), S. 106.

[101] Parry (wie Anm. 70), S. 92.

[102] Rädle (wie Anm. 62), S. 74.

[103] Liebeskunst ganz ritterlich (wie Anm. 72), S. 83-97.

[104] Wilhelm Scherer, Geschichte der deutschen Litteratur, 7. Aufl. (Berlin 1894), S. 211.

[105] Vgl. Joachim Bumke, Geschichte der deutschen Literatur im hohen Mittelalter (Geschichte der deutschen Literatur im Mittelalter, 2), München 1990, S. 273-276.

Ulrichs Minne-Ich an seinem Mund vornehmen läßt, weil er der von ihm verehrten Dame nicht gefallen hat. Brinitzer versammelt seine Leser um den fiktiven Operationstisch des „berühmten Chirurgen" aus Graz: „Nun ließ sich der Meister von seiner Oberschwester das große Messer reichen. Er säbelte damit längere Zeit an der Wulstlippe herum. Herr Ulrich rührte sich nicht."[106]

In Andreas Capellanus' ‚De amore' ist von Ulrichs Minneleben sowenig die Rede wie von dem der provenzalischen Troubadoure.

Erst in seiner achten Vorlesung greift der Kaplan Andreas wieder ein Thema des Andreas Capellanus auf. „Wie das Hohe Minnegericht weise und verständnisvoll in heiklen Liebesfragen entschied", das entspricht dem siebten Kapitel im zweiten Buch: *De variis iudiciis amoris*. Andreas Capellanus berichtet über 21 komplizierte Liebesfälle, die von diversen Minnegerichten entschieden werden. Ihnen präsidieren die edelsten Frauen: Königin Eleonore, die Gräfin von Champagne, Ermengard von Narbonne oder die Gräfin von Flandern. Brinitzers Andreas beschränkt sich in der achten Vorlesung auf elf Fälle; neun weitere hat er schon in seiner vierten Vorlesung behandelt. Auf den 18. Fall[107] verzichtet er gänzlich. Es ist der einzige Liebesfall, den bei Andreas Capellanus der Minnehof der Gascogne entscheidet. Ihm überläßt Brinitzer das Urteil zu einem anderen Fall, der beim echten Andreas von der namenlosen *regina* entschieden wird.[108] Auch in der Frage, wer als Liebhaber vorzuziehen sei, ein Jüngling oder ein alter Mann, urteilt diese „Königin".[109] Rädle und Knapp erkennen in ihr Eleonore[110], nicht anders Walsh, der erwägt, Andreas Capellanus könne an Eleonores eheliche Erfahrungen mit Ludwig und Heinrich gedacht haben.[111] Bei Brinitzer antwortet „Königin Adèle" auf die heikle Frage, und auch hier folgt er Parry.[112] Der hatte im Fall Nr. 17 hinter der „Queen" ebendiese Adele vermutet: „Probably Adèle of Champagne, third wife of King Louis of France; she married in 1165 and was left a widow in 1180."[113] Kein Zweifel, Brinitzer hat diese Zuweisung mitsamt der französischen Namensform auf die Königin des 20. Falles übertragen.

Sein Kaplan Andreas beschließt die achte Vorlesung mit einem Strauß launiger Worte und der begründeten Vermutung, daß „das Amtsgericht in Miesbach oder das Landgericht in Bielefeld wohl in den meisten dieser Fälle anders entschieden haben" dürften.

---

[106] Liebeskunst ganz ritterlich (wie Anm. 72), S. 88.

[107] Trojel (wie Anm. 61), S. 290-291; Rädle (wie Anm. 62), S. 198. Verhandelt wird der Fall eines Ritters, der unschicklicherweise Einzelheiten seines Liebeslebens ausplaudert: *Quidam miles intima turpiter et secreta vulgavit amoris.* Wahrscheinlich verzichtete Brinitzer auf diesen Fall, weil er das Gebot der Verschwiegenheit bereits zuvor abgehandelt hatte. Vgl. oben, S. 47.

[108] Liebeskunst ganz ritterlich (wie Anm. 72), S. 125. Vgl. Trojel (wie Anm. 61), S. 291-292.

[109] Der 20. Fall; vgl. Trojel (wie Anm. 61), S. 292-293.

[110] Rädle (wie Anm. 62), S. 265, Anm. 296; Knapp (wie Anm. 74), S. 463, Anm. 125.

[111] Walsh (wie Anm. 78), S. 269, Anm. 48.

[112] Liebeskunst ganz ritterlich (wie Anm. 72), S. 127.

[113] Parry (wie Anm. 70), S. 175, Anm. 11.

Wie vollendet der Kaplan nun seinen Vorlesungszyklus, wenn er seinen Hörern schon das liebes- und frauenskeptische dritte De-amore-Buch des Andreas Capellanus vorenthält? Er spricht vom weiblichen Schönheitsideal des Mittelalters, das sein Ghostwriter Brinitzer vorwiegend aus der Troubadourlyrik destilliert haben dürfte. „Die Augenbrauen liebte man leicht gebogen ... Der Mund mußte rot und durchscheinend sein wie eine Blüte … Die Brust wurde rund und klein bevorzugt. War sie etwas größer geraten, machte es auch nichts … Ganz besonderen Wert legte man auf die Füße. Sie wurden am meisten gepriesen, wenn sie schmal und klein waren und so gewölbt, daß sich ein Vöglein darunter verbergen konnte."[114] Alle diese Ideale und noch weitere rufen geradezu nach dem frommen Selbstbetrug des verliebten Mannes, zumal „die Natur auch schon damals recht sparsam mit all diesen schönen Gaben" umging.[115] So schufen sich die Dichter „ihr Schönheitsideal, die Dame ihrer Gedanken, wie sich der griechische Maler Zeuxis seine Helena schuf, indem er sich die fünf schönsten Mädchen seiner Bekanntschaft aussuchte, jedem den schönsten Körperteil entnahm und dann alles fein säuberlich zusammensetzte."[116] Wir wollen des Kaplans Andreas Worte nicht auf die Goldwaage legen, die Zeit der Minnesänger und Troubadoure sei „eine Zeit ohne Prüderie und Zimperlichkeit" gewesen.[117] Soll man wenigstens seiner Versicherung glauben, daß die Liebesgerichte bald durch Ketzergerichte ersetzt wurden? Nun, die hohe Zeit der Troubadoure und die Zeit der Ketzer – Katharer, Albigenser, Waldenser, Patarener – überschnitten sich durchaus. Aber lassen wir doch den Kaplan getrost in die aufklärerische Klischeekiste greifen, bevor er von seinem Auditorium des 20. Jahrhunderts Abschied nimmt: „Pax vobiscum!"[118]

3.6 „Nach Ägypten". Juvenals sechste Satire – ein Schwarzbuch für Heiratslustige, Flitterwöchner und Scheidungskandidaten?

Josef Hofmiller hatte seine fragwürdigen Erfahrungen mit Wolfgang Wielands intimer Studie ‚Der Flirt' gemacht.[119] In einem Brief an Max Rychner, den Leiter der Neuen Schweizer Rundschau, berichtete er im Februar 1928 über diese Lektüre: „Heut schlug ich, wegen eines moralischen Buches über den Flirt, Juvenals sechste Satire nach: was hat sich eigentlich geändert? im Grunde nichts. Nur moroser geworden sind die Leute."[120]

Juvenals sechste Satire ist bekannt als eine deftige, gut 650 Verse umfassende Warnung vor den Frauen. Wer Carl Brinitzers Auseinandersetzung mit dieser Dichtung aufschlägt, das 1973 erschienene Büchlein ‚Immer Ärger mit den Frauen', wird

---

[114] Liebeskunst ganz ritterlich (wie Anm. 72), S. 142-143.
[115] Liebeskunst ganz ritterlich (wie Anm. 72), S. 143.
[116] Liebeskunst ganz ritterlich (wie Anm. 72), S. 143.
[117] Liebeskunst ganz ritterlich (wie Anm. 72), S. 151.
[118] Liebeskunst ganz ritterlich (wie Anm. 72), S. 153.
[119] Wolfgang Wieland, Der Flirt, Leipzig 1927. Das Buch ist ebenso kraus wie wunderlich, eine Schrift von verdruckster Offenheit.
[120] Josef Hofmiller, Briefe. Zweiter Teil: 1922-1933. Ausgewählt und herausgegeben von Hulda Hofmiller (Josef Hofmillers Schriften, 5-6), Dessau u. Leipzig 1941, S. 172.

nicht den Eindruck gewinnen, die Leute seien moroser, empfindlicher geworden. Auch der Untertitel, ‚Juvenals Schwarzbuch für Heiratslustige, Flitterwöchner und Scheidungskandidaten', scheint schwerlich dazu geeignet, sich bei den „Morosen" einzuhaken.[121]

Auf den ersten Seiten freilich spielt das Büchlein das morose Spiel scheinbar mit. Hier steht der Bericht eines besorgten Gnäus Brini Zerus, der sich als „Leiter des Kaiserlich-Römischen Amtes für Jugendschutz" vorstellt und den Kaiser, „Trajan", ersucht, den Dichter Juvenal „wegen Verbreitung unzüchtiger Schriften unter Anklage stellen zu lassen" (S. 5), Dessen sechste Satire sei obszön und hysterisch, tarne sich jedoch raffiniert mit dem „harmlosen und daher irreführenden Titel ‚Immer Ärger mit den Frauen'". Von einem führenden Psychiater habe sein Amt eigens diese Expertise einholen lassen:

„Juvenal ist zweifellos der gefährlichste Literat bzw. Dichter unserer gegenwärtigen römischen Antike. Wahrscheinlich hat ihn eine auf persönlicher Enttäuschung beruhende wie auch aus dem traumatischen Erlebnis von Domitians Schreckensherrschaft stammende Verbitterung zum schonungslosen Gesellschaftskritiker der oberen Bevölkerungsschichten gemacht."[122]

Den Namen des zu Rate gezogenen Psychiaters verschweigt Gnäus Brini Zerus seinen Lesern. Aber wir dürfen das Geheimnis lüften. Es ist Harry C. Schnur, dessen Juvenal-Artikel im ‚Lexikon der Alten Welt' Brinitzer ausgezogen hat.[123] Schnurs Artikel diente ihm auch zu seinen Angaben über Leben und Werk des Satirikers, die in den Bericht des Brini Zerus eingewoben sind. Einige werden inzwischen von der Forschung mit Skepsis betrachtet. So ist Aquinum als Geburtsort Juvenals nicht mehr unumstritten[124], und auch die Verbannung des Dichters nach Ägypten auf Veranlassung des *histrio* Paris unter Domitian gilt wegen ihrer sehr späten Bezeugung als zweifelhaft.[125]

Aufgeklärt durch den Bericht seines besorgten Beamten und die Expertise eines führenden Psychiaters sollte der Kaiser doch gar nicht anders können, als „den Literaten Decimus Junius Juvenal wegen Herstellung und Verbreitung seiner unzüchtigen, böswilligen und aufreizenden Schrift ‚Immer Ärger mit den Frauen' durch den Herrn Generalprokurator unter Anklage stellen zu lassen."
Allein die kaiserliche Antwort fällt nicht im Sinne des Jugendschützers aus. In vier Punkten fällt „Trajan" sein eigenes Urteil, das offenkundig aus den Erfahrungen des

---

[121] Carl Brinitzer, Immer Ärger mit den Frauen. Juvenals Schwarzbuch für Heiratslustige, Flitterwöchner und Scheidungskandidaten mit Illustrationen von Aubrey Beardsley, Hamburg u. Düsseldorf 1973.

[122] Immer Ärger (wie Anm. 121), S. 10.

[123] Lexikon der Alten Welt (Zürich u. Stuttgart 1965), Sp. 1455-1456.

[124] Gewonnen aus sat. III 318ff. und einer in dieser Stadt gefundenen Inschrift, die einen Iuvenalis erwähnt.

[125] Den Pantomimen Paris nennt Juvenal, sat. VII 87. Martial XI 13 widmet ihm ein Epitaph. Dieser Paris ist nicht identisch mit dem *histrio* gleichen Namens, den Nero hat hinrichten lassen (Sueton, Nero, Kap. 54).

Lebens gewonnen ist, jedenfalls nicht aus den säuerlichen Vorstellungen eines eifernden Apostels:

„1. Juvenal ist nicht als Hersteller oder Verbreiter unzüchtiger Schriften im Sinne des römischen Strafgesetzbuches anzusehen. Er ist ein Moralist, dem zu seinem Glück nichts fehlt – als die Moral.
2. In Vorausahnung künftiger Erkenntnisse halte ich die Moral für eine Wichtigtuerei des Menschen und jede moralische Entrüstung für Neid mit einem Heiligenschein.
3. Was die von Juvenal gegeißelte Ehe betrifft, dürfte das Grundübel aller Ehen kaum auf sein Schuldkonto zu verbuchen sein, nämlich daß jede Frau im Grund eine Mutter ist – und jeder Mann im Grunde ein Junggeselle.
4. Literatur und Pornographie unterscheiden sich im Ziel des Autors.
5. Der Antrag auf Einleitung eines Strafverfahrens gegen Juvenal wird hiermit ablehnend beschieden."

Punkt 3 spielt mit einem bekannten Aperçu, das aber gerade durch Juvenals sechste Satire nicht bestätigt wird. Doch kleinliches Mäkeln wäre fehl am Platze. Wieder treibt Brinitzer sein Spiel mit den Epochen. Zum Beweis für die Schändlichkeit der misogynen Schrift Juvenals fügt der Jugendschutz-Leiter Gnäus Brini Zerus „die Zeichnung eines gewissen britannischen Zeichners namens Aubrey Beardsley" aus dem Jahre 1896 bei. Es ist nicht die einzige Illustration, die Beardsley, der Künstler des Fin-de-Siècle, zu Brinitzers Juvenal-Buch hat hergeben dürfen.

Der Kaiser hat mit seinem Bescheid den Fall Juvenal beendet. Nun hat „Juvenal" selbst das Wort. Postumus will heiraten. Was, in diesen sittenlosen Zeiten? Das goldene Zeitalter war einmal! Seither sind Sittsamkeit und Keuschheit abhanden gekommen. „Ach, Postumus, du warst doch früher so gescheit. Was ist in dich gefahren?"[126] Ist schon die Tugend eines Mädchens vom Lande zweifelhaft, was kann man da in einer Stadt wie Rom erwarten? Mit dem von Brinitzer paraphrasierten und behutsam kommentierten Juvenal nehmen wir im Theater Platz. „Blick hinauf zu den oberen Rängen, die nur für Frauen reserviert sind. Sieh dir alles an! Tu's gründlich, mein Freund, laß dir Zeit! Ist auch nur eine darunter, der du voll vertrauen kannst? Eine, für die du in wilder Leidenschaft erglühst? Eine, die du nach der Vorstellung aufgabeln möchtest? Doch vergiß jetzt mal das verehrte Publikum. Auf der Bühne wird eine Pantomime agiert: die Sage von Leda und dem Schwan. Und wer tanzt die Leda? Kein anderer als der schwulste aller schwulen Tänzer des Kaiserlich-Römischen Hofballetts, der große Bathyllus." Die Reaktion der Damenwelt ist so eindeutig, wie man das im dekadenten Rom erwartet. „Aber, bitte, laß dich in deinen Vorbereitungen nicht stören, Postumus! ... Wundere dich nicht, wenn du eines Tages in der prunkvoll geschmückten Wiege deinen putzikleinen Nachkommen gewahrst. Sein Gesicht wird dich an die Fratze eines Possenspielers erinnern, vielleicht sogar an die Visage eines

[126] Immer Ärger (wie Anm. 121), S. 21.

Profifechters in der Arena. Kein Wunder, mein Postumus! Kein Wunder!"[127] Dem pikanten Klatschgemälde Juvenals (sat. VI 82-113) folgend, erinnert Brinitzer „seinen" Postumus nun genüßlich an die Geschichte von Eppia, der Frau eines Senators, und ihrem Geliebten, dem alternden, durch sein Gewerbe entstellten Gladiator Sergius.

„Ja, die Gladiatoren! Kennst du die Skandalaffäre von Frau Eppia? Sicher. Die Sache ist ja erst kürzlich passiert. Fürwahr, mein Freund, eine lehrreiche Geschichte! Vor einer Heirat sollte man Tag und Nacht daran denken.

Frau Eppia war Senatorenfrau,
nahm's mit der Ehe nicht so genau,
und eines Nachts, da machte sie Schluß
und floh mit dem Fechter Sergius
nach Ägypten.

Sie war ein reiches Leben gewöhnt,
und doch hat Frau Eppia nicht gestöhnt
und sich kühn ohne Widerstreben
auf das stürmische Meer begeben
nach Ägypten.

Gefahren hin und Gefahren her,
sie scheute nicht das Ionische Meer,
so wie sie längst schon nicht scheute
das üble Gerede der Leute
in Rom.

Doch sieht man sich nun Herrn Sergius an,
fragt man, was reizte an diesem Mann
Frau Eppia, daß sie den Gatten betrog,
als ,Fechterliebchen' von dannen zog
nach Ägypten?

Herr Sergius war schon beleibt und alt.
Schwerthiebe durchfurchten die Gestalt.
Er hoffte seit vielen Jahren schon
auf Abschied mit bescheidner Pension
fürs Alter.

Ein Adonis war Herr Sergius nicht.
Vom Helm zerrieben das Angesicht.

---

[127] Immer Ärger (wie Anm. 121), S. 29/31, nach Juvenal VI 61-81. Den Katalog der anrüchigen Zeitgenossen, den Juvenal anführt, erweitert Brinitzer, um seine Leser nicht zu verwirren, ins Typisierend-Allgemeine.

Triefäuglein sein Gesicht durchzogen.
Die Nase war verbeult, verbogen
vom Kampfe.

Doch wer die Frauen kennt und versteht,
löst leicht dies Rätsel: er war Athlet.
Sie liebte das Schwert. So kam's zum Schluß
zur Flucht mit dem Fechter Sergius
nach Ägypten.“[128]

Die losen Verse über die skandalöse Affäre der Senatorenfrau hatte Brinitzer bereits in
seine ‚Liebeskunst ganz prosaisch‘ eingeflochten.[129] Zwar wissen wir nun, daß der
Gladiator Sergius alles andere als ein Adonis war, die naheliegende Frage freilich,
welchen erotischen Mehrwert eigentlich der betrogene, gutbürgerliche Senator als
Ehemann seiner Eppia bot, stellt übrigens weder Juvenal noch sein Dolmetscher Brinitzer. „Sie liebte das Schwert“?

Über die unersättliche Messalina, die reiche Caesennia und die hübsche Geld-
verschwenderin Bibula verfolgen wir die Reihe der warnenden Beispiele weiter.
Bisweilen schiebt Carl Brinitzer sich vor Juvenal, indem er für seine Zwecke breit
Erzählungen aus der Mythologie oder der römischen Geschichte einflicht, die Juvenal
seinem Publikum nur anzudeuten brauchte. Der Frevel der Niobe ist eine solche
Erzählung. Juvenal handelt sie beispielhaft in sechs Versen ab (VI 172-177), Brinitzer
benötigt zwei Seiten. So arbeitet er sich nach bewährtem Muster vorwärts, gelegentlich erhellende Kommentare oder zeitgenössische Anspielungen einstreuend. Umfäng-
lich gerät er ins Plaudern über Bellona, Kybele und Attis[130]; ein Exkurs etwa macht die
Leser mit Medea bekannt[131], ein anderer mit dem Mythos der Sieben gegen Theben[132],
wieder ein anderer mit Petronius, dem Verfasser des ‚Gastmahls des Trimalchio‘[133].
Einen Sänger, für welchen eine Frau sich interessieren könnte, nennt er „Pilzkopf X“.
Ein weiterer Sänger wird Pilzkopf Y heißen.[134] Einer Generation, die den Aufstieg der
Beatles nicht mehr aus eigenem Erleben kennt, wird man erklären müssen, daß man
sie in ihren ersten Jahren wegen ihrer aufsehenerregenden Frisuren gerne Pilzköpfe
nannte. Als Brinitzers Juvenal-Buch 1973 erschien, war, abgesehen davon, daß die
Beatles als Band schon drei Jahre nicht mehr existierten, der Begriff Pilzkopf längst
obsolet geworden. Ist der Gebrauch des aus der Mode gekommenen Begriffs zusammen mit dem bereits sieben Jahre zuvor gedruckten Eppia-Gedicht als Hinweis darauf
zu werten, daß der Autor das Projekt Juvenal mehrere Jahre in der Schublade reifen
ließ?

---

[128] Immer Ärger (wie Anm. 121), S. 31-32.
[129] Liebeskunst ganz prosaisch (wie Anm. 41), S. 74-76.
[130] Immer Ärger (wie Anm. 121), S. 114-120.
[131] Immer Ärger (wie Anm. 121), S. 173-174.
[132] Immer Ärger (wie Anm. 121), S. 182-183.
[133] Immer Ärger (wie Anm. 121), S. 170-171.
[134] Immer Ärger (wie Anm. 121), S. 85-89.

Weit wichtiger ist diese Frage: Welche Lehren wird Postumus aus allen Vorhaltungen und warnenden Beispielen ziehen? Wird er endlich begreifen, daß Heiraten ein Übel ist? Der moderne Juvenal zweifelt am nüchternen Sinn seines Freundes und flüchtet sich darein, sein Mitleid zu bekunden: „Armer Postumus! Darf ich dir schon heute zu deinem Unglück gratulieren?"[135]

---

[135] Immer Ärger (wie Anm. 121), S. 187.

III. Einhart, Paulus Diaconus, Hermannus Contractus. Drei Gestalten des lateinischen Mittelalters in einer lyrischen Anthologie aus Wilhelminischer Zeit

‚Deutsche Geschichte in Liedern deutscher Dichter', diesen Titel trug die zweibändige Anthologie, die Franz Tetzner 1892 und 1893 beim Verlag Philipp Reclam in Leipzig herausgab.[1]

1. Zur Biographie des Herausgebers Franz Tetzner

Der Name des Editors dürfte heute nahezu unbekannt sein. Sein Leben sei hier deshalb mit wenigen Strichen umrissen.[2] Franz Tetzner wurde am 22. März 1863 im sächsischen Werdau geboren. Nach dem Studium der Geschichte, Geographie, Philosophie und Pädagogik an der Universität Leipzig wurde er Lehrer an der 1. Städtischen Realschule ebendort. In Leipzig starb er am 24. Februar 1919. Neben seiner schulischen Tätigkeit entfaltete Tetzner breite wissenschaftliche Aktivitäten, deren Ergebnisse er in zahlreichen Veröffentlichungen vorlegte. Sie betreffen die sächsische Geschichte und die Geschichte der Slawen in Deutschland, deutsche Sprichwörter und Namenkunde sowie die Geschichte der Pädagogik. Schließlich verfaßte Tetzner auch Reiseliteratur. Als Geograph unternahm er mehr als zwanzig größere Reisen, die ihn „nicht nur in fast alle bedeutenden Länder Europas, sondern auch nach Kleinasien, Nordafrika, dem Sudan, Ägypten, nach Spitzbergen und Mexiko" führten. „Anläßlich des Internationalen Geographenkongresses in Washington im Jahre 1904 wurde er mit den Teilnehmern vom amerikanischen Präsidenten Theodore Roosevelt empfangen".[3]

Obendrein hielt dieser unermüdlich bewegte Geist Verbindung zu namhaften literarischen Persönlichkeiten seiner Zeit. Einige von ihnen sind als Dichter in seiner Anthologie vertreten, so etwa Felix Dahn, Paul Heyse und Hermann von Lingg.

2. Der Aufbau der Anthologie

Tetzners Anthologie ist sorgfältig chronologisch gegliedert. Der erste Teil spannt nominell den Bogen „Von Pytheas bis Luther". Tatsächlich aber hat der Herausgeber ihn dann doch um einige Jahrzehnte weiter gedehnt, bis ins frühe 17. Jahrhundert. Der zweite Teil der Anthologie schließt sich chronologisch unmittelbar an den ersten an und umfaßt „die Zeit vom Dreißigjährigen Krieg bis zum Erwerb von umfänglichen Kolonieen in Afrika und Australien."[4]

Beide Teilbände hat der Herausgeber noch einmal nach bedeutenden Epochen oder prägenden Ereignissen gegliedert. Im ersten Band sind die Karolinger, die Zeit der Ottonen und Salier, die Staufer oder die Jahrhunderte von Rudolf I. bis Maximilian I.

---

[1] Mir liegt eine einbändige, aber getrennt paginierte Ausgabe vor.

[2] Ich folge dem biographischen Abriß von Olaf Kreßner, Prof. Franz Tetzner – Forscher und Gelehrter – ein Sohn der Stadt Werdau, in: Zwickauer Heimatjournal 6 (1998), S. 55-57. Tetzners Herausgeberschaft der eingangs genannten Anthologie ist Kreßner anscheinend entgangen.

[3] Kreßner (wie Anm. 2), S. 56 und 57.

[4] Tetzner II, S. 3.

© Springer-Verlag GmbH Deutschland, ein Teil von Springer Nature 2015
H. E. Stiene, *Von Horaz und Ovid bis zum Archipoeta*, Edition KWV,
https://doi.org/10.1007/978-3-662-58401-9_3

als übergreifende historische Einheiten herausgestellt. Voraus jedoch gehen zwei Gedichtzyklen über die Zeit vor der Völkerwanderung und über die Völkerwanderung selbst, die nach dem damaligen historischen Verständnis als Vorgeschichte, wenn nicht als Geschichte des deutschen Volkes galten. In reichlichen Versen wird die Welt der Germanen mit ihren Volksstämmen, ihrem Götterglauben und ihren Sagengestalten gefeiert. Den Auftakt zur deutschen Geschichte macht, zunächst verwunderlich, der griechische Seefahrer und Geograph Pytheas von Massilia. Der Grund für seine exponierte Stellung ist leicht erklärt: Pytheas war der erste Forscher, der um 330 v. Chr. ein germanisches Volk an der Nordsee erwähnte, die Teutonen. Ein gebührend breiter Raum ist alsdann dem römischen Erbe gewidmet. Das Bild der Römer im Germanenlande ist in zwei Spiegeln eingefangen, die beide ein identitätsstiftendes geschichtliches Narrativ jener Zeit reflektieren. In dem einen erscheinen die Römer als feindliche Eroberer, die von heldenhaften Deutschen wiederholt in die Schranken gewiesen und in ihrer weltgeschichtlichen Sendung bis ins Mark erschüttert werden: „Hermann, der Deutsche, hat Deutschland gerettet!" trumpft pathetisch der Schlußvers der ‚Hermannsschlacht' von Otto Weber auf.[5] Der andere Spiegel freilich zeigt die Römer als Kulturträger, die im eroberten Land mächtige archäologische Spuren ihrer Zivilisation hinterlassen haben: Straßen, Wälle, Kastelle. In einer anmutigen, lebensfrohen kleinen Szene läßt Franz Tetzner ein scherzhaftes Geplänkel aus Zu- und Gegenrufen lebendig werden, das sich entspinnt zwischen fleißigen Weinbauern droben über der Mosel und Wanderern drunten am Ufer und den Schiffern, die gerade in ihrem Kahn auf dem Fluß vorbeigleiten. ‚An der Mosella', so hat Tetzner nicht ohne Bedacht sein Gedicht genannt, hat er doch den heiteren Gegenstand aus Versen der ‚Mosella' des Ausonius herausgekeltert und in neue Schläuche gefüllt. In der berühmten Moselpanegyrik des spätantiken Dichters aus Burdigala müssen sich die Winzer, die sich an den steilen Hängen mit der Traubenernte mühen, Spottrufe aus der Tiefe gefallen lassen, weil sie, das jedenfalls behaupten die frechen Spötter, wieder einmal mit ihrer Arbeit im Verzug sind (Verse 163-168).[6]

3. Die Dichter in Tetzners Anthologie

Die meisten der beinahe fünfhundert in Tetzners Anthologie versammelten Gedichte sind, so muß man nüchtern feststellen, vergessen. Das ist notwendig so, wenn jene Beobachtung zutrifft, die Ulrich Fülleborn vor längeren Jahren für das 19. und beginnende 20. Jahrhundert gemacht hat: „An der Oberfläche sehen die tausend und abertausend Gedichte, die in den Almanachen und als Sammlungen erschienen, alle

---

[5] Tetzner I, S. 19-21, hier 21. Als Freiheitsheld und Retter Deutschlands wird Arminius – Hermann der Cherusker – aber schon seit dem 17. Jahrhundert gefeiert, mit eigenwilligen Akzenten in bezug auf die jeweilige Gegenwart. Zum eiligen Beleg hier nur als Namen angezeigt seien die Dichter Daniel Caspar von Lohenstein, Friedrich Gottlieb Klopstock, Friedrich Leopold Graf zu Stolberg, Johann Heinrich Voß und Heinrich von Kleist.

[6] Die Ausonius-Verse mit deutscher Übersetzung und Tetzners Mosella-Gedicht setze ich unten in den Anhang (S. 80-81).

gleich aus."[7] Schwerlich anders wird man auch über das Gros der Dichter urteilen müssen, die Tetzner in seine Sammlung aufgenommen oder eigens für sie gewonnen hat. Zumeist sind es Dichter des frühen und fortgeschrittenen 19. Jahrhunderts. Selbstverständlich haben unverrückbar Große wie Goethe, Schiller, Hölderlin, Platen, Heine, Lenau, Theodor Fontane oder Conrad Ferdinand Meyer in dieser Anthologie ihren Platz. Neben sie treten die schwäbischen Romantiker, namentlich Ludwig Uhland und Gustav Schwab, sodann die Dichter der Befreiungskriege: Theodor Körner, Ernst Moritz Arndt, Max von Schenkendorf. Hinzu gesellen sich politische Dichter des Vormärz: Herwegh, Freiligrath, Anastasius Grün, Hoffmann von Fallersleben, Gottfried Kinkel, ferner Vertreter des Münchner Dichterkreises wie Emanuel Geibel, Paul Heyse, Hermann von Lingg und der lose mit ihnen verbundene Martin Greif. Und dann? Karl Otto Fransecky, Theodor Drobisch, Heinrich Stieglitz, Adolf Bube, Günther Walling, Richard von Meerheimb, Alexis Aar, Oswald Marbach, Adelheid von Stolterfoth, Ida von Düringsfeld, Michael Franz von Canaval – um nur wenige stellvertretend zu nennen. Diese Namen sind, wie ich zuversichtlich vermute, allenfalls noch hochspezialisierten Käuzen geläufig und werden deshalb eher indifferent zur Kenntnis genommen. Aber wer hätte je den Archäologen Ernst Curtius, König Ludwig I. von Bayern und Kaiser Wilhelm I. unter die Dichter gezählt? Und Heinrich von Treitschke? Die höchst einflußreichen Werke dieses preußischen Hofhistoriographen haben seine ‚Vaterländischen Gedichte', mit denen er 1856 als junger Mann hervorgetreten war, ganz ins Abseits gedrängt. Bei Franz Tetzner stehen auch sie, wenngleich solitär, wie selbstverständlich neben Goethe und Schiller und all den anderen Unsterblichen und weniger Unsterblichen.

4. Geschichtliche Belehrung und vaterländische Erbauung

Die Anthologie verfolgt zwei bewährte didaktische Absichten. Zunächst will sie ihre Leser über den Werdegang der deutschen Geschichte belehren. So erklären sich die Jahreszahlen, die der Herausgeber hinter die meisten Gedichtüberschriften gesetzt hat, so erklärt sich aber vor allem, daß die Anthologie nach Inhalt und zeitlichem Rahmen gerade der frühesten Epochen ganz die Perspektive damaliger Schul-Geschichtsbücher aufgreift. Das 1896 in erster Auflage erschienene ‚Hilfsbuch für den Unterricht in der Deutschen Geschichte' von Martin Mertens etwa umfaßt in der Ausgabe für höhere Lehranstalten drei Teile. Der erste bietet eine Darstellung „von den ältesten Zeiten bis zum Ausgange des Mittelalters".[8] Auch darin machen „ein griechischer Reisender aus Massilia" (sein Name wird von Mertens nicht genannt), die Vielzahl der germanischen Stämme und ihre Kämpfe mit den Römern den Anfang.

Die Belehrung des Lesers ist das eine Ziel von Tetzners Anthologie, seine Erbauung die andere und zweifellos vorrangige. Große Persönlichkeiten treten auf, Herrscher,

---

[7] Ulrich Fülleborn, Friedrich Rückert: geschichtlicher Ort – geschichtliche Bedeutung, in: Friedrich Rückert. Dichter und Sprachgelehrter in Erlangen. Referate des 9. interdisziplinären Colloquiums des Zentralinstituts. Herausgegeben von Wolfdietrich Fischer und Rainer Gömmel (Schriften des Zentralinstituts für fränkische Landeskunde und allgemeine Regionalforschung an der Universität Erlangen-Nürnberg, Band 29), Neustadt an der Aisch 1990, S. 211-223, hier 216.

[8] Freiburg im Breisgau, 1896; danach bis in die 1920er Jahre in vielen Auflagen erschienen.

Denker und Weise an schicksalhaftem Scheideweg oder Heerführer mit beherzt vorwärts stürmendem Schwert. Sie alle sind unverrückbare Bausteine in der hohen, festen, über so viele Jahrhunderte ihrer Vollendung entgegengewachsenen deutschen Burg. Hadernde, mit sich und der Welt zerfallene Gestalten haben darin sowenig Platz wie ironische Brechungen oder widersprüchliche und strikt gegensätzliche Sinnangebote.[9] So darf man Tetzners Anthologie mit einigem Recht ein Historiengemälde in lyrischem Gewand oder eine Monumentalplastik in Reimen nennen. Wie von selbst stellen sich Erinnerungen an die Walhalla, das Deutsche Eck in Koblenz, an das Niederwalddenkmal bei Rüdesheim[10] und an Ernst von Bandels Hermannsdenkmal bei Detmold ein. Freilich verwahrt sich Tetzner gegen den naheliegenden Verdacht, bloß in Verse gesetzte Nacherzählungen historischen Geschehens zu bieten. Mit Herablassung spricht er von solchen Produkten und hält seinen eigenen poetologischen Anspruch entgegen: „Ausgeschlossen sind möglichst solche Gedichte, die nichts als seichte Umreimereien oberflächlich erfaßter geschichtlicher Ereignisse sind, so manch Bekanntes von Kopisch, Simrock, Vogl. Aufgenommen sind an erster Stelle solche Schöpfungen, deren Dichter ihren Stoff kulturgeschichtlich durchdrungen und ihn von der Höhe der betreffenden Zeit aus mit dichterischer Begeisterung erfaßt und dargestellt haben.“[11] Nun sind aber kultur-geschichtliche Durchdringung und dichterische Begeisterung weit dehnbare Begriffe, und ob alle Ereignisse in ihrem geschichtlichen Rang gültig gedeutet sind, ist doch fraglich. Zu oft auch sind die „Charakterzeichnungen historischer Personen“, worin noch der junge Fontane sein Bestes gegeben zu haben meinte[12], aufgeladene, auf die Wirkung beim Leser berechnete Erzeugnisse. Der aufgesetzte pathetische Ton und die exemplarische Zurschaustellung heldischer Tugenden will patriotische Begeisterung wecken und zum Stolz auf die Leistungen des deutschen Volkes in Vergangenheit und Gegenwart aufrufen. Die Gegenwart, das ist für Tetzner das von Bismarck 1871 im Spiegelsaal von Versailles ausgerufene deutsche Kaiserreich unter der Führung Preußens. Besungen werden seine drei Kaiser, besungen seine frische wirtschaftliche und militärische Stärke, besungen auch seine jungen Kolonien in fernen Erdteilen, die, so die ungebrochene Verheißung, im Schutze des Reiches aufblühen werden. „Die letzten Abschnitte des Werkes werden willkommenen Stoff zum Vortrag bei vaterländischen Festen gewähren.“[13] Unverstellter läßt sich der propagandistische Beweggrund, der Franz Tetzner zu seiner Anthologie gedrängt hat, nicht in Worte fassen. Von seinem eigenen ‚Pytheas‘ als Auftakt bis zu Rudolf von Gottschalls ‚Deutschen Träumen‘ als Schlußakkord ist Tetzners Anthologie ein hochgestimmtes vaterländisches, preußisches Fest.

---

[9] Vgl. Karl Otto Conrady (Hg.), Das große deutsche Gedichtbuch von 1500 bis zur Gegenwart (München 1991), S. XI.

[10] Ein Gedicht ‚Zur Einweihung des Nationaldenkmals auf dem Niederwald‘ am 28. September 1883 hat Ernst Scherenberg beigesteuert (Tetzner II, S. 337-339).

[11] Tetzner I, Vorwort. Übrigens sind die drei erwähnten Dichter in seiner Anthologie vertreten.

[12] In einem Brief an Wilhelm Wolfsohn vom 10. November 1847. Vgl. Theodor Fontane, Briefe an die Freunde. Letzte Auslese. Herausgegeben von Friedrich Fontane und Hermann Fricke. Mit einem Nachwort von Walter Hettche, Bde. I-II, Nachdruck der Ausgabe Berlin 1943, Hildesheim u. a. 1995, hier I, S. 24.

[13] Tetzner II, Vorwort.

5. Die drei mittellateinischen Autoren in Tetzners Anthologie: Einhart, Paulus Diaconus, Hermannus Contractus

Ihren Platz in Tetzners weitem Haus der deutschen Geschichte haben – sehen wir ab vom heiligen Bonifatius, der trotz seiner bedeutenden Briefe vorrangig als Missionar und Apostel der Deutschen wahrgenommen wurde und wird[14], – drei Gestalten des lateinischen Mittelalters erhalten. Der hohen Zeit dieser Epoche gehört keiner von ihnen an. Hildegard von Bingen, der Archipoeta und Albertus Magnus sind folglich nicht in Tetzners Anthologie vertreten, aber auch kein namhafter Gelehrter aus den karolingischen Reichsklöstern Fulda und St. Gallen, etwa Hrabanus Maurus, Notker Balbulus oder Ekkehard IV.

In Versen gedeutet erscheinen hingegen die Persönlichkeiten des gelehrten Langobarden Paulus Diaconus (um 720-799) und des Hermannus Contractus, jenes literarisch so fruchtbaren Mönchs von der Reichenau (1013-1054), dessen kurze Lebenszeit sich gleichsam zwischen das ausgehende frühe und das aufsteigende hohe Mittelalter drängt. Neben diesen beiden Gelehrten steht Einhart, welchem seine Biographie Karls des Großen bis in unsere Gegenwart dauerhaften Ruhm eingetragen hat. Gerade dieses nachhaltige Verdienst aber findet, wie wir sehen werden, in Tetzners Anthologie keinen Widerhall. Doch betrachten wir nacheinander die drei Gedichte, die den mittellateinischen Autoren zugedacht sind.

5.1 Felix Dahn, ‚Emma an Einhart‘

Von den drei Gestalten des lateinischen Mittelalters, die in Franz Tetzners Anthologie gewürdigt werden, gehören zwei dem Gelehrtenkreis um Karl den Großen an. Den Beginn macht Einhart, obwohl er über ein Menschenalter jünger war als Paulus Diaconus, dem das nachfolgende Gedicht gewidmet ist. Allerdings hat der Dichter, Felix Dahn, Einhart nicht eigentlich in seiner Bedeutung als Autor des karolingischen Zeitalters gedeutet. Vielmehr greift er eine anekdotische Sage des 12. Jahrhunderts über Einhart auf, die letztlich auf einem Mißverständnis gründet, aber eben deshalb auch höchst fruchtbar gewesen ist.

Doch wenden wir uns zunächst kurz dem Dichter zu. Auch heute noch kann Felix Dahn (1834-1912) zu den bekannteren Schriftstellern aus der zweiten Hälfte des 19. Jahrhunderts gezählt werden. Diesen verhaltenen Ruhm verdankt er ausschließlich einem Werk, dessen Titel beinahe zu einem geflügelten Wort geworden ist, dem Völkerwanderungsroman ‚Ein Kampf um Rom‘ (4 Bände, 1876-1878). Freilich macht selbst dieser so umfängliche „Professorenroman", wie man solche Literatur abschätzig genannt hat, nur einen Bruchteil von Dahns literarischer Hinterlassenschaft aus. Als Professor für Deutsches Recht in Würzburg (1863), Königsberg (1872) und Breslau (1888) schrieb er wissenschaftliche Abhandlungen in seinem engeren Fach, griff aber zugleich auch auf die ernsthafte Geschichtsschreibung aus. Zudem verfaßte er

---

[14] Ihm sind gleich zwei Gedichte gewidmet, das eine stammt aus der Feder von Engelbert Albrecht (I, S. 104-105), das andere hat Albert Knapp verfaßt (I, S. 106-108).

Lustspiele und historische Dramen, er dichtete Versepen, Lyrik und Balladen und wandte sich schließlich in rastlosem Schaffen vor allem der Romanschriftstellerei zu. Einmal war es die Sagenwelt der nordischen Götter, die Dahn zum Schreiben drängte – Titel wie ‚Odhins Trost' (1880) oder ‚Friggas Ja' (1888) sprechen für sich –, vor allem aber die Epoche der Völkerwanderung, die er nach seinem ‚Kampf um Rom' zwischen 1882 und 1901 in dreizehn „Kleinen Romanen" literarisch einzufangen suchte. Genannt sei hier nur seine ‚Bissula', der Roman über eine junge Schwäbin, die im 4. Jahrhundert der Dichter Ausonius in anhänglichen Versen besungen hatte.

In Tetzners Anthologie ist Felix Dahn nach Albert Möser der Dichter, der mit den meisten poetischen Produkten hervortritt. Neben Hermann von Lingg hat der Herausgeber diese beiden Dichter im Vorwort zum ersten Teil ausdrücklich namentlich erwähnt und ihnen „die Krone" für ihre „dichterische Begeisterung" überreicht. Von welchen Gegenständen Dahn inspiriert wurde, mögen stellvertretend einige Gedichttitel andeuten: ‚Lied der Walküre', ‚Tacitus', ‚Germanenmarkung', ‚Hunnenzug', ‚Hagens Sterbelied', ‚Gotentreue', ‚Der Leichenzug Ottos III.', ‚Parzival', ‚König Manfreds Grab', ‚Konradin', ‚Lied der Geusen', ‚Das Lied vom Schill', ‚Lebe wohl nun, Kaiser Wilhelm', ‚Schloß Neuschwanstein', schließlich die hochpolitische Kulturkampf-Polemik ‚Gegen Rom'. Wer hätte heute auch nur vom einem dieser Gedichte gehört? Unserer rhetorischen Frage steht die Einschätzung von Theodor Siebs aus dem Jahr 1914 entgegen: „Daß er gerade in den Balladen und den vaterländischen Gedichten wohl Bedeutenderes gegeben hat, als in den Romanen, das weiß die große Masse nicht."[15] Die zeitgebundene Hinfälligkeit kulturgeschichtlicher Urteile, vergangener wie heutiger, könnte sich nicht fröhlicher äußern.

Der Literaturwissenschaftler Fritz Martini hat in einem biographischen Artikel Dahns „Neigung zum Emotional-Pathetischen, Romantisch-Bekenntnishaften" herausgestellt, „die bis zum Theatralisch-Effektvollen, zum prunkhaften Kostüm ausarten konnte".[16] Felix Dahn ein Piloty, ein Makart? Auch das kleine Gedicht auf ‚Emma an Einhart' deutet diese Neigung an. [17]

Emma an Einhart

Wann sie nun balde schlafen, die Kämmrer all und Grafen,
Will ich auf leisen Zehen zu dir geschlichen gehen,
Du wonnestarker Mann.
Und ob durch Hof und Hallen der Herbstnacht Grauen wallen
Und finstre Schatten schweben, wie soll das Weib erbeben,
Das dich zum Freund gewann?

---

[15] Theodor Siebs, Felix Dahn und Josef Scheffel. Mit zehn noch unbekannten Briefen Scheffels an Dahn (Breslau 1914), S. 9.
[16] Artikel über Felix Dahn in: Neue Deutsche Biographie, Bd. 3 (Berlin 1957), S. 482-484, hier 483.
[17] Tetzner I, S. 114-115.

Schon ist der Hof gewonnen: eintönig gießt der Bronnen:
Der Thorwart mit der Lanze schaut mich im Nebelglanze
Und schlägt ein Kreuz und kehrt:
Doch ich in Geisterweise zum Eckturm schwebe leise,
Wo deine Schreiberzelle der Ampel rote Helle
Mir wie ein Stern verklärt.

Nach kaltem Graun und Bangen wie leis' werd ich empfangen!
Ich zweifle, daß so süße sonst Schülerin man grüße,
Wie mich der Meister mein:
Ach, ob sie dich den Weisen in allen Künsten preisen:
Mir wolltest du erklären die schönste deiner Lehren,
Die Weisheit dein zu sein!

Dahns Reime auf Emma und Einhart mögen unbekannt und in Tetzners ‚Deutscher Geschichte' begraben geblieben sein. Die Anekdote vom karolingischen Liebespaar, die er in ein Gedicht kleidet, ist es keineswegs. Ihren Ursprung hat sie in einer Sage der Lorscher Chronik (*Chronicon Laureshamense*) aus der zweiten Hälfte des 12. Jahrhunderts, deren Inhalt hier knapp wiedergegeben sei[18]:
Kaiser Karls Schreiber Einhart schleicht sich bei Nacht heimlich zu seiner geliebten Emma, der Tochter des Kaisers. Die beiden jungen Leute genießen das verliebte, aber verbotene Stelldichein, doch als Einhart sich wieder zurückziehen will, ist der Weg unversehens verschneit. Weil seine Fußspuren ihn verraten würden, verfällt Emma auf die List, den Geliebten auf ihrem Rücken zu seiner Wohnung zu tragen. Just in diesem Augenblick aber schaut Kaiser Karl nach einer schlaflos verbrachten Nacht aus dem Fenster und sieht, wie seine Tochter schwankend ihre schwere Bürde durch den Schnee trägt und am bestimmten Ort absetzt. Karl ist aufgebracht, bewahrt aber zunächst Stillschweigen. Auf einer großen Ratsversammlung freilich bringt er die unstandesgemäße Liaison auf die Tagesordnung. Am Ende trifft der Kaiser die weise Entscheidung, Einhart und Emma ehelich zu verbinden.

Immer wieder begegnet man der Behauptung, hinter der Lorscher Sage stehe als historischer Kern das Liebesverhältnis zwischen Karls Tochter Bertha und seinem Hofkapellan Angilbert.[19] Aus dieser Verbindung gingen bekanntlich zwei Söhne

---

[18] Edition der Chronik von Heinrich Pertz in: MGH SS 21 (1869), S. 341-453, die Sage hier 357-359; Codex Laureshamensis, bearbeitet und neu herausgegeben von Karl Glöckner, in: Arbeiten der historischen Kommission für den Volksstaat Hessen 1 (Darmstadt 1929), S. 265-452. Eine deutsche Übersetzung der Sage bietet Otto Abel, Kaiser Karls Leben von Einhard (Geschichtschreiber der deutschen Vorzeit, 16), ⁴Leipzig 1920, S. 56-62. Zum Chronicon Laureshamense vgl. auch Repertorium fontium historiae medii aevi, III: Fontes C (Rom 1970), S. 365.

[19] Wattenbach-Levison, Deutschlands Geschichtsquellen im Mittelalter. Vorzeit und Karolinger, II. Heft: Die Karolinger vom Anfang des 8. Jahrhunderts bis zum Tode Karls des Großen, bearbeitet von Wilhelm Levison und Heinz Löwe (Weimar 1953), S. 238; Elisabeth Frenzel, Eginhard und Emma, in: Enzyklopädie des Märchens, 3 (1981), Sp. 1020-1023, hier 1020.

hervor, der Geschichtsschreiber Nithard und sein Bruder Hartnid.[20] Das Liebesverhältnis war illegitim, eine Friedelehe. Kein Zweifel, auch für Bertha galt, was
Einhart im 19. Kapitel seiner ‚Vita Karoli‘ nicht ohne Stirnrunzeln über das Verhältnis
Karls zu seinen Töchtern berichtet: Sie seien sehr schön gewesen, doch habe er so
abgöttisch an ihnen gehangen, daß er keine von ihnen verheiraten mochte, ganz gleich,
ob der Mann aus dem persönlichen Umkreis oder aus fernen Landen war. Vielmehr
behielt er sie alle bis zu seinem Tod bei sich. Wegen dieser Schwäche mußte Karl, wie
Einhart diskret andeutet, die Tücke des Schicksals erfahren. Am Hof wurde über
Fehltritte getuschelt und getratscht, doch Karl ging darüber hinweg, als gebe es das
alles nicht.[21]

Aber nicht nur Bertha, sondern auch Karls Tochter Rotrud († 810) wurde Mutter eines
unehelichen Sohnes. Vom Grafen Rorico gebar sie Ludwig, den späteren Abt von St.
Denis († 867). Und an die Person Rotruds scheint der Lorscher Chronist anzuknüpfen,
versichert er doch, seine Imma sei die Verlobte des griechischen Königs gewesen (*regi
Grecorum desponsata*). Tatsächlich war bereits 781 eine Verbindung zwischen der nur
sieben oder acht Jahre alten Rotrud und dem 771 geborenen griechischen Thronfolger
Konstantin VI. ausgehandelt worden.[22] Zur Verärgerung der griechischen Seite löste
Karl die Verlobung im Jahr 788 auf.[23]

Aus Einharts zartem, aber suggestiven Zeugnis im 19. Kapitel der Karlsvita, dem
Wissen um Rotruds griechische Verlobung und der historisch bekannten Tatsache, daß
Einharts Ehefrau Imma hieß (die Form Emma scheint jünger zu sein), destillierte der
Lorscher Chronist, wenn er denn der Urheber war, die folgenreiche Sage von Einhart
und Emma. Dazu brauchte er Rotrud nur auf Imma zu übertragen und letztere zur
Kaisertochter zu erhöhen.[24] Als Zutat ließ der Lorscher Chronist den Schnee vom
Himmel fallen, und der wurde zum Kernmotiv der Sage.[25] Doch diesen Schnee hatte er
in einer nahezu identischen amourösen Anekdote gefunden, die Wilhelm von
Malmesbury (um 1080-1143) schon einige Jahrzehnte zuvor in seiner ‚Geschichte der

---

[20] Das berichtet Nithard selbst in seinen ‚Historiae‘ IV 5.

[21] Einhart, Vita Karoli, Kap. 19: *Quae* (sc. *filiae*) *cum pulcherrimae essent et ab eo plurimum
diligerentur, mirum dictu, quod nullam earum cuiquam aut suorum aut exterorum nuptum
dare voluit, sed omnes secum usque ad obitum suum in domo sua retinuit, dicens se earum
contubernio carere non posse. Ac propter hoc, licet alias felix, adversae fortunae
malignitatem expertus est. Quod tamen ita dissimulavit, acsi de eis nulla umquam alicuius
probri suspicio exorta vel fama dispersa fuisset.*

[22] Sigurd Abel/Bernhard Simson, Jahrbücher des Fränkischen Reiches unter Karl dem
Großen, Bd. I (²Berlin 1888), S. 363 und bes. 384-386.

[23] Abel/Simson, Jahrbücher (wie Anm. 22), S. 567-569, 602.

[24] Die umständlichere Übertragung von Angilbert auf Einhart und Bertha auf Imma/Emma
würde damit entfallen. Julius Thikötter, Einhard und Imma. Eine rheinische Sage aus der
Zeit Karls des Großen (Heidelberg 1885), S. 285, will sich nicht festlegen: „Die Ent-
stehung der Sage ist wohl zu erklären aus der Uebertragung der Verhältnisse der wirk-
lichen Töchter Karl's, Hruotrud und Bertha, auf die erdichtete Tochter ‚Imma'.“

[25] Heinrich May, Die Behandlungen der Sage von Eginhard und Emma (Forschungen zur
neueren Litteraturgeschichte, 16), Berlin 1900, S. 77.

englischen Könige' zum besten gegeben hatte. Sie verdient es, hier noch einmal in Erinnerung gerufen zu werden:

Kaiser Heinrich III. weiß seine Schwester, eine Nonne, am liebsten immer in seiner Nähe. Die aber hat heimlich einen Kleriker zum Geliebten. Als nach einem ausgedehnten nächtlichen Schäferstündchen unvermutet Schnee gefallen ist, trägt die Frau ihren Freund huckepack durch den Schnee zurück zu dessen Haus. Der Kaiser ist zufällig zum Wasserlassen aufgestanden (*imperator minctum surrexerat*) und beobachtet vom Fenster des Speisesaals die skandalöse Szene. Zunächst bewahrt er Stillschweigen, dann aber zahlt er es den beiden Sündern doch mit doppelsinniger Milde heim. Als ein Bischofsstuhl neu zu besetzen ist, überträgt Heinrich diesen dem liebesfrohen Kleriker und flüstert ihm ins Ohr: „Empfange die Bischofswürde, aber daß du mir künftig nie wieder auf einer Frau reitest!" Seine Schwester ernennt der Kaiser zur Vorsteherin eines Nonnenklosters, nicht ohne mahnend den Zeigefinger zu heben: „Du sollst Äbtissin sein, aber daß du mir künftig nie wieder einen Kleriker auf dir reiten läßt!"[26]

5.2 Eginhard und Emma in der Dichtung und auf der Bühne

Die Sage von ‚Eginhard[27] und Emma' ist von der Literatur, aber auch vom Musiktheater immer wieder aufgegriffen und variierend erzählt worden. Die ihr zugrunde liegenden, historisch verbürgten Tatsachen erfuhren dabei jeweils erhebliche Metamorphosen. In einer vorzüglichen, immer noch frischen komparatistischen Studie hat Heinrich May eine überraschende Fülle verschiedener Bearbeitungen der Sage vom 12. bis zum ausgehenden 19. Jahrhundert zusammengestellt und aufgezeigt, daß sie über weite Teile Europas verbreitet war.[28]

Jedoch geriet die Erzählung in der Lorscher Chronik längere Zeit in Vergessenheit und wurde erst „gegen Ende des 16. Jahrhunderts wieder ans Tageslicht gezogen".[29] Fortan wird sie dauerhaft in wissenschaftlichen Werken erwähnt und in literarischen und musikalischen Bearbeitungen weitergereicht. Nach dem gerade vorherrschenden Geschmack der Zeit sind frivole, amüsante, galante, empfindsame und pathetische Erzeugnisse darunter. Einige ausgewählte Beispiele seien hier nach der Darstellung Heinrich Mays angeführt.

---

[26] William of Malmesbury, Gesta regum Anglorum. The History of the English Kings, ed. and translated by R. A. B. Mynors, completed by R. M. Thomson and M. Winterbottom, vol. I (Oxford 1998), lib. II 190 (ebd. S. 340/342). Nach Wilhelm von Malmesbury erzählt im 13. Jahrhundert Vinzenz von Beauvais den skandalträchtigen Schwank (Speculum historiale XXV 18).

[27] Eginhard lautete eine in der frühen Neuzeit weit verbreitete Form von Einhart bzw. Einhard. Noch heute ist sie in der französischen Geschichtsschreibung üblich. Zur Form des Namens vgl. Wattenbach-Levison (wie Anm. 19), S. 267, Anm. 337.

[28] Vgl. May (wie Anm. 25). Die Lorscher Sage und ihre Rezeption beleuchtet neuerdings auch Steffen Patzold, Ich und Karl der Große. Das Leben des Höflings Einhard (Stuttgart 2013), S. 299-304.

[29] May (wie Anm. 25), S. 22.

Epische Bearbeitungen der Sage auf Latein und in diversen Volkssprachen lösen einander seit dem ausgehenden 16. Jahrhundert ab. Die Niederländer Caspar Barlaeus und Jakob Cats, Pfeffel, Langbein, Millevoye sind nur einige Namen, die sich einmal mit dem Sagenstoff verbanden. Eine liebenswürdige Verbeugung vor der Heimat und eine rezeptionsgeschichtliche Besonderheit zugleich war Josef Müllers Gedicht ‚Emma en Eginhard' in Aachener Mundart.[30] Schöpferisch mit dem karolingischen Liebespaar haben sich auch Alfred de Vigny und der Amerikaner Henry Wadworth Longfellow auseinandergesetzt. Zu ihrem dauerhaften Dichterruhm haben diese literarischen Unternehmungen aber sicherlich nur bescheiden beigetragen. In seinen ‚Helden-Liedern', fingierten Briefwechseln nach Ovids Heroidenbriefen, läßt Christian Hofmann von Hofmannswaldau im ersten Briefpaar Eginhard und Emma alle Standesunterschiede überwinden. Ein Singspiel ‚Eginhard und Emma' mit dem Libretto von Christoph Gottlieb Wend und der Musik von Georg Philipp Telemann wurde 1729 aufgeführt.[31] 1785 erschien anonym der Roman ‚Geschichte Emma's, Tochter Kayser Karls des Großen und seines Geheimschreibers Eginhard'. Das Werk entfuhr, wie man heute weiß, der Feder der Leipziger Schriftstellerin Benedikte Naubert. Eine Oper brachte 1823 Daniel François Esprit Auber auf die Bühne: ‚La Neige ou Le Nouvel Eginhard'. Das Libretto hatten Eugène Scribe und Germain Delavigne verfaßt. Man ahnt es gleich: Es geht darin nirgends um den historischen Einhart, sondern um amouröse Verwicklungen in der zeitgenössischen Adelsgesellschaft. Nun, Rousseaus epochaler Briefroman ‚Julie ou la Nouvelle Héloïse' von 1761, auf den der Titel der Oper anspielt, hatte ja auch nicht den historischen Abälard und seine Schülerin Heloise zum Gegenstand. In Aubers komischer Oper bringt der frisch gefallene Schnee das Hoffräulein Adèle auf den Einfall, den jungen Grafen Lahnstein mit einem Schlitten aus einer scheinbar verfänglichen Lage zu befreien. Einen ungleich höheren Rang als allen bis dahin bekannten Bearbeitungen der Sage erkannte Heinrich May dem 1811 vorgestellten Schauspiel ‚Eginhard und Emma' von Friedrich de la Motte Fouqué zu. Gleichwohl war für May, der an der Wende vom 19. zum 20. Jahrhundert Bilanz zog, auch dieses „gleich den meisten übrigen Fouquéschen Dichtungen längst verklungen."[32] Am Ende seiner Untersuchung blickt May nüchtern zurück und ebenso nüchtern in die Zukunft: „Zu litterarischer Berühmtheit, nämlich

---

[30] Johannes Matthias Firmenich (Hg.), Germaniens Völkerstimmen. Sammlung der deutschen Mundarten in Dichtungen, Sagen, Mährchen, Volksliedern u. s. w., Bd. 3 (Berlin 1854), S. 220.

[31] Am Stadttheater Gießen brachte Gerd Heinz 2008 eine Neuinszenierung von Telemanns Singspiel unter dem Titel ‚Emma und Eginhard' auf die Bühne. Man beachte die Umstellung der Namen. Wie ein Beobachter im Feuilleton einer Wochenzeitung erstaunt vermerkte, beförderte der Regisseur das Stück überaus einfallsreich ins Wilhelminische Zeitalter; die Sachsenkriege wurden mit Schärpen und Pickelhauben gefeiert. „Grenzenlos schalkhaft", hätte Alfred Kerr dazu bemerkt.

[32] May (wie Anm. 25), S. 104. Wie rasch und unbedenklich die literarischen Moden Fouqué auf den Olymp hoben und wieder hinabstießen, bezeugt Franz Grillparzer, der ihn 1826 in Berlin kennengelernt hatte. In seiner ‚Selbstbiographie' schaut Grillparzer auf jene Zeit: „Wenn man gegenwärtig den Namen Fouqué nennt, so verziehen sich die Gesichter zu spöttischem Lächeln; damals aber war er in so hoher Geltung, daß ein großer Teil der Nation ihn dem Altmeister Goethe an die Seite setzte."

als Gegenstand einer dichterisch hervorragenden Bearbeitung, wird das bescheidene Geschichtchen nie gelangen."[33]

May hat recht behalten. So dürfte, jedenfalls in Deutschland, die bekannteste Fassung unserer Sage die vergnüglich-lakonische Bildergeschichte ‚Eginhard und Emma' von Wilhelm Busch sein, die ihr Urheber selbst einen Fastnachtsschwank genannt hat[34]:
„Carolus Magnus kroch ins Bett,
Weil er sehr gern geschlafen hätt',
Jedoch vom Sachsenkriege her
Plagt ihn ein Rheumatismus sehr."
Folgerichtig hielt Buschs Fastnachtsschwank ganz rasch Einzug in die studentischen Kommersbücher.[35]

Das liebende Paar der Karolingerzeit – gab es ein Bestreben, ein deutsches Gegenstück zum legendären französischen Liebespaar Abälard und Heloise zu erschaffen? – fand volkstümlichen Anklang im 19. Jahrhundert. Davon zeugen auch die Namen damals angelegter Straßen. So finden sich im Kölner Stadtteil Sülz nebeneinander eine Einhard- und eine Emmastraße. Daß auch Seligenstadt seinem berühmten Paar jeweils eine Straße gewidmet hat, versteht sich von selbst. Auf eigene Weise huldigte der Schriftsteller, Orientalist und Kunstsammler Adolf Friedrich Graf von Schack (1815-1894) schon als junger Mann dem legendären Paar. Von Frankfurt, wo er einen Teil seiner Jugend verlebte, unternahm er hin und wieder Ausflüge ins landschaftlich reizvolle Umland. Jahrzehnte später erinnerte sich der alternde Graf: „Eine Sonntagspilgerfahrt führte mich nach Seligenstadt zum Grabe von Eginhard und Emma."[36]

5.3 Felix Dahns Gedicht ‚Emma und Einhart' im Rückblick

Unter den zahlreichen literarischen Bearbeitungen der Sage von Eginhard und Emma ist nur ein einziges lyrisches Produkt, Felix Dahns Gedicht ‚Emma an Einhart'. Darin hat, so May, der Dichter „das sehnende Träumen der Prinzessin ... in glückliche Verse gebracht."[37] Schon der Titel läßt aufhorchen. Nicht der Name Einhart steht voran (Eginhard schon gar nicht), sondern der seiner Geliebten.[38] In Umkehrung der Sage geht sie, die junge Frau, zu ihm. Emma spricht als lyrisches Ich, das in der ersten Strophe erwartungsvoll der nächtlichen Begegnung mit Einhart entgegensieht; sie ist die beherzt Handelnde, mit der die Leser in der zweiten Strophe auf ihrem

[33] May (wie Anm. 25), S. 129.
[34] Wilhelm Busch, Fliegende Blätter, München 1864.
[35] May (wie Anm. 25), S. 49, zitiert die erste Strophe denn auch aus einem Kommersbuch.
[36] Adolf Friedrich Graf von Schack, Ein halbes Jahrhundert. Erinnerungen und Aufzeichnungen. In drei Bänden. Dritte, durchgesehene Auflage, Bd. I (Stuttgart u. a. 1894), S. 29.
[37] May (wie Anm. 25), S. 60. Aus dem 20. Jahrhundert ist mir kein lyrisches Einhart-Gedicht bekannt.
[38] Vgl. aber auch schon Longfellow, Emma and Eginhard (May, S. 46), ferner das oben (S. 64) erwähnte Aachener Mundartgedicht ‚Emma en Eginhard' von Josef Müller.

verstohlenen Weg über den Hof bangen; sie ist es, die am Ende glücklich ihr geliebtes Ziel erreicht. Einhart selbst tritt nicht in Erscheinung; seine Person erhält allein durch Emmas bewundernde Liebe prägnante Konturen. Er ist Lehrer, Weiser und Freund, der seiner Schülerin Mut, Stärke und Sicherheit verleiht und ihre Liebe beflügelt.

Emmas Weg durch die finstere, kühle Nacht zu ihrem Geliebten färbt der Dichter mit effektvoller, geradezu schulmäßiger Lautmalerei.[39] Die dunklen Örtlichkeiten, der zweifelhafte Weg werden mit dunklen Vokalen und Diphthongen ausstaffiert, Emmas liebevolles Sehnen und die endliche Begegnung mit Einhart leuchten in hellen Tönen. In der letzten Strophe herrschen sie fast ausschließlich vor. Nur der erste Halbvers, „Nach kaltem Graun und Bangen", erinnert noch an das eben überwundene, unwirtliche Dunkel. Noch ein letzter Schritt, dann steht Emma im Licht der Schreibstube und im hellen Schein ihres geliebten Einhart: „wie leis' werd ich empfangen! / Ich zweifle, daß so süße sonst Schülerin man grüße / wie mich der Meister mein".

Was Dahns Fassung von der Lorscher Sage unterscheidet, ist klar hervorgetreten. Dahn überträgt Emma die Initiative, er entsendet sie auf den unsicheren nächtlichen Weg. Der Seelenzustand der liebenden Frau fasziniert den Dichter, und allein in ihrem Spiegel erscheint der Mann und Gelehrte Einhart, der weiblichen Wagemut allemal verlohnt. Die so spannungsreichen Sagenmotive – der Schneefall, die Empörung Karls, der Standesunterschied, die zu Gericht sitzende Ratsversammlung – alles das ist nicht einmal angedeutet. Und die von anderen Dichtern ausgekostete Liebesnacht wird von Dahn zur lauteren Weisheit sublimiert. Aber immerhin gebührt Felix Dahn bis heute der blasse Ruhm, als einziger Dichter die in ihrem Kern gar nicht sagenhafte Liebe zwischen Einhart und Emma in eine lyrische Form gebracht zu haben.

5.4 Dahns Erzählung ‚Einhart und Emma'

Neun Jahre nachdem Felix Dahn das kleine Gedicht in Tetzners Anthologie veröffentlicht hatte, trat er noch einmal mit einer kleinen Novelle über denselben Stoff hervor. In seinem 1901 erschienenen, vier Erzählungen umfassenden Zyklus ‚Am Hof Herrn Karls' trägt die dritte den Titel ‚Einhart und Emma'. Der Autor geht darin wieder neue Wege, die in den früheren Bearbeitungen der Sage noch nicht beschritten wurden. So führt er Karls Gemahlin Hildegard (Dahn schreibt Hildigard) als eine der Hauptpersonen ein. Die zahlreichen Anachronismen, die allein aus diesem Kunstgriff folgen – Hildegard war bereits 783 verstorben –, brauchen uns hier so wenig zu kümmern wie bei allen früheren Sagenfassungen. Auch auf Stilmittel, auf Neben-figuren, auf Dahns karolingisches Namedropping, seine gelehrten Anspielungen und die preziös trippelnde, in Deminutiven schwelgende Butzenscheibensprache will ich nicht eingehen. Nur der Inhalt sei kurz wiedergegeben:[40]

---

[39] Womöglich angeregt durch Fouqués ähnliches Verfahren? Auch die gesuchten Alliterationen deuten darauf hin. Vgl. May (wie Anm. 25), S. 102.
[40] Nach Felix Dahn, Gesammelte Werke. Erzählende und poetische Schriften. Neue wohlfeile Gesamtausgabe, Zweite Serie, Band 5 (Leipzig u. Berlin o. J. [1912]), S. 105-128.

An einem Novembertag erörtern Herr Karl und Königin Hildigard im Palastgarten zu Aachen mögliche Eheschließungen ihrer Töchter Bertha und Emma. Letztere, mit sechzehn Jahren das „Nesthäkchen", soll nach Karls Willen am Hof in seiner Nähe bleiben. Das Gespräch wandert beiläufig hinüber zum gelehrten Einhart; den möchte, wie Karl weiß, der Papst gerne für seine Kanzlei gewinnen. Einhart, ein junger Mann von zweiundzwanzig Jahren und „der Liebling aller Frauen", erteilt der schönen Emma Unterricht. Nach der Abendtafel, die in kleiner Runde abgehalten wird, zeigt sie im Beisein ihres Lehrers den Eltern stolz, welche Fortschritte sie bei der Lektüre von Ovids ‚Metamorphosen' gemacht hat. Zur Belohnung stellt Vater Karl ihr drei Männer am Hof, „wackre Helden", als Ehegatten zur Auswahl. Emma und Einhart erschrecken und mit ihnen die Königin. Auch Einhart soll seine Belohnung erhalten. Er wird nicht nach Rom gehen, sondern fortan als Reichsoberbaurat alle Bauwerke in Karls Reich leiten. Einhart ist wie vor den Kopf gestoßen, was Karl freilich als Bekundung von Bescheidenheit deutet. Während der König mit seiner Gemahlin schon zu den Schlafräumen eilt, flüstern sich Emma und Einhart noch rasch ein paar Worte zu.

In der Nacht huscht Emma vom Frauenflügel des Palastes tollkühn hinüber zum Haus der Schreiber, wo aus Einharts Fenster noch ein Licht dringt. In Einharts Schreiberzelle entspinnt sich zwischen den jungen Leuten eine hastige, aufgeregte Unterhaltung. Die beiden versichern einander ihrer Liebe und beschließen, gleich am nächsten Tag Königin Hildigard zur Fürsprecherin ihrer Herzensangelegenheit zu machen. Als Emma in den Frauenflügel zurückkehren will, ist der Hof von fußhohem Schnee bedeckt, der Palast erstrahlt im Vollmond. Von den Launen des Wetters überrumpelt sieht Einhart sich genötigt, mit einer List zu antworten. Er wird seiner Emma durch den Schnee bis zum Brunnen im Hof vorauswaten, sie soll dahinter ihre zierlichen Schuhe in seine größeren Fußstapfen setzen. Vom hohen Brunnenrand kann Emma einen kühnen Sprung auf die Treppenstufen zu ihrem Frauentrakt wagen. Diese nämlich hat eine Bedachung vor dem Schnee geschützt.

Aber Herr Karl, der just in dieser Nacht keinen Schlaf findet, ist ans Fenster getreten und sinnt milde über das in Schnee getauchte, friedvoll-feierliche Bild nach, das sich seinen Augen darbietet. Da bemerkt er unten im Hof Einhart und gleich hinter diesem seine Tochter Emma. Zornig weckt er seine Gattin und kündigt eine schwere Strafe für die beiden Delinquenten an. Einhart wird sich auf gefährliche Dänenmission nach Hamburg begeben müssen, Emma soll ins strenge Kloster der heiligen Cäsaria nach Arles verbannt werden. Karls hartes Urteil fordert Königin Hildigard heraus. Sie will sich von ihrem königlichen Gemahl trennen und ihrer Tochter ins Kloster nach Arles folgen. In unerschütterlichem Vertrauen auf Emmas Lauterkeit versichert Hildigard: „Nicht ein Kuß ist geküßt worden in dieser Nacht." Aufgewühlt hält sie dem König sein eigenes, weitaus ungestümeres Werben vor vielen Jahren als Spiegel entgegen: „In dem Schloß der Eltern ging's nicht an: da … da ging sie heimlich zu ihm. Nicht einmal – o nein, wochenlang! Der Schnee fiel damals wie heute, wann sie sich nachts zu ihm in das Tannicht stahl, in die Jagdhütte. Und oh – es blieb nicht beim Kuß …".

Herr Karl ist getroffen, berührt, und mit dem erlösenden peripetischen Purzelbaum schließt sogleich die Erzählung: „Morgen, morgen soll die Hochzeit sein!"[41]

5.5 Nachbetrachtung

Der glückliche Ausgang kann den Leser zufrieden stimmen. Trotzdem wird ihm vom Verfasser einige Gutgläubigkeit zugemutet. Einhart als Liebling aller Frauen: Der historische Einhart wird von der idealisierten Novellenfigur beinahe gänzlich verschluckt. Nirgends klingt der auffallend kleine Wuchs dieses von Zeitgenossen als „Knirps" beschriebenen Mannes an. Walahfrid Strabo karikierte Einhart bei aller Wertschätzung seiner überlegenen Fähigkeiten als *homuncio* oder *brevis homullus*[42], und Theodulf von Orléans machte seine Statur metaphorisch einmal zu einem kurzen Tischbein (carm. 25,177-180) und dann wiederum zu einem kleinen Häuschen, das freilich einen großen Gast beherberge: *Cuius parva domus habitatur ab hospite magno.*[43] In einem ähnlichen Bild würdigte Alkuin die Persönlichkeit Einharts.[44]

Doch weiter. Felix Dahns Einhart liest mit seiner Schülerin den römischen Dichter Ovid, aber nicht etwa die ‚Ars amandi', wie bei der gemeinsamen abendlichen Tafel ausgerechnet Graf Rorich von Maine an Rotruds Seite anzüglich spottet, sondern das mythologische Epos der ‚Metamorphosen.' Daß der Augusteer Ovid im karolingischen Bildungskanon nicht zu den Schulautoren zählte und die Bezeugung gerade seiner ‚Metamorphosen' in dieser Zeit höchst spärlich war, wollen wir nicht auf die Goldwaage legen. Andere Bearbeiter der Sage haben schwerer gesündigt: Fouqué läßt unser Liebespaar ‚Siegfried und Kriemhilde' lesen, in Heinrich Seidels Schauspiel ‚Eginhard und Emma'[45] erzählt der Titelheld seiner Schülerin von Hero und Leander.[46]

Bedenklicher ist da der Schneefall, der die Liebenden überrascht. Denn nur eine kurze Spanne verweilt Emma in Einharts Zelle, hastig fliegen die Worte zwischen den

---

[41] Dahn, Einhart, S. 128. Auch in Versen Müllers von Königswinter über ‚Eginhart und Emma' kommt Karl eingedenk seiner eigenen Jugend zur Besinnung. Vgl. May (wie Anm. 25), S. 45: „Und der Kaiser ist um so eher zum Verzeihen geneigt, als auch er ‚holder Jugendzeit denket'."

[42] Walahfrid Strabo im Prolog zu seiner Ausgabe von Einharts ‚Vita Karoli' (Einhardi Vita Karoli Magni. Editio sexta. Post H. Pertz recensuit G. Waitz. Curavit O. Holder-Egger [Hannover 1911, Neudruck 1965], S. XXIX), und im Gedicht ‚De imagine Tetrici' 226 (MGH Poetae II, S. 377).

[43] Theodulf, Ad Carolum regem 157 (MGH Poetae I, S. 487).

[44] MGH Poetae I, S. 248, carm. XXX 2.

[45] Heinrich Seidel, Eginhard und Emma, Bunzlau 1837.

[46] May (wie Anm. 25), S. 90 und 108. Im lateinischen Westen war die Sage von Hero und Leander lange nur durch den 18. Heroidenbrief Ovids literarisch bekannt; allerdings setzte auch hier die Überlieferung erst im 9. Jahrhundert zögernd ein. Die im späten 5. Jahrhundert entstandene griechische Dichtung des Musaios blieb – anders als im byzantinischen Kulturraum – im Westen bis in die Renaissance nahezu unbekannt. Zu deren Nachwirkung vgl. Musaios, Hero und Leander. Einleitung, Text, Übersetzung und Kommentar von Karlheinz Kost (Abhandlungen zur Kunst-, Musik- und Literatur-wissenschaft, 88), Bonn 1971, S. 69-85.

jungen Leuten hin und her: „Keinen Augenblick länger als nötig, als unerläßlich war."
Gleichwohl will der Autor seine Leser, die als Zeugen der aufgeregten Unterredung
beigewohnt haben, glauben machen, daß in diesen flüchtigen Minuten dichter,
fußhoher Schnee gefallen ist, inzwischen aber schon wieder der Vollmond sein
taghelles Licht über die Palastgebäude gießt. In diesem Licht entdeckt Karl unten im
Hof Einhart und Emma und schreit die schlafende Hildigard „gellend" als Zeugin
herbei. Eigentlich hätte in der nächtlichen Stille der ganze Palast hochschrecken
müssen.

Neben Einhart erscheint auch Emma idealisiert. Fast aufdringlich betont Dahn den
Keuschheitsnimbus. Ängstlich wehrt Emma Einhart ab: „Nicht! Nicht mich berühren –
hier – bei dir! – zur Nacht! Bitte, nicht! Rein muß alles sein und bleiben an dieser
meiner argen Nachtfahrt." Freilich hat die ans Hysterische streifende Fixierung auf
Keuschheit und Reinheit in Dahns Erzählung eine wichtige dramaturgische Funktion.
Am Ende ist sie die von Hildigard gegen Karl gerichtete Waffe, vor der sich der
König, selbst einst ein jugendlicher Draufgänger, ohne Gegenwehr ergeben muß. Nur
Hildigards resolutes Eintreten für ihr „unschuldig reines Kind" führt den plötzlichen
Sinneswandel Karls herbei. Die beiden Liebenden und die Leser genießen erleichtert
das Happy-End.

5.6 Ludwig Storch und Paul Warnefried (Paulus Diaconus)

Wie Einhart gehörte auch der Langobarde Paulus Warnefried, dem Ludwig Storch mit
einem Gedicht in Tetzners Anthologie deutende Konturen verleiht, zum Gelehrtenkreis um Karl den Großen, allerdings neben Petrus von Pisa und Paulinus von
Aquileia zu dessen frühen Vertretern, die alle vor 800 schon wieder abgetreten waren.
Heute wird unser Langobarde nur noch Paulus Diaconus genannt. Den Beinamen
Warnefrid (-fried) erhielt er in erst in der Neuzeit nach dem Namen seines Vaters:
Warnefrit autem ex Theudelinda coniuge genuit me, verrät Paulus Diaconus im
autobiographischen Exkurs in seinem wohl bedeutendsten Werk, der ‚Historia Lango-
bardorum'.[47]

5.7 Biographisches zu Ludwig Storch

Wenn wir oben Felix Dahn kurz vorgestellt haben, so muß Ludwig Storch erst recht in
Erinnerung gerufen werden. Hatte Rolf R. A. Hecker in seiner vor längeren Jahren
erschienenen biographischen Studie eine andere Wahl, als ihn einen vergessenen
Dichter zu nennen?[48] Ludwig Storch ist ein Name, der auch für den literarisch
aufmerksamen Zeitgenossen des fortgeschrittenen 20. und frühen 21. Jahrhunderts
stumm ist. In handlichen Literaturgeschichten erscheint er schon lange nicht mehr, und

---

[47] Hier Buch IV 37.
[48] Rolf R. A. Hecker, In Kreuzwertheim: Ludwig Storch. Ein vergessener Dichter. Eine
Nach-Forschung, Geschichts- und Heimatverein Kreuzwertheim e. V. 1999.

vermutlich keine der jüngeren Lyrik-Anthologien hat ein Gedicht von Storch aufgenommen.[49] Warum sollte dann eine die heimatkundlichen Grenzen überschreitende Biographie Storchs Leben und Schaffen würdigen? Dieser Dichter und Schriftsteller ist gänzlich aus der Zeit gefallen. Dabei hat er ein umfangreiches literarisches Werk in Vers und Prosa hinterlassen, aus dem gerade die augenblicklich so fruchtbare Wissenschaftsmode der Mentalitätsgeschichte sich einen dauerhaften Baustein für ihr Gebäude brennen könnte.

Geboren wurde Ludwig Storch 1803 im thüringischen Ruhla. Schon den Knaben zog die Dichtung an. Vor allem die Werke Schillers machten, wie er zurückblickend festhielt, einen „entzückenden, berauschenden Eindruck" auf ihn.[50] So begann er auch selbst früh Gedichte zu schreiben. 1823 erschien sein Erstlingswerk ‚Knospen und Blüthen'; es eröffnete eine lange Zeit rastlosen Schaffens: „Von nun an sollte in den nächsten 30 Jahren zur Frühjahrs- oder Herbstmesse mindestens ein neues Werk aus seiner Feder auf dem Buchmarkt erscheinen."[51] Dazu gehörten ein Opernlibretto, einige Gedichtbände, Übersetzungen aus dem Französischen und eine Flut von Romanen und Novellen. Als einer der Pioniere des historischen Romans schwelgte Storch in mittelalterlichen und frühneuzeitlichen Sujets: ‚Die Königsbraut', ‚Die Beguine', ‚Der Freibeuter' hießen einige seiner Romane, und sein neun Bände umfassendes Hauptwerk ‚Ein deutscher Leineweber' hielt „Zeit- und Lebensbilder aus dem 16. Jahrhundert" fest.[52] Aus Storchs Freundschaft mit Ludwig Bechstein erwuchsen Dialektgedichte und thüringische Volkserzählungen, deren bekannteste die 1830 erschienene Novelle ‚Förberts-Henns' (ab 1855 ‚Vörwerts-Häns') war. Vor wenigen Jahren wurden Bechsteins Briefe an Storch erstmals erschlossen.[53] Später freilich zerwarfen sich die langjährigen Freunde.[54] Auch gründete Storch Zeitungen, die ein ums andere Mal mit der Zensur in Konflikt gerieten.[55] Das unstete, von ständigen Ortswechseln bestimmte Leben des Schriftstellers kam erst zur Ruhe, als er 1866 als Pensionär der Schillerstiftung ein Haus in Kreuzwertheim am Main bezog. Dort starb Ludwig Storch am 5. Februar 1881, dort ist er auch begraben.[56]

---

[49] Das Dialektgedicht ‚Daos Lied von der Ruhl' findet sich im Schullesebuch ‚Wägen und Wirken. Heimatausgabe für Thüringen', in Verbindung mit Dr. Stölten bearbeitet von Dr. Romain, Teil III (Leipzig u. Berlin 1925), S. 40-41. Für den freundlichen Hinweis danke ich Frau Dr. Barbara Schetter, Bonn.

[50] Gerhard Pachnicke, Ludwig Storch, ein Gothaer Dichter (Gotha 1957), S. 6.

[51] Pachnicke (wie Anm. 50), S. 10.

[52] Leipzig 1846-1850. Vgl. Pachnicke (wie Anm. 50), S. 22.

[53] Susanne Schmidt-Knaebel, „Man muß doch jemand haben, gegen den man sich ausspricht" – Ludwig Bechsteins Briefe an Dr. Ludwig Storch (Berichte aus der Literaturwissenschaft), Aachen 2000.

[54] Heinrich Weigel u. Lotar Köllner, Ludwig Storch. Beiträge zu Leben und Werk des thüringischen Schriftstellers (Bucha 2003), S. 33-34.

[55] Pachnicke (wie Anm. 50), S. 14-16.

[56] Eine Zusammenstellung der vielen Stationen in Storchs Leben bieten Weigel/Köllner (wie Anm. 54), S. 9-27.

5.8 Storchs Gedicht ‚Paul Warnefried'[57]

Kaiser Karl, der Herr der Franken,
Sucht Italiens Gewinn;
Nicht der Alpen Felsenschranken
Hemmen seinen Heldensinn.
Der schon lang gewohnt zu siegen
In der heißen Sachsenschlacht,
Führt auf ihren Wolkenstiegen
Seines Heeres junge Macht.

In dem blüh'nden Ländergarten,
Von des Pos Gewalt durchbraust,
Wo der edlen Langobarden
Ritterliche Tugend haust,
Schlägt er mit den Löwenpranken
Seinen Gegner in den Staub,
Und dem glückgekrönten Franken
Fallen Land und Volk zum Raub.

Der besiegten Langobarden
König Desiderius
Trägt mit stillem Schmerz des harten
Schicksals unverdienten Schluß.
Tiefer wird die große Seele
Seines Kanzlers doch betrübt,
Daß der Freiheit Sonne fehle
Seinem Volke, das er liebt.

Und wie brünstig hat dies Lieben
Stets in seiner Brust gewacht!
Hat mit Jünglingsglut geschrieben,
Was das Heldenvolk vollbracht!
Wie Homer einst im Gedichte,
Webet Paulus Warnefried
Seines alten Stamms Geschichte
In ein hochbegeistert Lied.

Als den Besten nennt ihn jeder,
Dessen reichbegabter Geist,
Wie kein andrer, mit der Feder
Seiner Ahnen Größe preist,
Ihren Ruhm der Welt zu lehren,
Als ihr ebenbürt'ger Sohn.

---

[57] Tetzner I, S. 115-117.

Also steht in hohen Ehren
Paul, der würd'ge Diakon.

An der Väter großen Tagen
Hängt sein schwärmerischer Blick,
Darum kann er nicht ertragen
Seines Volkes Mißgeschick.
Seine Seele, nicht gebeuget,
Stiftet kühn geheimen Bund,
Und von hehrem Mute zeuget
Herrlich sein beredter Mund.

Wenn er so begeist'rungtrunken
Von vollbrachten Thaten spricht,
Wirft er seines Zornes Funken
In der Hörer Angesicht,
Wie der Knechtschaft Schmach zu rächen,
Giebt er klug erdachten Rat,
Und der Franken Macht zu brechen,
Drängt er heiß zur Waffenthat.

Aber ach, der Langobarden
Alter Heldenmut verschied;
Auf Verrat nicht lange warten
Darf der edle Warnefried.
Ihn verdammt zu Kerkerwänden
Streng das fränkische Gericht,
Aber Karls Befehle senden
Ihn zur düstern Buße nicht.

Doch kaum ist ein Jahr verflossen,
Als erlauscht der Richter Ohr,
Daß mit seinen Stammgenossen
Warnefried sich neu verschwor.
„Den Verbrecher werft in Bande!"
Tönt der Franken grimmer Schrei.
Aber von der Ketten Schande
Hält der große Karl ihn frei.

Warnefried wirkt ohne Wanken,
Daß der Brüder Mut er weckt,
Doch sein Streben wird den Franken
Auch zum drittenmal entdeckt.
Und er steht vor dem Gerichte
Unerschrocken, stolzen Blicks:
„Nimmer meinen Sinn zu nichte
Macht der Wechsel des Geschicks!"

Da zu ungezähmten Grimmes
Flammen wächst der Ritter Wut,
Und es lechzt ihr furchtbar schlimmes
Urteil nach des Dichters Blut.
Beide Augen, beide Hände,
Spricht ihm ab ihr Rachewort,
Und so leb er bis zum Ende
Lichtlos und verstümmelt fort!

Lächelnd und mit milden Zügen
Hört das Urteil Karl und spricht:
„Laßt euch an dem Spruch genügen,
Doch vollzogen wird er nicht.
O wo nähm ich andre Augen,
Die so klar die Dinge sehn,
Und wo Hände, die da taugen,
Zu beschreiben sie so schön?"

Das Gedicht ‚Paul Warnefried' – im Erstdruck 1873 trug es noch den Titel ‚Kaiser und Patriot'[58] – belegt Storchs Vorliebe für historische Stoffe. In pathetischem Schwung[59] läßt er den langobardischen Gelehrten als Helden mit unbeugsamem Freiheitssinn auftreten. Dreimal verschwört er sich für sein unterworfenes Volk gegen Karl, den fränkischen Eroberer, dreimal wird sein Vorhaben entdeckt, und dreimal zeigt Karl menschliche Größe. Über das immer schärfere Urteil seiner Berater setzt der König sich jeweils großmütig hinweg: Eine Bestrafung des Verschwörers würde ihn selbst am härtesten treffen. So stehen der gelehrte langobardische Patriot Paul Warnefried und der vom räuberischen Eroberer zu nobler Humanität geläuterte Karl am Ende ebenbürtig nebeneinander, ein jeder an seinem Ort.

Die moralische Botschaft, die Storch mit seinem Gedicht ausruft, mag wohl vernommen werden. Jedoch entbehrt die Behauptung, Paulus Diaconus habe dreimal einen Aufruhr gegen Karl den Großen angezettelt, jeder historischen Grundlage. Wie schon Felix Dahn in seinem Gedicht ‚Emma und Einhart' folgt nämlich auch Storch einer Sage, wenngleich, wie derselbe Dahn in seiner biographischen Studie über Paulus Diaconus sicherlich mit Recht feststellt, das alles „weniger Volkssage als Gelehrtenfabel und Klosterdichtung zu nennen" sei.[60]

Zum ersten Mal begegnet sie im sogenannten ‚Chronicon Salernitanum', einer Geschichte des langobardischen Herzogtums in Süditalien, die ein unbekannter

---

[58] Ludwig Storch, Balladen- und Romanzenschatz (Erfurt 1873), S. 45-49. Die neue Überschrift dürfte auf Tetzner zurückgehen.

[59] Der auch in die bedenkliche Nähe der Stilblüte geraten kann: „von des Pos Gewalt durchbraust" (Strophe 2,2).

[60] Felix Dahn, Langobardische Studien: I. Band: Paulus Diaconus. 1. Abtheilung: Des Paulus Diaconus Leben und Schriften (Leipzig 1876), S. 58.

salernitanischer Mönche bald nach 974 verfaßte.[61] Salerno war von Arichis II. († 787) als Nachfolgerin Benevents zur Hauptstadt des langobardischen Fürstentums in Süditalien erhoben worden. Der Verfasser des Chronicon schreibt mit patriotischem Stolz, würdigt aber durchaus auch den fränkischen Usurpator Karl. Im 9. Kapitel erzählt er recht behaglich die Sage oder eben doch Gelehrtenfabel von Paulus' drei Verschwörungen gegen Karl den Großen.[62] Spätere Autoren schrieben die Chronik wie auch die Sage eifrig aus: Leo von Ostia, Petrus Diaconus, Romuald von Salerno und andere.[63] Erst der französische Benediktiner Jean Mabillon (1632-1707) erkannte, daß die so selbstgewiß erzählte Anekdote historisch unhaltbar war und durch keine karolingischen Quellen gestützt wurde.[64]

Gleichwohl hat Ludwig Storch gerade diesen zur Sage konstruierten Konflikt zwischen Karl dem Großen und Paulus Diaconus mit dramaturgischem Gespür in seinem Gedicht aufgegriffen.[65] Und mit gleichem dramaturgischen Gespür hat er den Konflikt geschickt an pointierter Stelle angehalten und sich damit über seinen Ausklang in der Chronik von Salerno hinweggesetzt. Darin nämlich wird Paulus zwar von den grausamen Verstümmelungen verschont, aber zur Strafe dennoch für lange Zeit auf eine Insel verbannt. Schließlich befreit ein ehemaliger Diener Paulus und führt ihn nach Benevent, wo er von Fürst Arichis und seiner Gemahlin Adelperga mit dankbarer Rührung empfangen wird. Die langobardische Wiedervereinigungsszene konnte Storch nicht gebrauchen. Sein Anliegen war es, zwei Persönlichkeiten des 8. Jahrhunderts, den erobernden Herrscher und den seinem Volk verbundenen Gelehrten, in ihrem Konflikt zu deuten und in ihrer Größe nebeneinander zu stellen. So durfte er auch kühn darüber hinweggehen, daß Karl, als er nach Italien marschierte und dem Langobardenreich des Desiderius ein Ende setzte, von seiner Kaiserkrönung noch ein gutes Vierteljahrhundert entfernt war.

5.9 Ludwig Laistner und Hermannus Contractus

Der Schwabe erweist seine Reverenz dem Schwaben? Ludwig Laistner, 1845 in Eßlingen geboren, besingt, befragt, hört in fünfzehn Strophen seinen Landsmann des 11. Jahrhunderts, den Mönch Hermannus Contractus von der Reichenau. Wie zuvor Felix Dahn und erst recht Ludwig Storch, so muß heute auch Ludwig Laistner eigens vorgestellt werden. Dabei stand er zu seiner Zeit in der langen Reihe von

---

[61] Eine moderne Ausgabe besorgte Ulla Westerbergh, Chronicon Salernitanum. A Critical Edition with Studies on Literary and Historical Sources and on Language (Studia Latina Stockholmiensia, 3), Lund 1956.

[62] Ludwig Bethmann, Paulus Diaconus Leben und Schriften, in: Archiv der Gesellschaft für ältere deutsche Geschichtkunde 10 (1851), S. 247-287, hier 267.

[63] Bethmann (wie Anm. 62), S. 250-251.

[64] Bethmann (wie Anm. 62), S. 268; Dahn, Paulus Diaconus (wie Anm. 60), S. 58, Anm. 8.

[65] Den lateinischen Text hatte Georg Heinrich Pertz 1839 in den MGH Scriptores III herausgegeben (S. 470-559). Unsere Anekdote findet sich S. 475-477. Eine deutsche Übersetzung bot Otto Abel, Paulus Diakonus und die übrigen Geschichtschreiber der Langobarden (Geschichtschreiber der deutschen Vorzeit: VIII. Jahrhundert), Berlin 1849, S. 192-195. Abels Übersetzung könnte Storchs Quelle gewesen sein.

Schriftstellern, die in der Belletristik und in der Wissenschaft gleichermaßen zu Hause waren und auf beiden Gebieten Achtbares leisteten. In einer eleganten biographischen Skizze hat Eberhard Brost vor mehreren Jahrzehnten Laistners Leben und Wirken gewürdigt. Seiner Darstellung folge ich hier dankbar.[66]

Nach dem Studium der Philosophie, Theologie, der Geschichte und germanistischer Zweige in Tübingen bekleidete Laistner kurze Zeit ein Vikariat in Winterbach an der Rems. Dann zog München ihn an. In der bayerischen Hauptstadt, die Maximilian II. zu einer Metropole für Künste, Literatur und Wissenschaft erhoben hatte, fand er Zugang zum Münchener Dichterkreis um Emanuel Geibel, Julius Grosse, Hermann von Lingg und andere. Besonders eng fühlte Laistner sich Paul Heyse verbunden, mit dem er die Sammlung ‚Neuer deutscher Novellenschatz' (1884-1887) herausgab. 1886 erschien die Hohenems-Münchener Handschrift des Nibelungenliedes (= München, Cgm 34) in einer phototypischen Nachbildung; hierzu verfaßte Laistner die Einleitung. Mythenforschung betrieb er in seinen ‚Nebelsagen' und im zweibändigen Werk ‚Das Rätsel der Sphinx'. 1889 ließ er sich in Stuttgart nieder; dort besorgte er für die Cottasche Buchhandlung die Textgestaltung der achten Ausgabe von Goethes sämtlichen Werken. Wenige Jahre später edierte er beim selben Verlag die Werke Friedrich Rückerts. Aber wie so viele andere Germanisten im 19. und noch im 20. Jahrhundert bestellte Laistner zugleich das Feld der mittellateinischen Literatur, für die es zu seiner Zeit noch keine Lehrstühle gab. In der Sammlung ‚Golias', die 1879 in Stuttgart erschien, stellte er „Studentenlieder des Mittelalters" in deutscher Übersetzung zusammen. Bleibende Verdienste erwarb er sich um den fragmentarisch überlieferten Versroman ‚Ruodlieb', den ein Mönch des Klosters Tegernsee im 11. Jahrhundert gedichtet hatte. Laistners Anordnung der Fragmente ist bis heute allgemein anerkannt. Ich schließe meine knappen biographischen Ausführungen mit der einfühlsamen Rückschau von Eberhard Brost: „Seine Arbeiten gingen unablässig weiter, und als Laistner am 22. März 1896 von einem qualvollen Herzleiden erlöst wurde, hatten Wissenschaft und Kunst beide zu klagen, daß so viele Früchte noch unausgereift waren."[67]

5.9.2 Hermann der Lahme: Krüppel und Gelehrter

Der Schriftsteller und Literaturhistoriker Laistner hat zu Tetzners Anthologie ein Gedicht auf Hermannus Contractus beigetragen.[68] Aber der Dichter in ihm erliegt nirgends der Versuchung, den Mönch von der Reichenau bewundernd zu feiern,

---

[66] Golias. Lieder der Vaganten. Lateinisch und deutsch nach Ludwig Laistner herausgegeben von Eberhard Brost, Berlin o. J. [1939]. Die biographische Skizze findet sich im Nachwort, S. 154ff. Spätere Auflagen der Brostschen Ausgabe besorgten Walther Bulst (Heidelberg 1961, 1974) und Reinhard Düchting (1993) unter dem Titel ‚Carmina Burana. Lieder der Vaganten'.

[67] Golias (wie Anm. 66), S. 159. Freilich wurden Laistners mythologische Forschungen wenig rezipiert; vgl. Ines Köhler-Zülch, Laistner, Ludwig, in: Enzyklopädie des Märchens, Bd. 8 (Berlin u. New York 1996), Sp. 729-731.

[68] Tetzner I, S. 155-158. ‚Hermannus Contractus' ist Laistners einziger Beitrag in der Anthologie.

obwohl er dazu wahrlich Stoff in Fülle gehabt hätte. Hermann hat ein umfangreiches und vor allem vielfältiges Werk hinterlassen: Neben Schriften zur Musik, Arithmetik, Astronomie und Komputistik stehen Dichtungen zur Liturgie und das mehr als 1700 Verse umfassende polymetrische Gedicht über die acht Hauptlaster.[69] Als Hermanns Hauptwerk gilt seine Weltchronik, „die erste genaue Chronographie der christlichen Aetas, die auf deutschem Boden entstand."[70] Schon seine Zeitgenossen bewunderten den hochbegabten Kopf, und das um so aufrichtiger, als Hermann seit seiner Geburt schlimm verkrüppelt war. Der eingebürgerte deutsche Beiname „der Lahme" ist, wenigstens nach heutigem Sprachgebrauch, beinahe ein Euphemismus zu nennen. Sein Schüler Berthold, der Hermanns Leben und Wirken in einer kleinen Vita anschaulich gewürdigt hat, läßt die Leser ahnen, wie mühselig jeder Tag seines Lehrers gewesen sein muß: „Seine Gliedmaßen waren alle auf so grausame Weise gelöst, daß er sich von einer Stelle, auf die man ihn niedersetzte, nicht wieder ohne Hilfe fortbewegen konnte. Er vermochte sich auch nicht auf die eine oder andere Seite zu drehen; allein wenn er von seinem Diener in einen Tragsessel gesetzt wurde, konnte er darin gekrümmt sitzen und mühsam etwas tun."[71] Hinzu kam, daß Hermanns schwere Behinderung ihm auch ein artikuliertes Sprechen verwehrte. Dennoch war er ein eifriger Lehrer, der aufmerksam auf alle Fragen einging und seine Schüler nicht ohne Antwort ließ.

Hermanns Krüppelgestalt haben wir so bestimmt nachgezeichnet, weil Laistner sie zum Kern seines Gedichts gemacht hat. Nein, er greift nicht zu fiktiven, romantisierenden Ablagerungen, wie sie uns oben bei Einhart und Paulus Diaconus begegnet sind, obwohl sich erbauliche Legenden recht früh auch um Hermannus Contractus bildeten.[72] Vielmehr knüpft Laistner an die Hermann-Vita Bertholds an. Deren letzter Teil zeigt uns den Gelehrten auf seinem Krankenlager, dem Tod entgegensiechend. Da erzählt Hermann in aller Herrgottsfrühe seinem Schüler von einem nächtlichen Traum: In ekstatischer Entrückung habe er Ciceros ‚Hortensius' gelesen. Dieses Erlebnis habe ihm die Nichtigkeit dieser Welt vor Augen geführt und

---

[69] Hermann der Lahme, Opusculum Herimanni (De octo vitiis principalibus). Eine Vers- und Lebensschule. Eingeleitet, herausgegeben und übersetzt von Bernhard Hollick (Reichenauer Bilder und Texte, 14), Heidelberg 2008.

[70] Franz-Josef Schmale, Hermann von Reichenau, in: Die deutsche Literatur des Mittelalters. Verfasserlexikon, Bd. 3 (Berlin/New York 1981), Sp. 1082-1090, hier 1085-1086. Vgl. auch Walter Berschin und Martin Hellmann, Hermann der Lahme. Gelehrter und Dichter (1013-1054) (Reichenauer Texte und Bilder, 11), 2., erweiterte Auflage (Heidelberg 2005), S. 22-24.

[71] Berschin/Hellmann (wie Anm. 70), S. 7. In Bertholds lateinischem Wortlaut (ebd., S. 6): *Ea vero per omnes artuum compages immanitate dissolutus erat, ne se loco, in quo ponebatur, absque iuvante quolibet aliquorsum per se movere neve saltem se in aliud latus vertere posset, sed in sella quadam gestatoria a ministro suo depositus, vix curvatim ad agendum quodlibet sedere poterat.* Laistner kannte Bertholds Hermann-Vita vermutlich aus der Edition von Georg Heinrich Pertz, in: MGH Scriptores V (Hannover 1844), S. 267-269, vielleicht aber auch durch die Übersetzung von Heinrich Hansjakob, Herimann, der Lahme von der Reichenau. Sein Leben und seine Wissenschaft (Mainz 1875), S. 41-45.

[72] Vgl. Jacques Handschin, Hermannus-Contractus-Legenden – nur Legenden?, in: Zeitschrift für deutsches Altertum 72 (1935), S. 1-8; Berschin/Hellmann (wie Anm. 70), S. 18-20; Hansjakob (wie Anm. 71), S. 39-41.

ihn mit Überdruß vor ihr erfüllt.[73] Berthold ist bestürzt und kann vor tiefer Bewegung seine Tränen nicht zurückhalten. Der Lehrer aber mahnt: „Mein Lieber, weine nicht über mich, frohlocke vielmehr und beglückwünsche mich. Nimm hier, ich bitte dich, meine Tafeln. Was an ihnen noch zu schreiben übrig ist, das ergänze mit Fleiß, und gib dann die Schriften wieder an solche weiter, die sie zu schätzen wissen.“[74]

Der Todkranke drückt dem Lieblingsschüler seine letzten, noch unvollendeten Schöpfungen in die Hand, die er auf die Diptychen, Wachstafeln, geritzt hat. Wir werden Zeugen eines intimen Augenblicks, in dem das literarische Vermächtnis des großen Gelehrten und sein Auftrag, es weiterzutragen, verschmelzen.

5.9.2 Laistners Gedicht ‚Hermannus Contractus'

Auf der reichen Au, im Kloster,
Liegt ein Mönch, ein bleicher, müder;
Singend, mit dem Paternoster,
Vor der Zelle stehn die Brüder.
In des Kranken Traum, wohl erkennt er's kaum,
Dringen Lieder, seine Lieder.

Seine jungen Schüler schleichen
Bleich umher, in scheuem Zagen;
Halbe Worte, stumme Zeichen:
Keiner traut sich laut zu klagen.
Doch, verschweigt's der Mund, thun die Augen kund
Was sie kaum zu fürchten wagen.

Und der Abt, der altersgraue,
Sitzt bekümmert bei dem Kranken:
Sinnst du treulos, Stolz der Aue,
Vor uns Alten abzudanken?
Flackernd schleicht das Blut, wie auf Kohlenglut
Letzte, matte Flämmchen schwanken:

Löst der Tod des Lahmen Glieder
So zu ängstlichem Gewühle?
Seine Kissen streift er nieder:
Sucht er wohl des Polsters Kühle?
Hab ich recht gesehn? ja ein Pergamen
Lag verborgen unterm Pfühle.

---

[73] Schon damals war dieses Werk Ciceros verloren, doch berichtet noch Augustinus, Confessiones III 4 (7), die Lektüre des ‚Hortensius' habe ihn gewandelt.

[74] Berschin/Hellmann (wie Anm. 70), S. 11/13.

Ist's ein Gruß und letzt Vermächtnis,
Eh' Besinnung ihm geschwunden,
Mehr, das herrlichste Gedächtnis
Weihevoller Dichterstunden!
Welch ein reicher Kranz, unzerpflückt und ganz,
Den er insgeheim gewunden!

Plötzlich ward der Kranke stille,
Wie um jenen nicht zu stören,
Und ein mächtiger dunkler Wille
Schien das Fieber zu beschwören;
So als wollt er das, was der andre las,
Selbst mit innrem Sinne hören.

Welch ein Wohllaut dieser Lieder,
Und welch glühende Belebung!
Aus der Haft gelähmter Glieder
Feiern sie des Geist's Erhebung.
Tiefes, bittres Leid klagt hier, doch der Neid
Schmilzt in rührender Ergebung.

Aber wehe, welch vermessner
Geist beginnt sich nun zu regen?
Welch ein heidnisch gottvergessner
Trotz versöhnt des Himmels Segen?
Über Kirch und Gott lacht ein arger Spott,
Setzt sein dreistes Ich dagegen.

Welch ein Wort! „Des Vaters Güte
Reicht uns statt des Brotes Steine;
Doch wie seelenlos er wüte,
Dank und Preis lallt die Gemeine."
Ha und hier: „Die Zunft frommer Unvernunft
Tanzt ums goldene Dreieine."

Und bei uns wuchs das im Stillen,
Und der Frevler war uns teuer!
Schon dies Haus um unsretwillen,
Herr! wir andern waren treuer. —
Rasch tritt zum Kamin der Gerechte hin.
Wirft das Sündenheft ins Feuer.

Unterdessen lag der Kranke
Friedlich da, das Aug' geschlossen,
Und ein lächelnder Gedanke
War um Stirn und Mund ergossen.

Wie ein Seher spricht, so, als wüßt er's nicht,
Sprach er träumend zum Genossen.

Wohl, ich wußt's, ihr frommen Seelen
Ärgert euch an solchem Dichten.
Euch zu schonen, es verhehlen
Konnt ich wohl, doch nicht vernichten.
Geh's denn seinen Gang! Lernt ich doch schon lang
Auf Unsterblichkeit verzichten.

Mußt ich mit verkrümmtem Leibe
Jeder Erdenlust entsagen
Und, ein Abscheu jedem Weibe,
Ungeliebt mein Elend tragen;
Mag auch mir allein es zum Trost gedeihn,
Daß ich Worte fand zu klagen.

Glücklich der, dem alle Schmerzen
Stillt das Blut der sieben Wunden!
Denn er hat im tiefsten Herzen
Nie die Qual der Welt empfunden.
Wem sein Menschenlos Geistes Mund erschloß,
Der erst hat sie überwunden.

Wie ein Evangelium klang es
Vom Erlöseramt des Schönen.
Draußen vom Gewölb des Ganges
Hallt es nach in frommen Tönen:
Im lebend'gen Wort, liegt des Trostes Hort
Uns beladnen Menschensöhnen.

Laistner verwandelt die Szene. Siech liegt der Mönch auf seinem Lager, draußen vor
seiner Zelle singen die Mitbrüder, und am Bett des Todgeweihten sitzt nicht der junge
Schüler – den Abt selbst sieht Laistner bei ihm wachen. Verwundert beobachtet er, wie
der Kranke sich noch einmal alle Lebenskräfte zusammenwühlt und unter dem Kissen
ein Pergament hervorzerrt. Ein ganz neues, herrliches Werk! Erwartungsvoll beginnt
der Abt zu lesen – und erstarrt. Der Hauch der Blasphemie schlägt ihm entgegen,
lästerlicher Frevel des heiligmäßigen Gelehrten. Der fromme Dulder, der seine
körperlichen Mißbildungen scheinbar in lebenslanger christlicher Ergebung
hingenommen hat, begehrt für einen kurzen, letzten Augenblick auf. Hermann wird für
seinen Konvent, vertreten durch den Abt, am Ende noch zu einem verstörend
Fremden, Unbekannten. Die fromme Überlieferung hat diesen so anderen Hermann,
das ruft Laistner uns zu, niemals hören wollen. Der Krüppel hadert mit seinem Los,
hadert mit seinem Gott, hadert mit der Kirche und ihren Gläubigen, die „ums goldene
Dreieine" tanzen wie im Alten Bund die Israeliten ums goldene Kalb. Klein und
hilflos mutet das hastige Bemühen des Abtes an, solch trotzige Empörung im Feuer

des Kamins für immer verstummen zu lassen. Doch der todkranke Hermann, bei Laistner eine Chiffre für den leidenden Menschen, findet eben deshalb noch einmal zu tröstlichen, „die Qual der Welt" überwindenden Worten. Er weitet seinen Blick ins Allgemeinmenschliche, in welchem das Los des Einzelnen endlich aufgehoben wird.

5.10 Anhang: Die Weinbauern in Ausonius' ‚Mosella' (zu Seite 56)

Die ‚Mosella' des Ausonius, im Mittelalter nur wenig bekannt, gehörte vom Beginn der Neuzeit bis in unsere Tage zum geistigen Besitz der Gebildeten. Durch zahlreiche Textausgaben und Übersetzungen in mehrere Volkssprachen war die poetische Huldigung an die Mosel jederzeit bequem verfügbar und mit ihr auch das Genrebild der Verse 163 bis 168:

Laeta operum plebes festinantesque coloni
vertice nunc summo properant, nunc deiuge dorso,
certantes stolidis clamoribus. Inde viator
riparum subiecta terens, hinc navita labens,
probra canunt seris cultoribus; adstrepit ollis
et rupes et silva tremens et concavus amnis.

In der Übersetzung von Paul Dräger:[75]
„Arbeitsfrohes Volk und emsige Bauern
eilen bald auf dem höchsten Gipfel, bald am abschüssigen Bergrücken hin und her
und streiten sich mit törichtem Geschrei. Von dort singen ein Wanderer,
der drunten am Ufer seines Weges geht, von hier ein Schiffer, der dahingleitet,
Spottverse gegen die säumigen Landbebauer; jenen widerhallt
die Felswand und der erzitternde Wald und die Mulde des Stromes."

An dieser Stelle nun mag Tetzners fröhliche Nachschöpfung für einen flüchtigen Augenblick in ihrem Schlummer gestört werden[76]:

5.10.1 Franz Tetzner, ‚An der Mosella'

Der Weinberg liegt im Herbstesglanz,
Da regt sich's und wallet auf und nieder,
Ein Necken und Freuen, als ging's zum Tanz;
Von ferne erklingen heitre Lieder.

---

[75] D. Magnus Ausonius, Mosella. Lateinisch-deutsch. Herausgegeben, übersetzt und kommentiert von Paul Dräger (Tusculum Studienausgaben), Düsseldorf u. Zürich 2004, S. 19/21.

[76] Tetzner I, S. 46.

Und in des Fährmanns Liebessänge
Mischen sich derber Burschen Klänge:
„Ihr Winzer, wozu die Eile und Plage?
Ihr stehlt ja dem Herrgott sonst alle Tage!"

„Ihr Bummler, euch fehlt nur das Lumpenbündel,
Ihr lauft in die Welt noch sicher ein Loch!"
So schallt es herüber zum Wandergesindel;
Das ruft: „Wir sollen wohl helfen noch?"
„Ihr schafft nicht, studiert nicht, nur trinken und minnen
Das könnt ihr!" so rufen die Winzerinnen. –
Und es jauchzt und es lacht und es schallt und es hallt
Herbstsonnig, weintönig durch Wiese und Wald.

IV. *In perniciem nunc ruat, casum suum ipse struat*: Max von Schenkendorf und Xaver Franz Carnier reimen gegen Napoleon

1. Akzentrhythmen und Reime in der lateinischen Dichtung der Neuzeit

Akzentrhythmische, gereimte Verse und Strophenformen des lateinischen Mittelalters in der frühen Neuzeit? Die Humanisten hatten sie – in Italien einige Zeit früher als in den Ländern nördlich der Alpen – mit Hohn verabschiedet, und wer im 17. Jahrhundert diese glücklich überwundenen Abgeschmacktheiten noch benutzte, machte sich, wie Fidel Rädle aufgezeigt hat, „in aller Regel lächerlich, zumindest im Umkreis der Universitäten.“[1] In so mancher humanistischen Komödie wurden Poetaster dadurch bloßgestellt, daß ihnen die verachteten Versreimereien in den Mund gelegt wurden.[2]

Freilich sah sich die dogmatisch strenge Poetik der Humanisten einer Vielzahl gereimter Hymnen, Sequenzen und Offizien gegenüber, die in der katholischen Liturgie täglich gesungen wurden und gleichsam eine standfeste Gegenwelt bildeten. Eifernde, von den Päpsten Leo X. und Urban VIII. geförderte Bemühungen, die vom Mittelalter hinterlassenen Barbareien klassizistisch zu emendieren[3], vermochten den Konflikt letztlich nicht aufzuheben. Das Spannungsfeld, das sich in der frühen Neuzeit zwischen der humanistischen Poetik und den an der kirchlichen Tradition ausgerichteten Kräften aufbaute, ist nicht entfernt vermessen.[4] Einen lange übersehenen Repräsentanten dieser gelehrten Welt, die nur scheinbar einen Januskopf trägt, hat kürzlich der Kölner Mediävist Peter Orth wiederentdeckt, den an der Kölner Artisten-Fakultät lehrenden Dominikaner Jakob Magdalius von Gouda (1468/69 bis um 1520). Er berücksichtigt in seinen beiden poetischen Lehrbüchern neben den klassischen Mustern auch weiterhin die eingeübten mittelalterlichen Formen.[5] Und welchen Rang nahm im Urteil der Zeitgenossen etwa ein Cornelius Musius ein, der 1566 in Antwerpen seine ‚Solitudo, sive Vita solitaria, laudata' herausgab, einen Lobpreis des einsamen Lebens: in 566 Stabat-mater-Strophen![6] Welche persönlichen

---

[1] Fidel Rädle, Über mittelalterliche lyrische Formen im neulateinischen Drama, in: Litterae medii aevi. Festschrift für Johanne Autenrieth zu ihrem 65. Geburtstag. Herausgegeben von Michael Borgolte und Herrad Spilling (Sigmaringen 1988), S. 339-362, hier 341.

[2] Ein Beispiel führt Rädle (wie Anm. 1), S. 341 an.

[3] Rädle (wie Anm. 1), S. 342-343.

[4] Zur literarischen Hinterlassenschaft des Mittelalters im Humanismus vgl. Jozef Ijsewijn, Companion to Neo-Latin Studies, Part I: History and Diffusion of Neo-Latin Literature. Second entirely rewritten edition (Supplementa Humanistica Lovaniensia, 5), Löwen 1990, S. 22-23; Part II (with Dirk Sacré): Literary, Linguistic, Philological and Editorial Questions. Second entirely rewritten edition (Supplementa Humanistica Lovaniensia, 14), Löwen 1998, S. 10-14.

[5] Eine Würdigung von Magdalius' Werk durch Peter Orth ist in Kürze zu erwarten.

[6] Einige Verwunderung, auch über Musius' erklärte Vorbilder, bekundete vor Jahrzehnten Amideus van Dijk, Cornelius Musius. Een Delftse martelaar van 1572 (Batavia Sacra), Utrecht u. Brüssel 1947, S. 15: „het werk betekent een volkomen terugkeer naar de rijmpoëzie der middeleeuwen. Ter rechtvaardiging van de gekozen metriek beroept de schrijver zich trouwens uitdrukkelijk op middeleeuwse auteurs: St Thomas, Adam van St

© Springer-Verlag GmbH Deutschland, ein Teil von Springer Nature 2015
H. E. Stiene, *Von Horaz und Ovid bis zum Archipoeta*, Edition KWV,
https://doi.org/10.1007/978-3-662-58401-9_4

Verbindungen hatte dieser 1500[7] in Delft geborene Gelehrte, der mitten in die konfessionellen Auseinandersetzungen seiner Epoche geriet, 1572 nach Leiden entführt und dort von Protestanten zu Tode gefoltert wurde?[8] Am Beginn des 17. Jahrhunderts hat der Würzburger Kartäuser Erhard Winheim das ‚Encomium solitudinis' des Musius in seine Darstellung der Kölner Kirchen und Klöster aufgenommen und an die Beschreibung der Kartause St. Barbara angefügt.[9] Darüber, wie oft selbst in der hohen Zeit des Humanismus noch weiter in den verpönten mittelalterlichen, das heißt rhythmischen und gereimten, Formen gedichtet wurde, kann nur spekuliert werden. Jozef Ijsewijn hat solche Formen außer beim erwähnten Cornelius Musius etwa beim Italiener Urceus Codrus (1446-1500) und beim thüringischen Humanisten Johannes Stigelius (1515-1562) gefunden.[10] Und der war 1542 von Kaiser Karl V. immerhin zum Poeta laureatus ernannt worden. Man wird schwerlich fehlgehen mit der Behauptung, daß so mancher Musius beachtenswerte Dichtungen verfaßt hat, die noch ungehoben im gewaltigen Meer der neulateinischen Literatur versunken liegen.

Als hartnäckige Widersacherin der streng auf die Antike ausgerichteten Poetik erwies sich aber nicht nur die katholische Liturgie mit ihren traditionellen Liedern, sondern ebenso beharrlich die „sozusagen mit dem Reim geborene volkssprachige Dichtung."[11]

Victor en de oude hymnografen." Im übrigen ist van Dijks Urteil über Musius' ‚Solitudo' wenig schmeichelhaft; er fand das Werk „vrij kleurloos en zeer langademig". Trocken, farblos und unpoetisch findet die ‚Solitudo' auch Pieter Noordeloos, Cornelis Musius [Mr Cornelis Muys], pater van Sint Agatha te Delft. Humanist, Priester, Martelaar (Utrecht u. Antwerpen 1955), S. 182-183, hier 183: „De letterkundige waarde van de *Solitudo* is zeer gering. Wel is alles glad en sierlijk, maar nergens wordt de dictie boven het gelijkmatige uitgedrongen. Geen mooi doorgevoerde vergelijkingen en geen fleurige epitheta geven kleur en leven aan het lange gedicht." Zu Musius vgl. ferner Ijsewijn, Companion, Part II (wie Anm. 4), S. 11.

[7] Die gelegentlich begegnende Angabe 1503 ist irrig; vgl. Noordeloos (wie Anm. 6), S. 15.

[8] Vgl. Johann Heinrich Zedler, Grosses vollständiges Universallexicon aller Wissenschafften und Künste, Bd. 22 (Leipzig u. Halle 1739), Sp. 1490-1491. Ein umfassendes Protokoll aller Stationen des Martyriums bietet Noordeloos (wie Anm. 6), S. 201-279.

[9] Erhard Winheim, Sacrarium Agrippinae (Köln 1607), S. 216-240. Gleichfalls in Stabat-Mater-Strophen verfaßt ist Musius' ‚Introductio mystica in Basilicas Religiosorum', die bei Winheim S. 126-141 steht. Rein hexametrisch hingegen ist ein kurzer Dialog zwischen einem Mönch und einem Städter vom selben Dichter (ebd. S. 240-241; zum Dialog und seinen Vorbildern vgl. K. A. E. Enenkel, Ein Delfter Priester als Imitator italienischer Humanisten. Cornelius Musius, Lombardo della Seta und Francesco Petrarca, in: Nederlands Archief voor Kerkgeschiedenis 72, 1992, S. 13-36). Winheim stellt Musius als Dichter, Theologen und Märtyrer vor, aus gegenreformatorischem Impuls im „Kampf gegen den Verfall des Glaubens in der ersten Hälfte des 16. Jahrhunderts, der gerade die Kölner Kartause prägte". Vgl. Marion Grams-Thieme, Die Kölner Kartause und ihre Beziehungen zu den Niederlanden, in: Die Kölner Kartause um 1500. Aufsatzband (Köln 1991), S. 359-372, hier 364. Zur Bedeutung der Kartause für die Kölner Geistigkeit im 16. Jahrhundert vgl. Erich Meuthen, Die alte Universität (Kölner Universitätsgeschichte, I), Köln u. Wien 1988, S. 294-296.

[10] Ijsewijn, Companion, Part II (wie Anm. 4), S. 11.

[11] Rädle (wie Anm. 1), S. 342.

Das neulateinische Drama kennt gelegentliche Einlagen in gereimten Rhythmen, vor allem in liturgienahen Szenen und musikalischen Partien. Dabei hat anscheinend „das englische Universitätsdrama besonders bereitwillig nichtmetrische Cantica zugelassen." Es spricht einiges für Rädles Vermutung, daß „die in England so respektable volkssprachige Theaterliteratur den lateinischen Dramatikern das Wagnis erleichtert (hat), hier und da statt metrischer auch akzentrhythmische und endgereimte Gesangspartien aufzunehmen."[12] So wird in einem langen Prozeß, wie Rädle glücklich erkannt hat, „der hermetische, künstlich rein gehaltene Bezirk humanistischer Formen aufgesprengt".[13]

Im 18. Jahrhundert sind die Fronten sichtlich entspannter.[14] Selbst Anleitungen zum Verfassen lateinischer Verse greifen die so lange erbittert bekämpften mittelalterlichen Formen auf. So bietet der am Kölner Tricoronatum lehrende Jesuit Paul Aler in seiner 1693 erschienenen ‚Praxis poetica' auch eine kleine Einführung in die gereimte und rhythmische Dichtung sowie in kunstvolle formale Spielereien, wie sie in der barocken Poesie namentlich in der katholischen Kirche reich hervorwachsen.[15] Als bescheidenes Beispiel hierfür läßt sich das Epitaph des 1722 verstorbenen Brauweiler Abtes Matthias Francken anführen. Die drei Distichen treten im artifiziellen hochmittelalterlichen Gewand auf. Sie sind zweisilbig leoninisch gereimt, bieten ein Akrostichon, Meso- und Telestichon mit der dreifachen Anrufung des Verstorbenen und muten auch in ihrem formelhaften Ton mittelalterlich an:[16]

*M*agnus celsoru*M* propera super astra poloru*M*;
  *A*stra tenens vit*A* fine fruetur it*A*.
*T*e Christus done*T* diademate, luce corone*T*;
  *T*e fratres claman*T* parce, potenter aman*T*.
*I*esus rex coel*I* merces sit in aeva fidel*I*.
  *A*st supplex or*A*, ne mala nostra mor*A*.

Die über mehrere Jahrhunderte äußerst beharrlich verfochtenen humanistischen Ideale haben die Schriftsteller im Zeitalter der Romantik endgültig abgeschüttelt, selbst wenn sie sich ausnahmsweise noch des Lateinischen bedienen. Ja, mittlerweile war die gelehrte Welt so weit vom strengen Klassizismus abgerückt, daß eine poetische Form des hohen Mittelalters als ein Produkt des 16. Jahrhunderts ausgegeben werden konnte, ohne Argwohn zu erregen. Die Unwissenheit listig zunutze machten sich vor

---

[12] Rädle (wie Anm. 1), S. 360 u. 361. Vgl. hierzu auch Ijsewijn, Companion, Part II (wie Anm. 4), S. 12.

[13] Rädle (wie Anm. 1), S. 343.

[14] Vgl. dazu Ijsewijn, Companion, Part II (wie Anm. 4), S. 12-13.

[15] Paul Aler, Praxis poetica sive Methodus, quodcumque genus carminis facilè & eleganter componendi (Coloniae Agrippinae 1693), S. 520-539.

[16] Heinz Erich Stiene, Carmina Brauweilerensia. Lateinische Dichtung in der Benediktinerabtei Brauweiler vom 11. bis zum 18. Jahrhundert. Edition, Übersetzung, Kommentar (Pulheimer Beiträge zur Geschichte und Heimatkunde, 18. Sonderveröffentlichung), Pulheim 1997, S. 92.

gut zweihundert Jahren der Dichter Max von Schenkendorf und sein Freund Xaver Franz Carnier.

Schenkendorf war von den in Königsberg wirkenden Schauspielern Carnier und Karl Friedrich Wilhelm Fleischer, die als Mitglieder der literarischen Gesellschaft „Blumenkranz des baltischen Meeres" die Zeitschrift ‚Der Spiegel' herausgaben, zu Beiträgen aufgefordert worden. In der Nummer 18 veröffentlichte er Anfang 1810 sein ‚Gebet bei der Gefangenschaft des Papstes', eine hochaktuelle Anklage der napoleonischen Politik.[17]

Napoleon hatte im Februar 1808 Rom besetzt und im Mai 1809 den Kirchenstaat mit Frankreich vereinigt. Auf den Gewaltstreich antwortete Papst Pius VII. mit der Exkommunikation des französischen Kaisers. Dieser wiederum ließ im Gegenzug das Oberhaupt der katholischen Kirche noch im Juli gefangennehmen und auf die Seefeste Savona verbringen.[18] Der neuerliche Affront des Kaisers provozierte den entschiedenen Befreiungsdichter Schenkendorf zu einer zornigen Invektive. Da jeder Text vor der Veröffentlichung der allmächtigen Zensur vorgelegt werden mußte, war das grundsätzlich ein aberwitziges Unterfangen. Doch mit welchem Einfall Schenkendorf und Carnier die Zensoren hinters Licht führten, hat seinerzeit der Schenkendorf-Herausgeber Edgar Groß geradezu vergnügt festgehalten: „Da hier zum erstenmal eine ausdrückliche Verdammung Napoleons ausgesprochen wurde, bedurfte es der Zensur gegenüber natürlich eines besonderen Deckmantels. So verfiel Schenkendorf auf den Gedanken, sein Gedicht als eine Hymne des 16. Jahrhunderts auszugeben, und um die Sache ja glaubwürdig zu machen, mußte Carnier, ein gewandter Lateiner, das angebliche Original in lateinischer Sprache hinzudichten. So passierte das Lied die Zensur."[19] Zunächst mögen Schenkendorfs Verse nach der Ausgabe von 1837 folgen: [20]

---

[17] Vgl. Max von Schenkendorf, Gedichte. Herausgegeben, mit Einleitung und Anmerkungen versehen von Edgar Groß. Mit Schenkendorfs Bildnis in Gravüre und einer Faksimilebeilage, Berlin u. a., o. J. [1912], S. XXX-XXXI. Über den kurzlebigen, nur wenig bekannten und auf Königsberg beschränkten ‚Spiegel' handelt Erich Mertens, Die Königsberger Zeitschrift *Der Spiegel* von 1810, Schenkendorfs *Freiheitsgesänge* und andere Gelegenheitsschriften, in: Königsberg-Studien. Beiträge zu einem besonderen Kapitel der deutschen Geistesgeschichte des 18. und angehenden 19. Jahrhunderts. Hg. von Joseph Kohnen (Frankfurt am Main u. a. 1998), S. 387-418.

[18] Von 1811 bis 1814 wurde Pius VII. in Fontainebleau festgehalten.

[19] Schenkendorf, Gedichte (wie Anm. 17), S. XXXI. Vgl. dazu auch: Gedichte von Max von Schenkendorf. Vierte Auflage. Mit einem Lebensabriß und Erläuterungen herausgegeben von August Hagen (Stuttgart 1871), S. XVI.

[20] Max von Schenkendorf's sämmtliche Gedichte. Erste vollständige Ausgabe (Berlin 1837), S. 91-92. In der Ausgabe von Edgar Groß (wie Anm. 17), S. 10-11 fehlen die Strophen 4 und 14. Groß trägt sie in den Anmerkungen S. 210 nach und bemerkt, sie seien gestrichen worden.

2. Gebet bei der Gefangenschaft des Papstes

Hör' auf deines Volkes Flehen,
Heiland, laß vorüber gehen
Deiner Kirche Todeswehen.

Was ihr deine Huld gespendet,
Ach ihr Kleinod ist entwendet,
König, deine Braut geschändet.

Räuber haben Hohn gesprochen,
Sind mit Lästerung und Pochen
In dein Heiligthum gebrochen.

Deine Heerde wird zerstreuet,
Weil der Wolf, der sich nicht scheuet,
Ihr mit neuen Sünden dräuet.

Thränen rufen dich und Lieder,
König, sende Hülfe nieder,
Gib ihr ihren Hirten wieder.

Wollest den Gefang'nen stärken,
Bei des heil'gen Amtes Werken –
Deine Hülf' ihn lassen merken.

Da Sankt Peter war in Nöthen,
Eilten Christen mit Gebeten
Ihren Bischof zu vertreten.

Und als Paulus lag gebunden,
Haben Heilge sich gefunden,
Um zu lindern seine Wunden.

Paul und Peter, Kirchensäulen,
Heilge Schirmer, wollet eilen
Unsers Vaters Herz zu heilen;

Die, mit zornerfüllten Mienen,
Einst dem Attila erschienen
Und ihn zwangen euch zu dienen,

Wollet nun den Frevler lohnen,
Der zertreten eure Kronen –
Wollet länger sein nicht schonen.

Aergster aus dem argen Heere,
Fühl' er des Gerichtes Schwere,
Herr, um deines Namens Ehre.

Wappne dich mit deinem Blitze! –
Ihn, der an der Frevler Spitze,
Triff in seinem Höllensitze.

Daß umsonst nicht deine Wunden,
Sey, wie Sodoma verschwunden,
Nirgend seine Statt gefunden.

Seine Anklage Napoleons tarnt Schenkendorf also mit Dies-irae-Strophen. Ebenso hielt es natürlich Carnier, der dazu das angebliche lateinische Original dichtete. Carnier, 1766 als Sohn eines Seidenfabrikanten in Mainz geboren, hatte in Heidelberg eine gediegene Ausbildung im Lateinischen erhalten. Davon erzählt er eingehend im sechsten Kapitel seiner Autobiographie, mit der er sich, wenngleich anonym, bereits 1802, mit 36 Jahren, der Welt vorstellte.[21] Carnier schien also berufen, Schenkendorfs Verse ins Lateinische umzusetzen. Als vorgeblicher Verfasser des 16. Jahrhunderts mußte ein Accursius herhalten – offenbar borgten sich die beiden Dichter für ihre leicht anachronistische List den Namen des berühmten Bologneser Rechtsgelehrten aus dem 13. Jahrhundert aus. Was die Zensoren vor zweihundert Jahren sonst noch ablenken sollte, erfuhren sie aus der betulichen Erläuterung im ‚Spiegel', die als pfiffig inszeniertes Blendwerk die Verwirrung vollendete: „Viele herzerhebende Gesänge sind aus jener Zeit des lebendigen Glaubens uns noch übrig. Manche sind verloren gegangen in dem alles verschlingenden Strom der Zeit, aber die, welche uns noch übriggeblieben, z. B. ‚Dies irae, dies illa' – wer kennt ihn nicht aus Mozarts ewig unvergänglichem Requiem? ‚Stabat mater dolorosa' mit Pergolesis herrlicher Musik und andere bieten dem Verehrer altchristlicher Poesie heilige Erhebung. Einer dieser Gesänge, dessen eigentlicher Verfasser Accursius sein soll, steht in einer Sammlung ‚Hymni sacri in ecclesiae calamitatibus'. 4to. Brixiae 1593. Ich teile ihn hier nebst einer möglichst treuen, der Versart des Originales sich genau anschmiegenden Übersetzung mit; Stil und Versart des Originales sprechen deutlich das 16. Jahrhundert aus."[22] Betrachten wir nun zum Ausklang das angebliche lateinische Original, die Verse von Xaver Franz Carnier[23]:

Audi preces tuae gentis
Exhortantis te et flentis
Domus tuae occidentis!

---

[21] Meine Pilgerfahrt durchs Weltgetümmel. Erstes Bändchen, 1802. Eine zweite Auflage mit Nennung des Verfassers erschien 1815 in München unter dem erweiterten Titel ‚Meine Pilgerfahrt aus Mutter Schoos in das Weltgetümmel. Eine wahre Geschichte'. Das „erste Bändchen" ist nicht fortgesetzt worden.
[22] Zitiert nach Schenkendorf, Gedichte (wie Anm. 17), S. 209.
[23] Zitiert nach Schenkendorf, Gedichte (wie Anm. 17), S. 209-210.

A latronibus plagatum,
Ab iniquis nunc prostratum,
Sanctum tuum adoratum,

Tuum[24] gregem nunc supprimet
Lupus, qui te nunquam timet,
Ut, qui tibi credunt, simet.

In splendorem novum arum
Mitte spiritum praeclarum,
Redde patrem nostrum carum!

Impugnationis hora
Fortitudine decora
Eum, Deus, sine mora.

Sanctus Petrus vinculatus,
Jamdum morti destinatus,
Precibus est liberatus:

Paulus vulnere detectus,
Caris suis perdilectus,
Carceri mox est erectus.

Patres sancti salutati!
O sanantes properati
Sitis pectus vulnerati.

Attilam vos terruistis,
Fortes angelos misistis,
Christi fidem servavistis:

Sancti! nunc appropinquetis,
Pie nobis condonetis,
Temerarium damnetis.

Ut peccata sua luat,
In perniciem nunc ruat,
Casum suum ipse struat.

Sit in poenam hic infandus
Praeter omnes hic damnandus,
Inferorum plagis dandus.

---

[24] Im Druck steht „Tuam".

Domus tua teneatur!
Uti Sodom deleatur
Hostis exolesceatur!

Ohne Zweifel hat Carnier, wenn auch brav und bieder, doch gewandt vor sich hin laufende Verse gedichtet. So gewandt, daß man über ein paar versteckte, durch Eile oder den Unernst der Aufgabe bedingte Mogeleien hinwegzusehen bereit ist. Was hat er mit *simet* in Vers 9 sagen wollen? Ein Verb *simare* gibt es zwar, doch es ist offenbar äußerst selten und begegnet zudem nur bei Autoren abseits des klassischen Kanons. Beim altlateinischen Satiriker Lucilius heißt *simare* ebenso wie beim spätantiken Dichter Sulpicius Lupercus „(die Nase) platt drücken". Das zugehörige Adjektiv *simus* „plattnasig" dagegen ist besonders aus der Dichtung, etwa Vergils Ekloge X 7, wohl vertraut. Auf ein architektonisches Element überträgt der Fachschriftsteller Vitruv das Verb.[25] Wahrscheinlich wollte Carnier sein *simet* auch übertragen als „unterdrücken" verstanden wissen, ähnlich wie *supprimet* im siebten Vers.

Mag der Leser *simet* immerhin mit Wohlwollen deuten, so stellt *arum* in Vers 10 ihn vor ein dunkles Rätsel. Ich jedenfalls vermag dem sonderbaren Wort keinen Sinn abzugewinnen. Aber sicher erscheint mir auch, daß es müßige Liebesmüh' wäre, mit dem routinierten Instrumentarium des Textkritikers dem unverständlichen Etwas beikommen zu wollen. So deute ich mir dieses *arum* schlicht als eine Aporie des Dichters, die ihn die dringend benötigte Buchstabenfolge einfach aus dem Nichts pflücken ließ, um seinen Vers zu füllen. Das raffinierte Tier tat's denn auch hier bloß um des Reimes willen. Die subversive Provokation heiligte die sprachlichen Mittel.

Stirnrunzeln verursacht schließlich das letzte Wort im Gedicht, eine Verbform, die gleich zwei sprachliche Kobolde in sich vereinigt: *exolesceatur*, anscheinend eine konjunktivische Passivform der e-Konjugation. Geläufig ist das Verb *exolescere* „vergehen", „schwinden"; das aber gehört der konsonantischen Konjugation an, das heißt, Carnier hätte einen irregulären Konjunktiv gebildet. Richtig wäre *exolescatur* gewesen. Obendrein aber ist *exolescere* intransitivisch und kennt folglich kein Passiv. Doch dessen, so darf man vermuten, war sich der Gelegenheitslateiner vollauf bewußt. Ein korrekt gebildetes *exolescat* nämlich hätte sich nicht in den Vers gefügt. Was also blieb dem Dichter, der sich nun einmal mit *teneatur* und *deleatur* die Reimschlinge um den Hals gelegt hatte, als ins alchimistische Sprachlabor zu eilen und einen wohlklingenden Bastard zu erschaffen! Für die erfolgreiche Überlistung der Zensur, die schon *simet* und *arum* hatte passieren lassen, hat es mit dem so flüssigen *exolesceatur* allemal ausgereicht.

---

[25] Curt Fensterbusch (Hg. u. Übs.), Vitruv, Zehn Bücher über Architektur, lateinisch-deutsch, 2. Auflage (Darmstadt 1976), S. 176 und 177: *Postea alii in aliis operibus ad perpendiculum triglyphorum cantherios prominentes proiecerunt eorumque proiecturas simaverunt.* – „Später ließen andere bei anderen Bauwerken senkrecht oberhalb der Triglyphen die Dachsparren herausragen und gaben ihren Vorsprüngen eine plattgedrückte Form."

3. Das „Gebet" für Pius VII. im Konzert der lateinischen Napoleon-Dichtungen

Gleichwohl war das kleine Doppelgedicht von Schenkendorf und Carnier nur ein spärliches Pflänzchen im Laubwald der lateinischen Dichtung, der damals in dichter Fülle um den charismatischen Feldherrn und Kaiser emporwuchs. Obwohl solche Gedichte überall in Europa entstanden und auf insgesamt mehr als 16000 Verse geschätzt werden, waren sie fast zweihundert Jahre völlig in Vergessenheit geraten. Daß sie nahezu ausschließlich klassizistischen Normen folgten, konnte ihnen ebenfalls keinen Nachruhm sichern. Mit dem Fall des Kaisers gingen auch sie unter. Selbst in der Spezialliteratur zu Napoleon wurde diese Dichtung stets übergangen. Das weite Feld beginnt gerade erst erschlossen zu werden. Namentlich Hermann Krüssel ist hier mit wichtigen Forschungsergebnissen hervorgetreten.[26] Die Anteilnahme der Dichter an der Person Napoleons scheint sich offen nach dem Kriegsglück oder -unglück des Kaisers zu gewichten: „Napoleon hat bei lateinischen Poeten zunächst für eine euphorische Begeisterung gesorgt, ist aber spätestens nach seinem Feldzug in Rußland abgrundtief verachtet worden."[27]

Der russische Feldzug, der für Napoleon mit einer verheerenden Niederlage endete und seinen Absturz besiegelte, zog sich über den Sommer und Herbst 1812 hin. Als Schenkendorf und Carnier ihrer Empörung über den Willkürakt des Kaisers gegen Papst Pius VII. poetisch Luft machten, war das Ende des von Triumph zu Triumph eilenden Franzosen nicht entfernt abzusehen.

---

[26] Napoleo Latinitate vestitus. Napoleon Bonaparte in lateinischen Dichtungen vom Ende des 18. bis zum Beginn des 20. Jahrhunderts. Texte gesammelt, übersetzt und erläutert von Hermann Krüssel. Bd. 1: Von der Französischen Revolution bis zum Konsulat Bonapartes (1790-1804), Hildesheim 2011.

[27] Hermann Krüssel, Napoleo Latinitate vestitus. Napoleon in neulateinischem Gewande, in: Neulateinisches Jahrbuch 9 (2007), S. 175-192, hier 175. Vor wenigen Jahren veröffentlichte Paul Gerhard Schmidt das 42 elegische Distichen umfassende Gedicht *Vox Veritatis ad Napoleonem* des Salzburger Stadtarztes Wolfgang Oberlechner. Im Erstdruck war es 1813 anonym nach der Völkerschlacht bei Leipzig erschienen. Vgl. Paul Gerhard Schmidt, *Vox Veritatis ad Napoleonem*. Eine lateinische Versinvektive von 1813, in: Syntagmata. Essays on Neo-Latin Literature in Honour of Monique Mund-Dopchie and Gilbert Tournoy. Edited by Dirk Sacré and Jan Papy (Supplementa Humanistica Lovaniensia, 26), Löwen 2009, S. 791-797. Nicht zugänglich war mir die Studie von Raúl Manchón Gómez, Napoleonis Magni Laudes: Repertorio provisional de la poesia latina (1800-1815) sobre Napoleón Bonaparte, in: Humanitas. Revista de la Facultad de Humanidades y Ciencias de la Educación, Universidad de Jaén 3 (2003), S. 15-31.

V. *Sanctus amor patriae* und die „ganze altdeutsche Herrlichkeit". Die Editionen der ‚Monumenta Germaniae Historica' als Steinbruch für Übersetzungen und historische Erzählungen bei Joseph Victor von Scheffel, Gustav Freytag, Friedrich Rückert und Wilhelm Heinrich Riehl

Sanctus amor patriae dat animum. „Die heilige Liebe zum Vaterland gibt den Mut." Oder sollten wir sagen, sie verleiht die Flügel? Seit beinahe zweihundert Jahren ziert dieser Wahlspruch, von einem Eichenkranz umrahmt, jede Veröffentlichung der ‚Monumenta Germaniae Historica' (MGH). 1819 hatte der Freiherr vom Stein das ehrgeizige Unternehmen begründet, das den Anspruch erhob, historische Quellen des Mittelalters aus Deutschland nach der handschriftlichen Überlieferung in zuverlässigen Texten herauszugeben.

Nur wenige Jahre zuvor war Napoleon endgültig besiegt worden, und der Wiener Kongreß hatte die politischen Verhältnisse in Europa neu geordnet. Doch dieser „verpfuschte, halbe Friede", der, so Willibald Alexis, zur höchsten Entrüstung „in französischer Sprache", dem Idiom der Besiegten, abgefaßt war, dieser Friede hatte besonders die Hoffnungen der Deutschen bitter enttäuscht, die seit Jahrhunderten in viele politische Einheiten zersprengt und zersplittert waren und endlich eine nationale Einigung ersehnten.

Geistiger Ort der nationalen Sehnsucht blieb das Mittelalter, hier das deutsche Mittelalter, welches die frühen Romantiker gut zwanzig Jahre zuvor auf ihre Weise entdeckt hatten. Im Sommer 1793 begaben sich Ludwig Tieck und Wilhelm Heinrich Wackenroder auf eine Wanderung durchs Frankenland und genossen verzaubert das altdeutsch anmutende Wesen, das sie in dieser Landschaft wiederzufinden glaubten. Von der Ruine der Burg Neideck bei Streitberg an der Wiesent schrieb Tieck an seinen Lehrer August Ferdinand Bernhardi: „Sie kennen meine Vorliebe für das romantische Mittelalter, solche Ruinen sind mir immer äußerst ehrwürdig, für die Phantasie hat das Mittelalter sehr viel Anziehendes, und der Verstand findet es immer kräftiger und vorzüglicher als unser schales Jahrhundert." Die Eindrücke und Erlebnisse ihrer Wanderung verarbeiteten beide zu frühen literarischen Manifestationen des romantischen Lebensgefühls. Wackenroder schrieb sich die ‚Herzensergießungen eines kunstliebenden Klosterbruders' (1797) mit ihrer schwärmerischen Verehrung für Albrecht Dürer und das alte Nürnberg von der Seele. Tieck knüpfte 1798 in seinem Künstlerroman ‚Franz Sternbalds Wanderungen' an das Werk des Freundes an. Die Wanderung des Franz Sternbald, eines fiktiven Schülers von Albrecht Dürer, nimmt ihren Ausgang in Nürnberg und führt über Flandern nach Italien.

Das Mittelalter, das wir mit Albrecht Dürer eigentlich ja schon recht weit hinter uns gelassen haben, dieses Mittelalter wird im 19. Jahrhundert zahlreiche Schriftsteller, Musiker, bildende Künstler und Wissenschaftler auf irgendeine Weise anregen. Mag jene Epoche sich auch ihr eigenes, naturgemäß zeitgebundenes Bild vom Mittelalter schaffen, so entsteht doch alles andere als ein schlichtes, monochromes Gemälde. Im Gegenteil, wir stehen vor einem vielfältigen Gebilde, das durch mannigfache

© Springer-Verlag GmbH Deutschland, ein Teil von Springer Nature 2015
H. E. Stiene, *Von Horaz und Ovid bis zum Archipoeta*, Edition KWV,
https://doi.org/10.1007/978-3-662-58401-9_5

Schattierungen belebt wird. Gewiß ist das Bild oft sentimental und dient, wie Goethe zu Eckermann über in Mode gekommene gotische Wohnungseinrichtungen bemerkte, als „eine Art von Maskerade", die „mit dem lebendigen Tage" im Widerspruch stehe. Zu Goethes Urteil fügt sich, was Carl Gustav Carus 1835 auf der Burg Rheinstein bei Trechtingshausen erlebt: „Ich hatte auch diese Pracht betrachtet und wollte eben zu meinem lieben Rhein wieder hinabsteigen, als mir noch im Burghofe der mich so weit geleitende Preuße einen dort hängenden, modern-altertümlichen Knappenrock zeigte und mir selbstgefällig versicherte: ‚Wenn der Prinz da sind, gehen wir alle im Mittelalter!'" Neben der sentimentalen nimmt das 19. Jahrhundert auch eine entschieden schöpferische Haltung gegenüber „seinem" Mittelalter ein. In wie vielen Erzählungen und Romanen haben sich die Autoren der Zeit dem Mittelalter gewidmet! Die allermeisten Werke wie auch ihre Autoren sind lange vergessen, doch lassen sich, wie Horst Fuhrmann, der langjährige Präsident der ‚Monumenta Germaniae Historica', es getan hat, Romanciers wie Sir Walter Scott (1771-1832) und Victor Hugo (1802-1885) tatsächlich als Personal in eine „bieder historisierende Romanküche" abschieben, selbst wenn man Umberto Ecos ‚Der Name der Rose' zum Maßstab nimmt?

Die poetologischen und ästhetischen Ansprüche an einen Roman sind nun einmal an ihre Zeit gebunden, und so steht ein Eco den Zeitgenossen des späten 20. Jahrhunderts näher als ein Scott oder ein Hugo. Sicherlich ist sein Werk auch vielschichtiger, tiefer. Doch sollten wir, wenn wir die Werke der Schriftsteller des 19. Jahrhunderts angemessen werten möchten, nicht auch bedenken, unter wie gründlich verschiedenen Voraussetzungen Scott und Hugo hier und Umberto Eco dort sich ein Bild vom Mittelalter machen konnten? In den gut einhundert bis einhundertfünfzig Jahren, welche die Schaffenszeiten Scotts und Hugos von jener Ecos trennen, hatte die mediävistische Forschung gewaltige Fortschritte gemacht. Mit ihren in die Breite und in die Tiefe wachsenden Erkenntnissen hatte sie stets neue Fragen aufgeworfen und das Bild vom Mittelalter ständig erweitert und verfeinert und, zugespitzt gesagt, ein immer neues Mittelalter geschaffen.

Doch die über Generationen gewachsenen Erkenntnisse sind kräftige Nachkommen des 19. Jahrhunderts. Jene Epoche hatte ja die Erforschung des so lange verächtlich abgewerteten *medium aevum*, „der Zeit dazwischen", nämlich zwischen der Antike und der Neuzeit, begründet und systematisch ausgebaut. Wie enttäuschend war noch die Resonanz auf die editorischen Bemühungen gewesen, welche Johann Christoph Gottsched (1700-1766) oder die beiden Schweizer Johann Jakob Bodmer (1698-1783) und Johann Jakob Breitinger (1701-1776) um die Mitte des 18. Jahrhunderts der deutschen Literatur des Mittelalters gewidmet hatten! „Ich bin zu frühe in die Welt gekommen", hatte Bodmer damals geklagt.[1] Nur fünfzig Jahre später zeigte diese Welt ein ganz neues Gesicht. Die Worte, die Friedrich Schlegel 1812 in seinen Wiener Vorlesungen für das Mittelalter findet, führen in neue Räume; sie zeigen, wie offenkundig sich damals der Blick auf die so lange verfemte Zeit gewandelt hat: „Man schildert und denkt sich das Mittelalter oft wie eine Lücke in der Geschichte des menschlichen Geistes, wie einen leeren Raum zwischen der Bildung des Altertums,

[1]   Gerhard Koziełek (Hg.), Mittelalterrezeption. Texte zur Aufnahme altdeutscher Literatur in der Romantik (Deutsche Texte, 47), Tübingen 1977, S. 1-4.

und der Aufklärung der neuern Zeiten ... Dieses ist aber in einer zwiefachen Rücksicht falsch, einseitig und nicht richtig. Das Wesentliche von der Bildung und den Kenntnissen des Altertums ist nie ganz untergegangen, und vieles von dem Besten und Edelsten was die neuern Zeiten hervorgebracht haben, ist dem Mittelalter und aus dem Geiste desselben entsprungen."[2] In allen seinen Facetten wird das Mittelalter zum Gegenstand ebenso kontinuierlicher wie konzentrierter Forschung. In Deutschland beginnt man die alt- und mittelhochdeutsche Literatur nachhaltig zu entdecken. Hierfür stehen neben den Brüdern Schlegel Gelehrte wie Karl Lachmann, Joseph Freiherr von Laßberg oder die Brüder Wilhelm und Jacob Grimm. Mit Genugtuung blickt Jacob Grimm 1838 auf die ersten Früchte der Arbeit: „es macht freude dem verkannten wieder einige gunst zu bereiten".[3]

1. Die Gründung der ‚Monumenta Germaniae Historica'

Ihren bedeutenden Anteil an der Erschließung des Mittelalters hatten die ‚Monumenta Germaniae Historica', ein, so darf man sagen, tief romantisches Unternehmen. Dabei wurzelte ihr Begründer, der Freiherr vom Stein, recht eigentlich im Zeitalter der Aufklärung. „Andererseits war", wie Klaus Günzel betont, „in dem Mann, der einem reichsunmittelbaren nassauischen Rittergeschlecht entstammte, die mittelalterliche Reichsidee lebendig". In diesem Punkt berührte er sich folglich eng mit den Romantikern.[4] Als Stein nach dem Wiener Kongreß politisch geschäftslos geworden ist, wendet er sich der Geschichte des deutschen Mittelalters zu. Franz Herre stellt die Ideen und Ziele des Freiherrn vor: „Auch die Beschäftigung mit dem Mittelalter ist für ihn ein pädagogisches Fach, Propädeutik für die Erziehung des einzelnen, des Standes, der Nation. Geschichte, ‚und besonders deutsche Geschichte', sei geeignet, ‚den Charakter zu veredeln, das junge Gemüt mit würdigen Gesinnungen zu erfüllen und es zu achtenswerten Handlungen fähig zu machen'. Seine Tochter Therese will er in deutscher, in mittelalterlicher Geschichte unterrichten, und weil ihm keines der vorhandenen Lehrbücher genügt, beginnt er, eigene zu verfassen, Lernbeflissener und Schulmeister in einer Person."[5] Der Freiherr vom Stein erkennt, „daß die bisherigen Sammlungen mittelalterlicher Geschichtsquellen unzureichend für seine pädagogisch-politischen Absichten und unvollkommen für die wissenschaftliche Forschung sind."[6] Wie anders könnte man die „wohltätigen Folgen der Belebung und Verbreitung der Liebe zur vaterländischen Geschichte" genießen, „als durch das Lesen der Zeitgenossen"?[7] Kurzum, am 20. Januar 1819 gründet der Freiherr vom Stein in seiner

---

[2] Zitiert nach Hans Otto Hügel, Ekkehard im Film – Scheffel verfilmt? Zur Formensprache und Rezeption eines Unterhaltungsromans, in: Walter Berschin u. Werner Wunderlich (Hgg.), Joseph Victor von Scheffel (1826-1886). Ein deutscher Poet – gefeiert und geschmäht (Ostfildern 2003), S. 57-68, hier 58.

[3] Lateinische Gedichte des X. und XI. Jahrhunderts, hg. von Jacob Grimm und Andreas Schmeller (Göttingen 1838), S. IX.

[4] Klaus Günzel, Die deutschen Romantiker. 125 Lebensläufe. Ein Personenlexikon (Zürich 1995), S. 326.

[5] Franz Herre, Freiherr vom Stein. Sein Leben – seine Zeit (Köln 1973), S. 347.

[6] Herre (wie Anm. 5), S. 347.

[7] Herre (wie Anm. 5), S. 348.

Frankfurter Wohnung die Gesellschaft für ältere deutsche Geschichtskunde. Er selbst ist der erste Präsident des Unternehmens.

Wissenschaftlicher Herausgeber wurde der junge Georg Heinrich Pertz (1795-1876). Ein halbes Jahrhundert, von 1823 bis 1873, war er der Präsident der Monumenta. 1826 gab er für die Gesellschaft den ersten Scriptores-Band im Folioformat heraus; bis 1856 folgten aus dieser Reihe die Bände 2 bis 12.[8] In seinem Amt wurde Pertz eine einflußreiche Persönlichkeit, die ihre anerkannte Stellung in der wissenschaftlichen Welt einnahm.

Das Anliegen der MGH war es, die Geschichtswissenschaft zu fördern. Aber die Ausgaben sollten ferner, wie der Freiherr vom Stein es ja gewünscht hatte, die Liebe zur vaterländischen Geschichte beleben und verbreiten. So wurden die im Druck erschienenen Werke des lateinischen Mittelalters schon bald jenseits der engeren Wissenschaft aufmerksam wahrgenommen. Es bildete sich gleichsam eine Schnittmenge zwischen der historischen Wissenschaft und gebildeten Literaten heraus, die durch ihre humanistische Schulbildung ganz selbstverständlich mit der lateinischen Sprache vertraut waren. Aufmerksam durchmustern sie die Texte, die unter Pertzens Ägide in immer kürzeren Abständen in den großen MGH-Bänden erscheinen. „Wie es ohne den Freiherrn vom Stein keine ‚Gesellschaft für ältere deutsche Geschichtskunde‘ gegeben hätte, so ohne Pertz keine Monumenta Germaniae Historica in heutiger Gestalt.“[9] Es liegt auf der Hand, daß bekannte Zeitgenossen seinen Namen in dankbarer Verehrung erwähnen und andere auch die persönliche Begegnung mit ihm suchen.

2. Joseph Victor von Scheffels ‚Ekkehard‘ und seine mittellateinischen Quellen

Im Vorwort zu seinem 1855 erschienenen kulturgeschichtlichen Roman ‚Ekkehard‘ blickt Joseph Victor von Scheffel (1826-1886) mit Genugtuung auf die jüngere Vergangenheit zurück: „Seit Jahrzehnten ist die Hinterlassenschaft unserer Vorfahren Gegenstand allseitiger Forschung; ein Schwarm fröhlicher Maulwürfe hat den Boden des Mittelalters nach allen Richtungen durchwühlt und in fleißiger Bergmannsarbeit eine solche Masse alten Stoffes zutage gefördert, daß die Sammelnden oft selbst davor erstaunten; eine ganze schöne, in sich abgeschlossene Literatur, eine Fülle von Denkmalen bildender Kunst, ein organisch in sich aufgebautes politisches und soziales Leben liegt ausgebreitet vor unsern Augen. Und doch ist es all der guten auf diese Bestrebungen gerichteten Kraft kaum gelungen, die Freude am geschichtlichen Verständnis auch in weitere Kreise zu tragen; die zahllosen Bände stehen ruhig auf den Brettern unserer Bibliotheken, da und dort hat sich schon wieder gedeihliches Spinnweb angesetzt, und der Staub, der mitleidlos alles bedeckende, ist auch nicht ausgeblieben, so daß der Gedanke nicht zu den undenkbaren gehört, die ganze altdeutsche Herrlichkeit, kaum erst ans Tageslicht zurückbeschworen, möchte eines

---

[8] Erst 1881 erschien der 13. Scriptores-Band. Er wurde von Georg Waitz herausgegeben.

[9] Horst Fuhrmann, „Sind eben alles Menschen gewesen“. Gelehrtenleben im 19. und 20. Jahrhundert. Dargestellt am Beispiel der Monumenta Germaniae Historica und ihrer Mitarbeiter. Unter Mitarbeit von Markus Wesche (München 1996), S. 29.

Morgens, wenn der Hahn kräht, wieder versunken sein in Schutt und Moder der Vergessenheit".

Scheffel ist besorgt, die Früchte der wertvollen Arbeit – hier hebt er „die großen Folianten der von Pertz herausgegebenen ‚Monumenta Germaniae'" hervor – könnten „eine Literatur von Gelehrten für Gelehrte bleiben, an der die Mehrzahl der Nation teilnahmslos vorübergeht". Ausdrücklich sucht Scheffel die Verbindung von Geschichtsschreibung und Poesie, und wo die Quellen nicht ausreichend sprudeln, ergänzt er nach Bedarf aus der eigenen Phantasie, im ‚Ekkehard' wie in seinen anderen dem Mittelalter zugeneigten Werken. Während die mediävistische Wissenschaft diese Übung nicht billigte (wofür Scheffel durchaus Verständnis zeigte), rief sie den lauten Beifall eines breiten Publikums hervor, das sein Bild vom Mittelalter ebenso dargestellt sehen wollte, wie ein Scheffel es malte. Auch andere Schriftsteller der Zeit folgten dem von ihm eingeschlagenen Weg. Felix Dahn etwa, der 1864 Scheffels Gedichtsammlung ‚Frau Aventiure' im Morgenblatt der ‚Bayerischen Zeitung' rezensierte, sprach sich „für das Prinzip der poetischen Einfühlung anstelle der historisch korrekten Rekonstruktion" aus.[10] Dahns Einstellung zum literarischen Umgang mit den geschichtlichen Quellen verwundert nicht, war er doch, wie Theodor Siebs schreibt, „in fast allen Dingen (Scheffels) Gesinnungs- und Geschmacksgenosse, in Neigung und Abneigung."[11] Als der Jurist Dahn von München an die Universität Würzburg berufen worden war, besuchte Scheffel ihn an seiner neuen Wirkungsstätte, „und es hub ein fröhlich Wandern der beiden Freunde an."[12] Auf Wanderschaft begibt Scheffel sich wenige Jahre darauf auch mit einem weiteren ihm programmatisch verbundenen Zeitgenossen, dem unten in diesem Kapitel gewürdigten Volkskundler Wilhelm Heinrich Riehl. Riehl lehnt es gleichfalls ab, Literatur von Gelehrten für Gelehrte schreiben, und so übermalt er die „Lücken", welche die Überlieferung der alten Geschichtsquellen in Fülle zu bieten scheint, phantasievoll mit den eigenen Farben und denen seiner Zeit. 1857 machen Scheffel und Riehl sich auf zu einer Odenwaldfahrt. Während der Wandertage im Sommer jenes Jahres entstanden Scheffels Rodensteinballaden.

„Das Sammeln altertümlichen Stoffes" um des Sammelns willen erscheint Scheffel, wie er im Vorwort zum ‚Ekkehard' schreibt, unfruchtbar. Dennoch sammelt er selbst, und wie! Ihm freilich liegt es am Herzen, die zusammengetragenen Körner zu neuen Früchten heranwachsen zu lassen und sie in seinen Erzählungen mit ruhiger Freude den Lesern zu reichen. Werner Wunderlich hat einige von Scheffels gesammelten Früchten wieder aufgelesen: „Besonders zahlreich sind Scheffels gezielte Verweise in Romannachwort und Anmerkungen auf verwendete mittelalterliche Werke wie das *Hildebrandslied*, das Fuchsepos *Ecbasis captivi*, die Dramen Hrotsvits von Gandersheim, den *Physiologus*, den *Ruodlieb*, Reginos von Prüm *Chronicon*, Einharts *Vita Karoli* Magni, Hinkmars von Reims Annalen, Gregors von Tours *Gesta Francorum*, die Reichenauer Chronik Hermanns des Lahmen, Gedichte Walahfrid Strabos, die *Vita S. Leobae* sowie auf Schriften der Stiftsbibliothek wie den *Liber*

---

[10] Rüdiger Krohn, Mittelalter hausgemacht. Scheffels Schaffen zwischen Historie und Poesie, in: Berschin u. Wunderlich, Scheffel (wie Anm. 2), S. 35-55, hier 51.

[11] Theodor Siebs, Felix Dahn und Josef Scheffel. Mit zehn noch unbekannten Briefen Scheffels an Dahn (Breslau 1914), S. 3.

[12] Siebs (wie Anm. 11), S. 6.

benedictionum, den *Vocabularius sancti Galli*, Notkers I. Balbulus *Gesta Karoli*, Folcharts *Codex aureus* oder die *Annales Sangallenses maiores*."[13] Wunderlich beschließt die Aufzählung von Scheffels Quellen mit einer zweifelnden Frage: „Wäre es müßig, im Roman Spuren und Zitate all dieser historischen und literarischen Texte aufstöbern und nachweisen zu wollen?" Die Antwort überläßt Wunderlich seinen Lesern, doch er reicht ihnen einen deutenden Befund: „Wesentlich ist, jene Zeugen lieferten Teile für das entstehende Puzzle vom Mittelalter und für ‚eine Geschichte aus dem zehnten Jahrhundert', die der Erzähler salbungsvoll darbietet."[14]

Wer den gleichen Blickwinkel wie Wunderlich einnimmt, wird sich mit dessen Urteil zufrieden geben. Ungeduldigere Naturen werden genauere Auskünfte verlangen, auch wenn sie für das „Puzzle vom Mittelalter" unerheblich sind. Gerade der neugierige Blick auf Nebensächlichkeiten öffnet ja manchmal das Türchen in unvermutete Räume des vertrauten Gebäudes. Trotzdem erübrigt sich eine eingehende Quellenschau des ‚Ekkehard' an diesem Ort. Wie oben angedeutet, hat Scheffel selbst es nicht versäumt, die jeweils benutzten Stellen aus der mittellateinischen Literatur in einem umfänglichen Anmerkungsteil mitzuliefern. Wunderlich tadelt den Verfasser für diesen „Anmerkungswust" und möchte in den Hinweisen „wohl in erster Linie wichtigtuerisches Beglaubigungsmittel für die beanspruchte historische Authentizität" erkennen; „sie wollen durch ihre positivistische Faktenrepräsentation die geschichtliche Legitimation der erzählten Geschichte liefern."[15] Die Reihe der stolzen Literaturwissenschaftler, die in unserer von ideologischen Gewißheiten trunkenen Gegenwart den Befangenheiten vergangener, von ihren ideologischen Gewißheiten trunkener Epochen auf die Schliche kommen wollen, ist lang und wächst, wie es aussieht, noch weiter. Aber schon 1787 hat Johann Baptist von Alxinger seinem Rittergedicht ‚Doolin von Mainz' nach altem Brauch geschichtliche Erläuterungen mitgegeben, und nicht anders hielten es etwa auch Wilhelm Hauff 1826 in seinem Roman ‚Lichtenstein' und Friedrich Wilhelm Weber 1878 in seinem westfälischen Versepos ‚Dreizehnlinden'.

Die Hauptquelle von Scheffels Roman sind die Kapitel 89 bis 91 der ‚Casus sancti Galli', der St. Galler Klostergeschichten, die Ekkehart IV. (nach 980 bis nach 1057) lebendig und anekdotenreich über die frühe Zeit seines Klosters erzählt. Ildefons von Arx hatte die Klostergeschichten 1829 im zweiten Scriptores-Band der MGH herausgegeben. In den genannten Kapiteln berichtet der St. Galler Mönch von der Beziehung zwischen der schwäbischen Herzogin Hadwig und Ekkehard II. von St. Gallen. Der junge Mönch unterrichtet die edle Frau eine Zeitlang in ihrer Residenz auf dem Hohentwiel. Von einem Liebesverhältnis, das Scheffel zwischen den beiden herstellt, ist beim mittelalterlichen Autor allerdings nicht die Rede. Doch wir Heutigen dürfen uns selbstzufrieden zurücklehnen, denn wir haben das alte Spiel durchschaut, das Spiel der „bürgerlichen Verhaltensnormen wie Selbstbeherrschung, Affektkontrolle oder Triebverzicht im Dienste patriotischer Pflichten und gesellschaftlich herrschender Regeln."[16]

---

[13] Werner Wunderlich, „Gepräge der Aechtheit" – Scheffels Ekkehard und St. Gallen, in: Berschin u. Wunderlich, Scheffel (wie Anm. 2), S. 73-98, hier S. 78.
[14] Wunderlich (wie Anm. 13), S. 78.
[15] Wunderlich (wie Anm. 13), S. 79.
[16] Wunderlich (wie Anm. 13). S. 92.

3. Gustav Freytag als Sammler kulturgeschichtlicher Notizen

Wie stark viele Zeitgenossen des 19. Jahrhunderts durch die Ausgaben der MGH angeregt wurden, bezeugt auch Gustav Freytag (1819-1895), dieser vielseitige Verfasser von Dramen, Romanen, von kultur- und literaturgeschichtlichen Werken. Mit der lateinischen Sprache und Literatur kam er schon als kleiner Knabe in Berührung. Den ersten Unterricht erhielt er von seinem Onkel, einem evangelischen Pastor, dem es offenbar am Herzen lag, die eigene Neigung für das Lateinische auf seinen Neffen zu übertragen. Auf die sprachlichen Grundlagen, erworben durch den „kleinen Bröder", eine damals über viele Jahrzehnte verbreitete lateinische Schulgrammatik, folgte die Lektüre des Eutropius. Dann „kam Nepos an die Reihe und mancher Andere, zuletzt neben Vergil noch Cicero de officiis. Diese Hinterlassenschaft des Alterthums war sehr langweilig, aber sie wurde unbarmherzig durchgelesen."[17] Doch zeitigte der unbarmherzige Unterricht des Oheims auf lange Sicht auch seine Früchte: „In den alten Sprachen aber war ich später gut daran, ich hatte von dem behenden Lesen den Vortheil, daß mir auch die Spätlateiner und die Mönche des Mittelalters, mit denen ich mich manches Jahr unterhalten mußte, leichter verständlich wurden."[18]

Nachdem Gustav Freytag sein Studium in Berlin mit der Doktorprüfung abgeschlossen hatte – wie er freimütig bekennt, gewann er „bei der Prüfung nur gerade das Lob, welches erforderlich war, um zu den Ehren eines Doctors befördert zu werden" –, ging er 1839 nach Breslau, um sich an der dortigen Universität als Privatdozent für deutsche Sprache und Literatur zu habilitieren. Das tat er mit der lateinisch verfaßten Schrift ‚De Hrosvitha poetria', die noch im gleichen Jahr gedruckt wurde.[19] „Diese Gandersheimer Nonne aus der Zeit der sächsischen Kaiser hatte mich schon in Berlin beschäftigt, die merkwürdigen Komödien, welche sie neben ihren epischen Gedichten verfaßte, um der Hetärenwirthschaft in den Lustspielen des Terenz Beispiele von weiblicher Enthaltsamkeit und von Verachtung irdischer Liebe entgegen zu stellen, sind für uns sehr belehrend. Denn aus ihnen ist zu erkennen, wie unmöglich es den Deutschen vor tausend Jahren war, dramatisch zu schreiben, und daneben, wie ein talentvoller Blaustrumpf in jener Zeit fühlte und sich geberdete."[20] Hier spricht Gustav Freytag als Kenner der Entwicklung der dramatischen Dichtung. Den Kulturhistoriker Freytag, zu dessen Hauptwerken die ‚Bilder aus der deutschen Vergangenheit' (1859-1867, 5 Bände) zählen, erleben wir im Rückblick auf seine Breslauer Zeit: „ich begann die Monumenta Germaniae auszuziehen und trug vorzugsweise culturgeschichtliche Notizen zusammen."[21]

---

[17] Gustav Freytag, Erinnerungen aus meinem Leben (Leipzig 1887), S. 77-78.
[18] Freytag, Erinnerungen (wie Anm. 17), S. 79.
[19] De Hrosvitha poetria. Comoediam Abraham inscriptam adiecit Dr. Gustavus Freytag, Vratislaviae 1839. Der Verfasser hat seine Abhandlung Heinrich Hoffmann von Fallersleben gewidmet.
[20] Freytag, Erinnerungen (wie Anm. 17), S. 139-140.
[21] Freytag, Erinnerungen (wie Anm. 17), S. 177.

Wir beginnen zu ahnen, welche Bedeutung das Unternehmen der MGH als Quellen- und Stoffsammlung für Historiker, Kulturgeschichtler und Schriftsteller bereits nach wenigen Jahrzehnten gewonnen hatte.

4. „Herrn Geheimen-Rath Pertz": Friedrich Rückerts ‚Leben der Hadumod'

Im Frühjahr 1845 gab Friedrich Rückert beim Verlag S. G. Liesching in Stuttgart seine Übersetzung von Agius' ‚Leben der Hadumod' heraus.[22] Dem 75 Seiten umfassenden Büchlein (die Titelei ist unpaginiert) hat Rückert diese Widmung vorangestellt: „Herrn Geheimen-Rath Pertz, aus dessen neueröffneten Schatzkammern (Monum. Germ. IV.[23]) dieses Kleinod unserer Vorzeit mit Andacht, Liebe und Dankbarkeit hervor- gebracht hat der Uebersetzer."

Betrachten wir den Gegenstand, dem Rückert sich mit seiner Übertragung zugewandt hatte, etwas näher. Am 29. November 874 war die erste Äbtissin des Kanonissenstifts Gandersheim gestorben, die adlige Hathumod, eine Tochter des Sachsenherzogs Liudolf und seiner Gemahlin Oda. Über ihr Siechtum und ihren Tod verfaßte der Zeitgenosse Agius, dem als Mönch des Klosters Corvey die Seelsorge des Stifts Gandersheim oblag, eine Trostschrift für die hinterbliebenen Schwestern des Konvents.

Mit seiner in Prosa abgefaßten ‚Vita Hathumodae' zeichnet er das gottergebene Leben der Verstorbenen nach. Er erinnert an ihre hochadlige Herkunft und stellt ihre Weltverachtung und Lernbegier schon im Kindesalter heraus. Als erste Äbtissin des von ihren Eltern gegründeten Stifts Gandersheim hat Hathumod vorbildlich und segensreich gewirkt, eine Zierde für das Stift und den christlichen Glauben!

Kein Zweifel, die Lobpreisungen von Hathumods Werden und Wirken sind nach den Konventionen der Zeit stilisiert, doch gerade in diesem Kontext sind sie den Zeitgenossen des 9. Jahrhunderts auch verständlich. Recht individuell gestaltet hat Agius dagegen die Schilderung von Hathumods Krankenlager und dem schweren Leiden, das schließlich zu ihrem frühen Tod führt. Träume weisen auf das Siechtum voraus und begleiten es. Hathumods Mutter Oda ist herbeigeeilt und leidet selbst schwer, da sie ihre Tochter leiden sieht. Als geistlicher Beistand bleibt auch Agius länger, als die Klosterregel es ihm gestattet, seinem eigenen Konvent fern und verweilt in Gandersheim. Gerade betet er an ihrem Bett den vierzigsten Psalm, als Hathumod den letzten Atemzug tut.

Etwa zwei Jahre darauf stellte Agius seiner prosaischen ‚Vita Hathumodae' ein Epicedium an die Seite, eine Totenklage in 359 elegischen Distichen.[24] Weil die

---

[22] Das Leben der Hadumod, Erster Aebtissin des Klosters Gandersheim; Tochter des Herzogs Liudolfs von Sachsen, beschrieben von ihrem Bruder Agius, in zwei Theilen, Prosa und Versen, aus dem Lateinischen übertragen von Friedrich Rückert, Stuttgart 1845.

[23] Im Druck irrtümlich „VI.".

[24] Der in der Forschung wiederholt gebrauchte Begriff ‚Epicedium' für Agius' poetischen Dialog geht auf Ludwig Traube zurück.

Dichtung als Gespräch zwischen dem Dichter und den trauernden Stiftsdamen gestaltet ist, trägt sie auch den Titel ‚Dialogus Agii'. Vor das Leben und Leiden Hathumods tritt jetzt das Motiv des christlichen Trostes. Auch in diesem poetischen Teil sind Träume von elementarer Bedeutung, läßt sich durch sie doch Heilsgewißheit erlangen, namentlich für die Stifterfamilie und den 866 verstorbenen Herzog Liudolf.

4.1 Rückert und die Agius-Edition von Georg Heinrich Pertz

In der ersten Hälfte des 18. Jahrhunderts erschienen die beiden Werke des Agius gleich innerhalb von zwei Jahren in zwei Quellensammlungen, der Prosateil einige Zeit danach auch in einer eigenen Abhandlung über die Geschichte der Gandersheimer Kirche.[25] Es vergingen über einhundert Jahre, bis Georg Heinrich Pertz 1841 beide Teile im Band IV der Scriptores der Monumenta Germaniae Historica abermals herausgab.[26]

Pertzens Ausgabe weckte Rückerts Aufmerksamkeit, so sehr jedenfalls, daß er sich gut drei Jahre nach dem Erscheinen des vierten MGH-Bandes der Übersetzung von Agius' Doppelwerk zuwandte. Wenn wir seinen eigenen Versicherungen Vertrauen schenken, hätte er sich der Übertragung ins Deutsche in beneidenswerten zwei Tagen entledigt. Jedenfalls stattet er seinem Sohn Heinrich am 17. Juni 1845 mit diesen Zeilen Dank ab: „Ich lege hierbei vier Exemplare des Werkchens bei, das vorigen Winter unter Deinen Augen und den Einflüssen Deiner Studien, indem ich von Dir die Quellen beschafft erhielt, in zwei Tagen entstanden ist."[27] Heinrich Rückert habilitierte sich in jenem Jahr 1845 in Jena für Geschichte und deutsche Altertumskunde, freilich mit einer lateinischen Abhandlung über die Handelsbeziehungen der Frankenkönige mit den oströmischen Kaisern bis zum Tode Justinians. Zweifellos kam der sächsische Stoff, den Agius bot, damals Friedrich Rückerts eigenen Neigungen entgegen. Die sächsische Kaiserzeit bewegte ihn, in ihm war der Plan gereift, sie in Dramen vorzustellen und zu deuten. Die 1844 entstandene Tragödie ‚Kaiser Heinrich IV.' zeugt davon. Wie sehr sächsische Stoffe den Dichter in den späten 1840er Jahren auch weiter beschäftigten, versichert er noch im Herbst 1848 seinem Verleger Sauerländer, und er versäumt dabei nicht, ihn an dessen frühere Zusage zu erinnern, den Druck eines solchen Werkes zu übernehmen: „Schon längst nämlich hab' ich nicht weniger als 5 Stücke, die sächsischen Kaiser umfaßend, in Arbeit".[28] Doch zwischen den Zeilen bekennt Rückert zugleich, daß sein ehrgeiziges Unternehmen nicht nach Wunsch vorankommen will: „bin aber nur mit 1 Stücke ganz und mit dem zweiten so gut als ganz fertig, das übrige liegt noch in Bruchstücken."[29]

---

[25] Vgl. dazu Repertorium fontium historiae medii aevi, II: Fontes A-B (Rom 1967), S. 144.

[26] Agii Vita et obitus Hathumodae, in: Monumenta Germaniae Historica, Scriptorum tomus IV, edidit Georgius Heinricus Pertz (Hannover 1841/Unveränderter Nachdruck Stuttgart u. New York 1963), S. 165-189.

[27] Friedrich Rückert, Briefe, 3 Bde., hg. von Rüdiger Rückert (Schweinfurt 1977-1982), hier Bd. II, S. 998.

[28] Rückert, Briefe II (wie Anm. 27), S. 1112.

[29] Rückert, Briefe II (wie Anm. 27), S. 1112.

Erstmals deutet Rückert seine Beschäftigung mit dem Leben der Hadumod in einem Brief an einen ihm seit vielen Jahren verbundenen Freund an, den in Gotha lebenden Politiker Karl August von Wangenheim. Zwar bleiben Rückerts Worte sonderbar unbestimmt, doch nur auf das Werk des Agius kann er in diesem Schreiben vom 18. Februar 1845 anspielen: „Die arabischen Sprichwörter sind das Postgeld nicht werth; dafür sende ich als Vorläufer meiner nachsommerlichen sächsischen Dramen ein leichteres u doch gewichtigeres Stückchen, das mir unversehens unter der Hand erwachsen und nun, wie Du siehst, völlig druckfertig ist. Wenn es Dir gefällt, wie ich wünsche u hoffe, (mich selbst hat die Arbeit mehr gefreut als das größte eigene Trauerspiel, ich hatte das Gefühl, ein Liebeswerk zu thun) so laß es nur gleich von den H.- abschreiben, wobei die Noten unter die Seiten zu bringen, die Zahlen von 1. an auf jeder Seite, statt der von mir gebrauchten buntscheckigen Zeichen."[30]

Ein leichteres und doch gewichtigeres Stückchen. Rückert scheint zu schwanken, wie er die neue Übersetzungsarbeit aus dem Lateinischen einschätzen und vor seinen Briefpartnern darstellen soll. Auch die wenigen übrigen Briefe, in denen er diese Übertragung erwähnt, offenbaren eine gewisse Unschlüssigkeit. Wie sollen wir es werten, daß er darin die Namen Agius und Hathumod (Hadumod) niemals erwähnt? In auffallendem Gegensatz dazu führt Rückert die Übersetzungen und Nachschöpfungen orientalischer Dichtungen in seiner Korrespondenz immer wieder mit Namen an. So spricht er im Schreiben, das er am 8. März 1845 an den Verleger Friedrich Liesching in Stuttgart richtet, zunächst „von den Ihnen zugesagten Arbeiten, Koran u Hamasa". Zwischen diesen, fährt Rückert dann fort, „entstand unvermerkt ... das kleinere Werkchen, das ich Ihnen hier sende, wenn Sie wollen, als einstweiligen Stellvertreter jener stockenden."[31] Das Leben der Hadumod ein Lückenfüller, das ephemere, unvermerkt entstandene Produkt einer schöpferischen Laune? Noch zurückhaltender gibt sich Rückert im einem Brief vom 20. Mai 1845 an Georg Heinrich Pertz, den Herausgeber des Agius und Widmungsträger seiner Übertragung. Das ‚Leben der Hadumod' ist frisch erschienen, und nun überrascht Rückert mit dem Eingeständnis, daß Pertz von der ihm zugedachten Widmung nichts gewußt hatte. Wie sehr sticht die nachgereichte, verlegenen vorgetragene Entschuldigung von der stilvoll inszenierten Widmung selbst ab:[32]

„Hochzuverehrender Herr Geheimrath!
Möge es Sie nicht befremden, daß ich mich in Ihre ernsthaften wissenschaftlichen Kreise mit meiner leichten ästhetischen Waare dränge, u zwar mit einem Fetzchen, dem ich öffentlich Ihren Namen einzuschreiben gewagt habe, ohne Sie um die Erlaubnis zu bitten. Das Büchlein ist in einem Nu plötzlicher Begeisterung entstanden, u mir ganz so, wie es ist, mitsamt der unautorisirten Dedication, von einer Erregung

---

[30] Rückert, Briefe II (wie Anm. 27), S. 991.
[31] Rückert, Briefe II (wie Anm. 27), S. 995.
[32] Rückert, Briefe II (wie Anm. 27), S. 997.

abgenötigt worden, von der ich Ihnen jetzt nicht mehr Rechenschaft geben könnte; sehen Sie's mit nachsichtigen Blicken an!
Mit vollster Hochachtung
Ihr
ergebenster
Rückert"

Offenkundig hat Pertz das ihm zugedachte Werk mit nachsichtigen Blicken angesehen. Jedenfalls nutzte er einen Aufenthalt in Berlin im Januar 1846, um Rückert einen Besuch abzustatten. Am 27. Januar schreibt dieser an seine Frau Luise: „Auch Geh. Rath Perz [!], der mich heute aufsuchte, hat versprochen im Herbst bei einer Reise nach Frankfurt dort vorzusprechen, was Du Wangenheim sagen magst, den er samt mir grüßt."[33] Mit dem Gruß, den Pertz Wangenheim ausrichten läßt, schließt sich in Rückerts Briefwechsel der enge Kreis, der flüchtig die ‚Vita Hathumodae' des Agius von Corvey berührt.

Eine zweite Auflage hat ‚Das Leben der Hadumod' nicht erlebt. Aber der Übersetzer selbst hatte seinem Verleger Liesching lediglich die „Verfügung über Eine Auflage" überlassen.[34] Gewiß, in Bibliographien, die Vollständigkeit beanspruchen, erscheint Rückerts Übertragung auch heute noch recht zuverlässig, doch vermutlich allein im Schlepptau älterer Bibliographien. Welcher Mediävist hätte sich jemals auf sie berufen, aus ihr zitiert? Oder läßt sich diese Zurückhaltung allein mit der Randständigkeit von Agius' ‚Vita Hathumodae' erklären?

1897 gab Georg Ellinger eine zweibändige Auswahl von Rückerts Werken heraus.[35] Über vierzig Seiten stark ist die Einführung, in welcher der Dichter und seine Dichtungen vorgestellt werden. In angemessener Weitläufigkeit breitet Ellinger die reichen Facetten des Rückertschen Werks aus, voran die Übersetzungen aus den Dichtungen des Orients, und er vergißt nicht zu erwähnen, daß Rückerts Teilnahme „auch den klassischen Litteraturen, namentlich der griechischen, und der Dichtung des deutschen Mittelalters ... bis zuletzt zugewandt" war.[36] Noch der späte Briefwechsel des Dichters bestätigt diese Worte glänzend. Deshalb verwundert es, wenn Ellinger, der nicht ansteht, Rückerts unübertroffene vaterländische Gesinnung zu rühmen[37], das ‚Leben der Hadumod' in seiner Einführung mit keiner Silbe erwähnt. Das Schweigen ist auch schwerlich damit zu erklären, daß 1897 seit beinahe einem Jahrzehnt eine neue Übersetzung von Agius' Werk vorlag, die bald darauf sogar in einer zweiten Auflage erschien.[38]

---

[33] Rückert, Briefe II (wie Anm. 27), S. 1019.
[34] Schreiben vom 8. März 1845; vgl. Rückert, Briefe II (wie Anm. 27), S. 995.
[35] Rückerts Werke. Herausgegeben von Georg Ellinger. Kritisch durchgesehene und erläuterte Ausgabe, 2 Bde., Leipzig u. Wien 1897.
[36] Rückerts Werke (wie Anm. 35), S. 48.
[37] Rückerts Werke (wie Anm. 35), S. 52.
[38] Dazu unten S. 105.

4.2 Rückerts Übersetzung der ‚Vita Hathumodae' und des ‚Dialogus Agii'

Wir wollen nunmehr Rückerts Übertragung von Agius' Werk näher betrachten. Den ersten, prosaischen Teil nimmt das ‚Leben der Hadumod' ein (Seite 1-39), dahinter folgt die Übertragung des poetischen Dialogs zwischen dem Dichter und den Gandersheimer Stiftsdamen (Seite 41-73). Rückert überschreibt ihn mit ‚Gespräch' und folgt damit der Überschrift ‚Dialogus Agii' in Pertzens Ausgabe.[39] Beide Teile hat Rückert mit Anmerkungen versehen, den Prosateil etwas umfänglicher, den poetischen deutlich sparsamer. Auch in diesem Verhältnis folgt er dem Herausgeber.

Aus der persönlichen Nähe, die Agius mit Hathumod zu verbinden schien, hatte Pertz auf eine leibliche Verwandtschaft geschlossen und in beiden Bruder und Schwester erkennen wollen.[40] Pertzens Vermutung wurde einige Jahrzehnte lang wie ein gesichertes Wissen weitergetragen. Der Literaturhistoriker Adolf Ebert etwa schrieb 1880, Agius und Hathumod seien „Kinder des berühmten Grafen Liudolf" gewesen, „des Ahnherrn der deutschen Könige der sächsischen Dynastie."[41] Zwar war Pertzens Annahme seit dem ausgehenden 19. Jahrhundert wiederholt bezweifelt und 1952 von Helmut Beumann schließlich auch überzeugend widerlegt worden[42], doch noch im zweiten Band der historiographischen Quellensammlung ‚Repertorium fontium historiae medii aevi' von 1967 gilt Agius als *frater Hathumodae abbatissae*.[43] Was also konnte Rückert 1845 anderes tun, als sich der Vermutung von Pertz anzuschließen: „Das Leben der Hadumod ... beschrieben von ihrem Agius", so steht es ja im Titel der Übersetzung. Auch die von Pertz geäußerte Vermutung, Agius sei ein Mönch des Klosters Lamspringe (Lamspring) gewesen, nimmt Rückert auf. Freilich wird sie noch bis ins späte 19. Jahrhundert weitergetragen; erst danach ist Agius als Insasse von Corvey erkannt worden.

Rückert übersetzt flüssig, routiniert und zuverlässig. Nichts anderes hätte man erwartet. Jedoch finden sich auch zwei oder drei Unebenheiten; sie wollen wir rasch abtragen, bevor wir uns Proben seiner Übersetzung zuwenden.

‚Vita Hathumodae', Kapitel 10
Im zehnten Kapitel berichtet Agius von ungewöhnlichen Begebenheiten im Stift Gandersheim, die nachträglich, ex eventu, als Vorzeichen für den nahen Tod Hathumods gedeutet wurden. Auch die Träume der Schwestern wiesen auf die schwere Prüfung, die ihrem Konvent bevorstand. Einige von ihnen träumten wahrlich Bestürzendes: *Fuere namque ex sororibus, quae signum ecclesiae maximum cecidisse*

[39] MGH Scriptores IV (wie Anm. 26), S. 176.
[40] MGH Scriptores IV (wie Anm. 26), S. 165, Anm. 5.
[41] Adolf Ebert, Allgemeine Geschichte der Literatur des Mittelalters im Abendlande, Bd. II (Leipzig 1880 / Nachdruck Graz 1971), S. 294-295.
[42] Zur Diskussion vgl. Wattenbach / Levison, Deutschlands Geschichtsquellen im Mittelalter. Vorzeit und Karolinger, VI. Heft: Die Karolinger vom Vertrag von Verdun bis zum Herrschaftsantritt der Herrscher aus sächsischem Hause. Das ostfränkische Reich, bearb. von Heinz Löwe (Weimar 1990), S. 872-873.
[43] Repertorium fontium II (wie Anm. 25), S. 144.

et confractum esse in somniis viderint.[44] Hier übersetzt Rückert (S. 14): „Denn einige von den Schwestern hatten im Traume das große Kreuz in der Kirche zu Boden fallen und zerbrechen sehen". Doch was die Schwestern im Traum zu Boden fallen sahen, war nicht das große Kreuz, sondern die größte (große) Glocke der Kirche. In der Bedeutung „Glocke" ist *signum* ganz geläufig, und nur so dürfen wir die Stelle bei Agius auffassen. Richtig hat das wenige Jahrzehnte später Georg Grandaur in seiner Übertragung erkannt: „Es waren nämlich einige Schwestern, welche im Traume die größte Glocke der Kirche herabstürzen und zerbrechen sahen."[45]

,Vita Hathumodae', Kapitel 29

Im 29. und letzten Kapitel der ,Vita Hathumodae' hält Agius für die Nachwelt den Tag und das Jahr von Hathumods Hinscheiden fest. Nach mittelalterlicher Gepflogenheit nennt er auch die Indiktion. Diese traditionelle chronologische Angabe verrät, im wievielten Jahr des fünfzehnjährigen Steuerzyklus sich ein genanntes Kalenderjahr befindet. Das Jahr 874 war das siebte der Indiktion. Befremdlich mutet an, daß bei Rückert (S. 38) „Indication" steht. Doch dürfte der gelehrte Dichter Indiktion und Indikation schwerlich verwechselt haben. So vermute ich hinter der „Indication" einen Irrtum, vielleicht des Setzers, der bei der Korrektur übersehen wurde.

,Dialogus', Vers 231

Das Versehen, hinter dem handschriftlich überlieferten und im Druck gebotenen *Sed* des Verses 231 nicht den alttestamentlichen Namen Seth erkannt zu haben, den nachgeborenen Bruder Abels, wird man Rückert nicht anlasten. Allzu suggestiv hatte sich die scheinbar selbstverständliche Partikel *Sed* aufgedrängt. Auch dem Herausgeber Pertz war offenbar dabei nichts aufgefallen. Womöglich hatte der Schreiber des Bamberger Klosters Michelsberg im 15. Jahrhundert ein *Set* oder *Seth* in seiner Vorlage zu *Sed* geändert und damit den Blick auf das richtige Verständnis der Stelle recht eigentlich getrübt. Erst Ludwig Traube zog zur Erklärung des Verses 231 das Carmen IX 2 des Venantius Fortunatus heran, von dem sich unser Corveyer Dichter an dieser Stelle hatte inspirieren lassen.[46] Bei Agius lauten die Verse 229-232:

---

[44] MGH Scriptores IV (wie Anm. 26), S. 170,15-16.

[45] Georg Grandaur (Übs.), Leben des Abtes Eigil von Fulda und der Aebtissin Hathumoda von Gandersheim nebst der Uebertragung des hl. Liborius und des hl. Vitus (Geschichtschreiber der deutschen Vorzeit. Zweite Gesamtausgabe, 25), Leipzig 1888, S. 47. Die Deutung „Kreuz" übernimmt aber noch Hans Joachim Kamphausen, Traum und Vision in der lateinischen Poesie der Karolingerzeit (Lateinische Sprache und Literatur des Mittelalters, 4), Bern u. Frankfurt a. M. 1975, S. 163.

[46] MGH Poetae III, hg. von Ludwig Traube (Berlin 1896), S. 369. Zuvor hatte Ernst Dümmler erstmals auf die Benutzung des Venantius Fortunatus durch Agius aufmerksam gemacht (in: Neues Archiv für älteres deutsche Geschichtskunde IV, 1879, hier S. 527). Die Verse IX 2,13-16 des Venantius lauten in der Übertragung von Wolfgang Fels:
Abel fiel zuerst, gefällt von der kläglichen Wunde,
   und seines Bruders Karst bricht ihm die Glieder entzwei.
Nachher verstarb auch Seth, der den Eltern den Abel ersetzte;
   zwar kehrte dieser zurück, war aber letztlich doch tot.
(Venantius Fortunatus, Gelegentlich Gedichte. Das lyrische Gesamtwerk. Die Vita des heiligen Martin. Übersetzt und kommentiert von Wolfgang Fels [Bibliothek der Mittellateinischen Literatur, 2], Stuttgart 2006, S. 222.)

Primi patris Abel iustissima denique proles
  Dire fraterno occubuit gladio.
Sed [lies: *Seth*,] *licet a domino pro fratris morte repensus,*
  Mortem nullomodo quiverat effugere.

Rückert ahnte hier nichts von Venantius, und deshalb bezog er den Vers – gegen allen Sinn der typologischen Beispiele – auf Abels Bruder Kain, freilich ohne seinen Namen zu nennen (Verse 229-232):

„Abel auch, des ersten Vaters frommes Kind,
Ward von brüderlichem Schwert erlegt geschwind;
Und der um des Bruders Mord von Gottes Hand
Ward gezeichnet, dennoch auch den Tod er fand."

4.3 Rückerts Übersetzung am Beispiel des 17. Kapitels

Im 17. Kapitel setzt Agius den im vorangehenden Kapitel aufgenommenen Bericht über ein höchst eigenwilliges Verhalten Hathumods fort. Die aufs Krankenlager geworfene Äbtissin hat ein wundersames, herrliches Gesicht geschaut, und nun drängt es sie, es ihrer Schwester Gerberga unter vier Augen zu erzählen. Am Ende aber kann sie sich doch nicht überwinden, der Schwester den Traum anzuvertrauen. Ja, Hathumod ist sogar ungehalten, als sie bemerkt, daß Gerberga in ihrer Ratlosigkeit den Priester und andere Personen ins Vertrauen gezogen hat. Wie stark dieser unerzählte Traum Besitz von ihr ergriffen hat, wird offenbar, als Hathumods Mutter in Gandersheim eintrifft und deswegen ihrerseits von der Tochter ans Krankenbett gerufen wird. Jedoch auch gegen die Mutter vermag Hathumod sich nicht zu öffnen. So schließt Agius die geheimnisvolle Episode mit einem nicht aufgelösten Akkord.

Simili quoque per omnia modo et de matre fecit. Neque enim ipsa in monasterio tunc erat, quando hoc quod narravimus factum fuerat. Sed postquam audita filiae aegrotatione advenit, et ea quae visitationi eius congruebant adimpleta fuerunt, solam eam advocari et quandam se ei secreto causam prorsus admirandam dicturam esse, memorabat. Cumque, omnibus ut petebat amotis, sola soli assisteret, se ad dicendum parare coepit; sed iterum pallere, iterum tremere, iterum anxiari coepit. Mater filiae defectum videns, sorori potius Gerbergae ob familiaritatem earum hoc se posse dicere, pronuntiavit. Quod ubi illa audivit, digitum ori apponens, neque illi neque ipsi quidem matri neque cuiquam hominum hoc se iam dicturam esse, testabatur. Quod qua ratione declarari non meruerit, viderit qui possit. Illud sane credibile est, magni eam aliquid et divini vidisse; neque enim parvum et humanum esse poterat, quod vel tantae pulchritudinis et suavitatis ipsa esse dixerit, vel quod cum tanto tremore ipsa suspiciebat.[47]

---

[47] MGH Scriptores IV (wie Anm. 26), S. 172.

Rückerts Übersetzung[48]

„Auf ganz ähnliche Weise machte sie es dann auch mit der Mutter. Diese war damals nämlich nicht im Kloster, als das geschah, was wir erzählt haben. Aber nachdem sie auf die Nachricht von der Erkrankung ihrer Tochter angekommen, und das, was dem Empfang ihres Besuches gebührte, beobachtet worden war, äußerte jene, man solle sie ihr allein herbeirufen, sie habe ihr heimlich etwas ganz wunderbares mitzuteilen. Und als nun auf ihr Begehren alle sich entfernt hatten, und sie allein bei ihr saß, schickte sie sich an zu reden; aber wieder fieng sie an zu erblassen, zu erzittern und sich zu ängstigen. Die Mutter, als sie die Tochter so erschöpft sah, äußerte, sie könne es wol ehr der Schwester Gerberg, wegen ihrer Vertraulichkeit miteinander, sagen. Doch jene, als sie dies hörte, legte den Finger auf den Mund, und versicherte, daß sie es nun weder dieser, noch der Mutter selbst, noch irgend einem Menschen sagen werde. Warum nun dieses nicht eröffnet werden sollte, das erkläre wer kann. Gewis ist zu glauben, daß sie etwas Großes und Göttliches gesehn habe; denn nichts Geringes und Menschliches konnte das seyn, von dem sie einesteils solche Schönheit und Lieblichkeit rühmte, und andersteils selber mit solchem Erzittern es aufnahm."

4.4 ‚Dialogus Agii' – „Gespräch" am Beispiel der Verse 19-42

Als Versmaß für seinen poetischen Dialogus mit den Nonnen von Gandersheim hatte Agius das elegische Distichon gewählt. Es überrascht, daß Rückert die naheliegende Form nicht aufgreift; vielmehr wählt er für seine nachschöpfende Paraphrase den katalektischen sechshebigen Trochäus, den er paarweise reimt. Auch in seinen ‚Kindertotenliedern' (Nr. 10) macht er einmal von dieser Form Gebrauch:
„Meine Rolle, denk' ich, ist nun ausgespielt,
Ausgewuchert mit dem Pfund, das ich erhielt".[49]

Rückert fügt seiner Übertragung des poetischen Gesprächs zwischen Agius und den Gandersheimer Schwestern nur wenige Anmerkungen bei. Ausführlicher wird er allein an einer Stelle. Auf Seite 48 äußert er sich zum paraphrasierten Zitat aus dem zweiten Korintherbrief der Verse 145-154, wobei der Druck fälschlich „2 Corinth. 4,16.17" statt der richtigen Kapitel- und Verszahl 5,15-16 bietet.[50] Ebendort führt Rückert Agius' Distichon 153-154 „als Probe der Verskunst" an, doch behauptet er auch, „daß unser Autor die Elision ganz und gar verschmäht". Das trifft in dieser apodiktischen Form nicht zu. Beispiele für die Elision bietet Agius durchaus.[51] Allein das gleich folgende Textbeispiel enthält drei Elisionen (Verse 23 *ipse aliquando*, 26 *ipsa elementa*, 41 *quidam et*). Sicherlich, Agius ist kein geschmeidiger Dichter. In der Klosterschule hat er sich das Vershandwerk mit Fleiß angeeignet, und wie bei so manchen Dichtern seiner Epoche stehen auch bei ihm die prosodischen und metrischen

---

[48] Rückert, Leben der Hadumod (wie Anm. 22), S. 23-24.

[49] Zum Scherzen aufgelegte Naturen mag das Vermaß eher an einen bekannten Schlager und seine eingängige Melodie erinnern: „Alles hat ein Ende, nur die Wurst hat zwei."

[50] So Pertz in: MGH Scriptores IV (wie Anm. 26), S. 178.

[51] Etwa in den Versen 41 (*quidam et*), 156 (*quo hanc*) oder 253 (*morte eruit*).Vgl. Heinz Erich Stiene, Agius von Corvey und der Poeta Saxo, in: Mittellateinisches Jahrbuch 22 (1987, erschienen 1989), S. 80-100, hier 86.

Notwendigkeiten der Eleganz im Wege. Doch Hand aufs Herz: Selbst Friedrich Rückert ist trotz aller Routine bisweilen ein harter Versschmied.[52]

Als Textprobe sollen die Verse 19 bis 42 dienen, Agius' erste Ansprache an die Gandersheimer Frauen. Seine Worte schließen mit der alten, von den Schriftstellern wieder und wieder vorgetragenen popularphilosophischen Warnung *ne quid nimis*. Nicht einmal die Ordensregel des heiligen Benedikt hatte sich dieser Weisheit entziehen können (Kap. 64,12). Aber was heißt überhaupt popularphilosophisch? Im Grunde ist das „Nichts im Übermaß" ein lebenskluger Rat für jeden Alltag. Doch daß Agius mit dieser Warnung die Nonnen vor dem übermäßigen Weinen warnt, weil es den Äuglein schade, möchte beinahe erheitern. Eine solche Anweisung ist eigentlich in der erotischen Sphäre zu Hause. Zeuge sei Ovid und seine ‚Liebeskunst' (I 129): „Was verdirbst du dir mit den Tränen die feinen Äuglein!" Hat Agius etwa wissend, mit einem Augenzwinkern, einen Scherz eingeflochten? Sogleich mag das Bedenken laut werden, ein tiefes, ernstes Gespräch zwischen dem tröstenden Dichter und den trauernden Nonnen gestatte keine frivole Tändelei. Doch ein solcher Einwand, so nahe er liegt, ist womöglich allzu verzagt. Mit ihrer mächtigen Kraft läßt die gelehrte Tradition ihre Jünger immer wieder einmal auch die höchsten Hürden überspringen.

Eine letzte Anmerkung betrifft den Vers 27. Die Handschrift cod. hist. 141 der Staatsbibliothek Bamberg, der einzige erhaltene Überlieferungsträger, der noch dem Mittelalter angehört, liest hier: *Hoc siquidem tot tantorum mores docuerunt*. Bereits 1721 hatte der Melker Benediktiner Bernhard Pez die unergiebige Lesart *mores* scharfsichtig zu *mortes* emendiert; Pertz und Traube folgten ihm. Das tut auch Rückert, doch in den Abdruck seiner Übersetzung hat sich – welche Ironie – ein tückischer, unbemerkt gebliebener Buchstabendreher eingeschlichen. Statt des richtigen „Sterben" (*mortes*) steht dort „Streben". In unserer Wiedergabe unten ist das Versehen korrigiert.

Agius
  Non dubito fore vos moestas de morte sororis,
20 *et vobis obitum ipsius esse gravem;*
  Talis enim mulier non est iniure dolenda,
   Cui nunc vix aliam mundus habet similem.
  Optima cunctarum, quas ipse aliquando viderem,
   Moribus egregiis et Domino placitis.
25 *Hanc non plangamus, cum hanc modo plangat et orbis,*
   Et plangant variis ipsa elementa modis?
  Hoc siquidem tot tantorum mortes docuerunt,
   Hoc nos hic annus praemonuit sterilis,
  Egregiam, castam sanctamque per omnia matrem
30 *Hinc migraturam ocius ad Dominum.*

---

[52] Ein Vergleich mit Georg Grandaur (vgl. Anm. 45) ist hier nicht möglich, da dieser in seiner Übertragung S. 63-64 nur „Auszüge aus dem Zwiegespräche" bietet. In Distichen übersetzt Grandaur die Verse 73-80, 537-558, 659-664 und 677-678.

Non, rogo, plangamus, iuvenili flore virentem
    Intempestiva prorsus obisse die?
Sed tamen iste dolor fore debebit moderatus,
    Debebit vestris esse modus lacrimis.
35   Sicut enim non est nisi naturale dolere,
    Sic itidem ratio cuncta vetat nimia.
Quocirca peto vos, carae sanctaeque sorores,
    Ut iam parcatis fletibus et lacrimis,
Parcatis vitae vestrae, parcatis ocellis,
40   Quos nimium flendo perditis omnimodo.
Nam „ne quid nimis" egregie quidam et bene dixit,
    Immo per hunc potius hoc monet ipse Deus.

Rückert, S. 42-43:
Agius
    Daß euch kränkt der Schwester Tod, bezweifl' ich nicht,
20   Und euch schwer bekümmert das erloschne Licht.
Denn wol nicht mit Unrecht wird um die geweint,
Deren gleiche nun nicht auf der Welt erscheint,
Der Erschaffnen Beste, die ich jetzt geschaut,
Auserwählt von Sitten, und dem Herrn vertraut.
25   Sollten wir nicht klagen, die der Erdkreis klagt,
Der um sie mit allen Elementen zagt?
Ja dies allgemeine Sterben gieng darauf,
Darauf gieng des Jahres unfruchtbarer Lauf,
Daß die reine keusche Mutter von uns fern
30   Hingenommen werden sollte zu dem Herrn.
Sollten wir um sie nicht klagen, die entwich
Vor der Zeit uns in der Blüte jugendlich?
Aber finden muß auch dieser Schmerz sein Maß,
Euer Weinen darf nicht sein ohn' Unterlaß.
35   Denn zwar die Natur verlangt zu trauern viel,
Aber die Vernunft verbeut, was übers Ziel.
Darum, liebe fromme Schwestern, bitt' ich fein,
Stellet nun das Weinen und die Thränen ein;
Schonet eures Lebens, eurer Augen jetzt,
40   Die zusehr der Thränen bittre Flut verletzt!
Denn „Nichts über Maß" that eines Weisen Mund,
Oder Gott vielmehr that uns durch ihn es kund.

5. Wilhelm Heinrich Riehl, ‚Im Jahr des Herrn'. Eine Erzählung nach den Fuldaer Annalen

Im Vorwort zu seinen ‚Kulturgeschichtlichen Novellen' erklärt Wilhelm Heinrich Riehl (1823-1897) sich den Lesern: „Zu der kleinen Erzählung ‚Im Jahr des Herrn' wurde ich durch die Fulder Annalen angeregt. Wenn man das bald strohdürre, bald alttestamentlich schwülstige Mönchslatein unserer alten Annalisten liest, dann fühlt man sich doch manchmal seltsam bewegt, durch einen frischen Hauch aus dem deutschen Urwald, der plötzlich in die schwüle Klosterzelle hereinweht. Das empfand ich recht lebhaft bei der in den Annalen kannibalisch rohen und dennoch anziehenden Anekdote, die meiner Erzählung zu Grunde liegt. Ich suchte menschlich und sittlich zu gestalten, was der Mönch von Fulda als eine That fast der reinen Bestialität berichtet, und doch auch den Personen jenes Gepräge der Urfrische und Urkraft zu bewahren, das uns selbst in der Wüstenei der späteren karolingischen Zeit noch als das Vermächtnis einer edleren Vergangenheit und als die Verheißung einer besseren Zukunft erquickt."[53]

Riehls Urteil über „das bald strohdürre, bald alttestamentlich schwülstige Mönchslatein unserer alten Annalisten" ruft eigentlich nach einer Klarstellung. Trotzdem wollen wir hier darauf verzichten. Denn wo ist die lateinische Übertragung des Alten Testamentes schwülstig, wo ist sie „mönchslateinisch"? Als Sachwalter des Asianismus hat sich der Übersetzer der Vulgata, der Kirchenvater Hieronymus, eben nicht in Verruf gebracht. Im Gegenteil, als bekennender Anhänger Ciceros verachtete gerade er doch die gezierte schwülstige Rede. Ganz gleich, wir folgen Riehl und seinem vermutlich um des rhetorischen Effektes willen herbeigewinkten Urteil. Welches Bild möchte er seinen Lesern vermitteln, auf welchem Gegensatz gedenkt er den Spannungsbogen über seiner Erzählung aufzubauen? Der frische Hauch aus dem deutschen Urwald, das Gepräge der Urfrische und Urkraft, doch gleich daneben die schwüle Klosterzelle und diese mitten in der Wüstenei der späteren karolingischen Zeit: In welche Welt entführt Riehl uns, seine Leser? Auf jeden Fall in eine Welt, die längst vergangen ist und im Urteil des Autors schroffe Gegensätze barg und Frische und Roheit miteinander vereinte.

5.1 Die ‚Annales Fuldenses'

Wenden wir uns zunächst der Quelle und Stelle zu, die Riehl zu seiner Erzählung ‚Im Jahr des Herrn' angeregt hat, die ‚Annales Fuldenses' oder, wie es bei Riehl heißt, Fulder Annalen.

Der Name Fuldaer Annalen ist noch immer gebräuchlich, auch wenn die Geschichtsforschung längst ermittelt hat, daß dieses historiographische Werk trotz nachweislicher Beziehungen zu Fulda nicht im dortigen Kloster selbst entstanden ist. Vielmehr sind „die sogenannten Fuldaer Annalen zunächst weniger, dann immer mehr

---

[53] Wilhelm Heinrich Riehl, Kulturgeschichtliche Novellen, 8. Auflage (Stuttgart 1921), S. XI-XII.

als Werk der Hofkapelle erkennbar und demgemäß als ‚Ostfränkische Reichsannalen' zu betrachten".[54]

Die Fuldaer Annalen halten Ereignisse der Jahre 714 bis 902 fest, in unterschiedlicher Dichte. Den Löwenanteil der Nachrichten behaupten die Unternehmungen der fränkischen Könige und Kaiser. Nahezu ein jedes der bald zweihundert Jahre wird von den kriegerischen Auseinandersetzungen in verschiedenen Teilen des Reichs bestimmt. Vor allem die Normannen verbreiten brennend, plündernd und mordend an den Küsten und entlang der großen Flußläufe über Jahrzehnte Schrecken im Volk, und gleiches tun unter den Sachsen und Thüringern in Ostfranken die slawischen Stämme der Sorben und Böhmen.

Es kennzeichnet die Gattung der Annalistik, daß die jeweiligen Chronisten die Ereignisse eines Jahres nebeneinander, gleichsam unverbunden anordnen. Nicht anders halten es die Verfasser der Fuldaer Annalen. Aufstände haben darin ihren Platz zwischen Synoden und Reichstagen, und gleich neben Meldungen dieser Art hält der Annalist für die Nachwelt fest, an welchem Ort der Kaiser Ostern, Pfingsten und Weihnachten gefeiert hat. Auch wird immer wieder an bestürzende Naturereignisse erinnert, an Erdbeben, Stürme, Seuchen, Heuschreckenplagen, Lichterscheinungen am nächtlichen Himmel, Unwetter und Überschwemmungen. Solche Erscheinungen werden vom Annalisten gelegentlich im theologischen Sinne als göttliche Strafe für die Sünden der Menschen gedeutet, gewöhnlich aber brechen sie schicksalhaft als Katastrophe herein und vernichten Menschen, Vieh und Häuser. Ab und zu treten falsche Propheten auf, wie die Alemannin Thiota. 847 verkündet sie, noch im selben Jahr werde die Welt untergehen, und sie gewinnt, wie der Annalist besorgt vermerkt, mit ihren Weissagungen nicht nur viel einfaches Volk für sich, sondern sogar Männer der Geistlichkeit. Im darauffolgenden Jahr 848 wird Gottschalk der Sachse, auch Gottschalk von Orbais genannt, für seine Prädestinationslehre als Häretiker verurteilt und aus dem ostfränkischen Reich zu Bischof Hinkmar nach Reims verbannt. Auch die Ketzerei des Nikolaitismus erhält Zulauf in jenen Jahren. Der Name leitet sich aus der Geheimen Offenbarung des Johannes ab (Kap. 2,6 und 15), wo die christliche Sekte der Nikolaiten die Unzucht für erlaubt erklärt. „Unter anderem halten sie es für eine unverzeihliche Sünde, wenn ein Mann sich einer Frau oder eine Frau sich einem Manne versagt", rügt im 14. Jahrhundert Johannes von Hildesheim die Lehre dieser Sekte.[55] Vom frühen bis ins hohe Mittelalter leben viele Geistliche nicht nur des niederen Standes in ehelichen Verbindungen. Die Amtskirche beobachtete diese Gepflogenheit mit zunehmendem Unmut und setzte die Priesterehe, erst recht seit der Kirchenreform Papst Gregors VII. (1073-1086), polemisch mit dem Nikolaitismus gleich. Aber aus der Sicht des 9. Jahrhunderts schauen wir damit weit in die Zukunft.

---

[54] Vgl. die Darstellung bei Wattenbach/ Levison/ Löwe (wie Anm. 42), S. 671-687, hier 687.
[55] Johannes von Hildesheim, Die Legende von den Heiligen Drei Königen. Mit zeitgenössischen Holzschnitten. Übertragung und Nachwort von Elisabeth Christern (Köln 1960), S. 122.

5.2 Wilhelm Heinrich Riehl ‚Im Jahr des Herrn'

Im Druck erschienen waren ausgewählte Teile der Fuldaer Annalen seit dem ausgehenden 16. Jahrhundert mehrmals.[56] 1826 gab Georg Heinrich Pertz das Werk im ersten Scriptores-Band der Monumenta Germaniae Historica heraus.[57] Nach dieser Ausgabe übertrug Carl Rehdantz die ‚Annales Fuldenses' 1852 für die ‚Geschichtschreiber der deutschen Vorzeit'.[58]

Drei Jahre danach, 1855, schrieb Wilhelm Heinrich Riehl seine Erzählung ‚Im Jahr des Herrn'. Der Autor war von einer Episode berührt, die der namenlose Annalist für das Hungerjahr 850 überliefert hat. Die bittere Not der Menschen, das Elend, das einen Ausweg allein in einem Akt entsetzlicher Barbarei zu finden meint, fängt der Annalist in einer bestürzenden Anekdote ein, die alles Leid jenes Jahres gleichsam verdichtet. Mit sicherem Gespür für dramatische Zuspitzung und kathartische Erlösung nimmt er seine Leser mit auf den Weg vom fränkischen Grabfeld hinüber ins Thüringische. Diesen Weg wandert damals eine junge Familie, der Vater, die Mutter und das kleine Söhnchen. Die drei Menschlein klammern sich an die Hoffnung, durch den Wechsel des Ortes ihrer quälenden Lebensnot zu entkommen. Folgen wir der Darstellung des Annalisten in der Übersetzung von Carl Rehdantz:

„In diesen Tagen zog Einer von Grabfelden mit seinem Weibe und kleinen Sohn aus nach Thüringen, um das Elend seiner Noth zu lindern, und auf dem Wege in einem Wald machte er Halt und redete sein Weib also an: ‚Ist es nicht besser, daß wir den Knaben hier tödten und sein Fleisch essen, als daß wir alle vor Hunger umkommen?' Als sie jedoch widersprach, daß er solch Verbrechen nicht begehen sollte, riß er endlich, weil der Hunger drängte, gewaltsam den Sohn aus den mütterlichen Armen, und er hätte seinen Willen durch die That erfüllt, wäre ihm nicht Gott in seiner Erbarmniß zuvorgekommen. Denn, wie derselbe Mann nachher in Thüringen angesessen sehr vielen erzählte, als er den Degen aus der Scheide gezogen hatte um den Sohn zu schlachten, und schwankend den Mord aufschob, sah er von ferne zwei Wölfe bei einer Hirschkuh stehen und ihr Fleisch zerreißen; und sogleich lief er, den Sohn verschonend zu dem Aas der Hirschkuh, trieb die Wölfe fort von da, nahm von dem angefressenen Fleisch und kehrte mit dem unversehrten Sohne zu der Frau zurück. Vorher nämlich, als er den Sohn aus den Händen der Mutter genommen hatte, war er etwas seitwärts gegangen, damit sie den Knaben nicht sterben sähe oder hörte. Die aber, wie sie den Mann kommen sah mit dem frischen blutüberströmten Fleische, glaubte, daß ihr Sohn getödtet sei, und fiel rücklings fast leblos nieder. Er aber kam hinzu, tröstete sie, richtete sie auf und zeigte ihr den lebenden Knaben. Da nun mit wiedergewonnenem Athem dankte sie Gott, daß sie für werthgeachtet sei, ihren Sohn wieder zu bekommen; nicht weniger auch jener, daß ihn Gott rein vom Mord des

---

[56] Repertorium fontium II (wie Anm. 25), S. 282-283.

[57] MGH Scriptores I (Hannover 1826), S. 343-415.

[58] Die Jahrbücher von Fulda und Xanten. Nach der Ausgabe der Monumenta Germaniae übersetzt von C. Rehdantz (Die Geschichtschreiber der deutschen Vorzeit in deutscher Bearbeitung, IX. Jahrhundert, 9. Band) Berlin 1852. Spätere Drucke erschienen 1889 und 1941 in der Bearbeitung von W. Wattenbach, danach 1960 (u. ö.) bearbeitet von Reinhold Rau.

Kindes zu erhalten gewürdigt habe. Beide jedoch, durch Nothwendigkeit gezwungen, erholten sich an dem durch das Gesetz verbotenen Fleische."

Welch ein Glück, daß der erbarmende Herrgott sich an den Bußbüchern des frühen Mittelalters vorbeigemogelt hat! Denn diese, dem alttestamentlichen Propheten Ezechiel 4,14 folgend, untersagten ausdrücklich den Genuß von Fleisch, das von verendeten oder gerissenen Tieren stammte. Regino von Prüm († 915) zum Beispiel verfügt in seinem Visitationshandbuch ‚De synodalibus causis et disciplinis ecclesiasticis', Buch II, Kap. 376: Wer unreines oder von einem Raubtier gerissenes Fleisch verzehrt, soll vierzig Tage büßen. Doch Regino kennt auch mildernde Umstände: Wer von Hunger gequält solches tut, soll viel glimpflicher büßen.[59]

Die gleichsam bußtechnische Frage, die beim – nennen wir ihn weiter so – Fuldaer Annalisten eine aufwühlende Episode versöhnlich und im Einklang mit der kirchlichen Rechtsprechung beschließt, übergeht Riehl. Er erzählt das Geschehen in seinem Ablauf getreu nach, aber er gibt ihm eine gänzlich andere Deutung. Der Annalist läßt in der bittersten existentiellen Not und im persönlichen Konflikt einer kleinen Familie exemplarisch die allgemeine Not des Jahres 850 wiederaufleben. In Riehls Erzählung prallen in ebendieser Familie zwei Welten und Zeiten aufeinander, die eine absterbend und ein letztes Mal aufbegehrend, die andere erst zaghaft, aber endlich triumphierend.

Auch der Novellist Riehl nimmt seine Leser mit in das Jahr, das der Annalist ihm vorgegeben hat. „Im Jahr des Herrn 850 lag das Elend vielgestaltig auf den deutschen Landen", so beginnt er seine Erzählung, doch die Geschichte, an der er uns teilhaben läßt, gehört einer ganzen Epoche an und soll beispielhaft für dieselbe stehen. Im Vorwort zu seinen ‚Kulturgeschichtlichen Novellen' bekennt Riehl sich zu diesem Programm: „Der Boden aber, worauf sich die erfundene Handlung bewegt, ruhe auf den Pfeilern der Zeitgeschichte; die Luft, worin die erdichteten Personen atmen, sei die Luft ihres Jahrhunderts; die Gedanken, davon sie bewegt werden, seien ein Spiegel der weltgeschichtlichen Ideen ihrer Tage. Dies nenne ich kulturgeschichtliche Novellistik."

Riehl taucht seine Erzählung in ein zeitgeschichtliches Kolorit. Mit knappen Strichen skizziert er für den Leser das Portrait jener fernen Epoche. Was hat die Menschen damals bedrückt, geängstigt, beunruhigt, aufgeregt, verwundert? Auch dazu liefern ihm vor allem verstreute Nachrichten der Fuldaer Annalen die Stichwörter. Riehl führt sie in der Einleitung zusammen: Die unablässigen Raubzüge der Normannen und die Angriffe der Sorben haben wir schon genannt, ebenso die falschen Propheten, die im 9. Jahrhundert von sich reden machen. Mit der Schilderung einer wundersamen Himmelserscheinung, die der Annalist erst für das Jahr 870 vermeldet, bereichert Riehl die Einleitung zur Erzählung ‚Im Jahr des Herrn' um einen kräftigen Farbtupfer.

---

[59] Reginonis abbatis Prumiensis libri duo de synodalibus causis et disciplinis ecclesiasticis, rec. F. G. A. [das ist F. W. H.] Wasserschleben (Leipzig 1840 / Nachdruck Graz 1964), S. 358.

Wir erinnern uns an Riehls Worte, die Gedanken seiner literarischen Figuren seien „ein Spiegel der weltgeschichtlichen Ideen ihrer Tage." Aber auch der Autor selbst erweist sich als ein Meister der motivlichen und erzähltechnischen Spiegelungen. Diese dürfen, ja müssen ein wenig plakativ und lehrhaft sein. Dazu gehört, daß Riehl sich nicht mit der Jahresangabe 850 begnügt. Er spitzt das Geschehen auf die letzten Stunden jenes Jahres zu, auf den Übergang zum nächsten Jahr. Die Mitternacht, die den Silvesterabend des alten von den ersten Stunden des neuen Jahres trennt, ist zugleich die Achse, welche die barbarische Absicht des Vaters, das eigene Kind zu opfern, von der sich wie ein göttliches Wunder fügenden Errettung scheidet.

Doch dieselbe Mitternacht trennt endgültig auch eine abgestorbene Welt von der neuen, lebendig knospenden, nein, aufgeblühten. Die Jahreswende bildet den Gipfelpunkt des tiefen Gegensatzes zwischen dem Mann, der noch ganz in der heidnischen Tradition der Vorfahren verwurzelt ist, und seiner fest im christlichen Glauben beheimateten Frau. Der Mann, der „wie ein altheidnischer Priester" gezeichnet wird, leidet schwer an der neuen Zeit. Vor den Flammen des zur Nacht-stunde entzündeten Lagerfeuers hadert er mit dem Glauben seiner Frau: „Die Riesen und Helden der Vorzeit leuchten da droben als Gestirne. Sonst blickten sie uns gnädig an. Schau, wie sie jetzt so kalten Auges auf uns niedersehen, gleich dem Riesen Winter selber mit dem kalten Herzen in der Brust. Vom Himmel stiegen die Götter hilfreich zur Erde, als unsere Väter noch Glauben und Opfer für sie hatten. Eure Priester haben die alten Götter aus unserer Brust vertrieben, und die Götter haben nun den Himmel für sich behalten, und den Menschen blieb das Elend." Tief verbittert und an seiner Welt irre geworden, schaut er zurück auf das ablaufende alte Jahr und zieht grimmig Bilanz: „Die Pfaffen, wenn sie die Jahre zählen, sagen: im Jahre des Herrn; – aber bei diesem gottverlassenen Jahr voll Schmach und Elendes sollte man billig sagen: im Jahr des Teufels!"

Bis hierher hat der Mann gesprochen, geurteilt, gehandelt, und noch bescheidet seine Frau sich mit einer duldenden Rolle: „Das Weib aber mit dem blassen Leidensgesicht war anzusehen wie eine christliche Märtyrerin". Die seelische Not, die Angst und die brutale Ausweglosigkeit jedoch fordern sie mehr und mehr in ihrem christlichen Glauben heraus. Noch vermag der Vater den kleinen Sohn aus ihren Armen zu reißen, um ihn, befangen in den alten, heidnischen Heldenerzählungen, nach der Weise seiner Vorfahren zu opfern. Hatte nicht einst „das nordische Volk seinen besten Mann, den König Domaldi", hingeschlachtet, „damit der Hunger von dem Lande genommen werde"?[60] Kennt der christliche Glaube darauf nicht eine barmherzigere Antwort? Verzweifelt hebt die Frau an, ihrem Mann die alttestamentliche Geschichte von Abraham und Isaak zu erzählen, vom Vater, dem Gott befiehlt, seinen eigenen Sohn am Altar zu opfern, dem derselbe Gott aber auch die Schonung des Sohnes gebietet. Gerade hat sie zu erzählen begonnen, da eilen die Entwicklungen schon ihrer Krise zu. Der Vater entreißt der Mutter den Sohn, er stürmt „mit dem Kinde zur Felsenkuppe

---

[60] Von der Opferung des Königs Domald in vorchristlicher Zeit berichtet im 12. Jahrhundert das neunte Kapitel der ‚Historia Norwegie' (ed. Inger Ekrem and Lars Boje Mortensen, Kopenhagen 2003, S. 74/75). Domald wurde von seinem Volk gehängt und – so die Interpretatio Romana des Hochmittelalters – der Fruchtbarkeitsgöttin Ceres geopfert, um deren Gunst zu gewinnen.

hinauf", er verschwindet „hinter den Büschen." Die Mutter, vom Hunger allzu sehr geschwächt, um ihm nachzueilen, bricht besinnungslos zusammen. Doch während sie in diesem Zustand daniederliegt, ereignet sich das Wunder, das schon der Fuldaer Annalist mit Freude der Nachwelt übermittelt hat. Kurzum, das Kind ist unversehrt und lebt: „'Wir sind beide heil und ohne Wunden!' sprach der Mann gebrochenen Tones."

Die wunderbare Fügung hat aus dem Vater einen anderen, neuen Menschen gemacht, und dabei haben der Mann und die Frau die Rollen getauscht. Der eben noch herrische Gebieter ist zu einem Bittsteller geschrumpft, der nur noch „zitternd" seine Frau ersucht, ihm den Ausgang der Geschichte von Abraham und Isaak zu erzählen. Selbstbewußt vollendet diese jetzt die Erzählung, die sie – hier verneigt sich der Autor vor der vermeintlichen Provenienz seiner Quelle – „so oft im Kloster zu Fulda vernommen" hat. Die Frau steht für die neue Zeit, aus der Märtyrerin ist eine Seherin geworden. Der Mann hingegen ist zerknirscht, geläutert und bekehrt. Vor der im Alten Testament beglaubigten Opferung Isaaks ist die Sage von der Opferung des heidnischen Königs Domaldi ohnmächtig geworden. So darf das neue Jahr, das nach der dunklen Nacht mit der Morgensonne die Schläfer weckt, ebenso wie das vor wenigen Stunden abgelaufene glücklich mit der lange schon geahnten Wahrheit beginnen: „Im Jahr des Herrn." Das Ende der beispielhaften Erzählung hat zurückgefunden zu ihrem Anfang, nunmehr freilich, wie der Erzähler versprochen hatte, als „die Verheißung einer besseren Zukunft".

6. *Sanctus amor patriae dat animum.* Eine Nachbemerkung

Seltsam verlegen druckst Horst Fuhrmann 1996 um das Motto seiner Vorgänger herum und reibt sich an dem „für uns Heutige etwas fremden Wahlspruch". Wer sind eigentlich die Heutigen, denen der Wahlspruch etwas fremd ist? Solche mag es durchaus geben, aber nicht weniger einleuchtend ist der Gedanke, daß auch in der Gegenwart viele Menschen leben, die an dem bald zweihundert Jahre alten Motto keinen Anstoß nehmen. Warum eigentlich auch? Damit nicht genug. Ist der Name Monumenta Germaniae Historica tatsächlich „ein wenig pathetisch", wie Fuhrmann nahelegt?[61] Ich bin skeptisch. Im Grunde verhält es sich wie eh und je: Deuten läßt sich beinahe alles, in diese oder eben auch in jene Richtung.
Den Grabstein von Georg Heinrich Pertz auf dem Friedrichswerderschen Friedhof in Berlin schmückt seit beinahe anderthalb Jahrhunderten unbeirrt der von seinem Eichenkranz umrahmte Wahlspruch *Sanctus amor patriae dat animum.*

---

[61] Fuhrmann (wie Anm. 9), S. 13.

VI. „Edlen Wein hat er geschenkt und ihn gern gegeben". Der Archipoeta (Carmen Buranum 191) und Petrus von Blois (Carmen Buranum 30) in versteckten Nachschöpfungen von Otto Ernst und Herrmann Mostar

Hat ein neugieriger Kopf jemals zu ergründen versucht, welches Werk der mittellateinischen Literatur als das bekannteste und über die Jahrhunderte am nachhaltigsten rezipierte den ersten Platz beanspruchen darf? Da gewiß niemand die Ironie in der Frage überlesen hat, fragen wir unbekümmert weiter: Isidors enzyklopädisch angelegte ‚Etymologiae'? Einharts Lebensbeschreibung Karls des Großen? Die Versgrammatik ‚Doctrinale' des Alexander von Villadei, die ‚Legenda aurea' des Jacobus de Voragine oder die um 1300 von einem unbekannten Urheber zusammengestellten, unterhaltsam moralisierenden ‚Gesta Romanorum'? Alle genannten Werke sind in Hunderten von Handschriften überliefert, was ihre fortwährende Beliebtheit und sachliche Unentbehrlichkeit gleichermaßen unterstreicht. Manche andere Werke, erzählende, erbauliche, didaktische, könnten ebenfalls Anspruch auf den Vorrang erheben. Zugegeben, die Frage nach dem erfolgreichsten mittellateinischen Werk ist ebenso unwissenschaftlich wie albern. Schier unübersehbar lang ist diese Mittelalter genannte Epoche zwischen ausgehender Antike und aufkommender Neuzeit, zu ausgedehnt ist der geographische Raum, auf dem damals lateinische Werke entstanden, zu unterschiedlich sind die Ansprüche und Bedürfnisse, für die Literatur produziert und von nachfolgenden Zeitaltern rezipiert wurde.

Trotzdem möchte ich mich für einen Augenblick auf das unernste Spiel einlassen und einen anderen Kandidaten auf den Schild heben. Zum Favoriten küre ich ein Gedicht, das der italienische Philologe Franco Munari zu den berühmtesten weltlichen Gedichten der mittellateinischen Literatur gezählt hat: die ‚Beichte' des Archipoeta, jenes anonymen „Erzdichters", der zwischen 1161 und 1167 zum Umkreis Rainalds von Dassel gehört, des Kölner Erzbischofs und Erzkanzlers von Italien. Zehn Gedichte können ihm sicher zugewiesen werden. In der ‚Beichte' bekennt er dem Erzbischof in listiger Zerknirschung seinen sündigen Lebenswandel. Er ist ein Trinker, ein Spieler und ein notorischer Weiberheld. Nach den Frauen drängt ihn die Natur; den Wein braucht er, um es mit Ovid aufnehmen zu können. Dennoch, seinem bisherigen Leben schwört er ab, er verspricht ein neues zu beginnen: *Vita vetus displicet, mores placent novi* (Strophe 23,3). So möge ihm denn der Erzbischof eine Buße auferlegen, eine mitfühlende freilich.

Wer sich hinter dem beigelegten Namen Archipoeta verbirgt, ist trotz beachtlicher Bemühungen, ihn zu identifizieren[1], bis heute unbekannt. Der Name Archipoeta blieb

---

[1]   Vgl. etwa Rudolf Schieffer, Bleibt der Archipoeta anonym? (Gesellschaft für rheinische Geschichtskunde, Vorträge Nr. 26), Düsseldorf 1990. Schieffer erkennt im Archipoeta einen wohldotierten Geistlichen, der mit dem Arsenal der Vagantendichtung spielt, und setzt ihn mit Rainalds Kanzleinotar H gleich. Einen „Doppelgänger" des Kölner Erzbischofs, der mit dessen Tod 1167 zugleich verschwand, sieht in diesem „Rainald H" Peter Godman, The World of the Archpoet, in: Mediaeval Studies 71 (2009), S. 113-156. Den Dichter mit dem Kölner Kanonisten Gottfried von St. Andreas identifizieren wollte vor einigen Jahren Peter Landau, Der Archipoeta – Deutschlands erster Dichterjurist. Neues zur Identifizierung des Politischen Poeten der Barbarossazeit (Bayerische Akademie

© Springer-Verlag GmbH Deutschland, ein Teil von Springer Nature 2015
H. E. Stiene, *Von Horaz und Ovid bis zum Archipoeta*, Edition KWV,
https://doi.org/10.1007/978-3-662-58401-9_6

auch nicht auf den Dichter im Gefolge des Rainald von Dassel beschränkt. Heinrich III. von England zeichnete Heinrich von Avranches um 1230 mit dem Titel Archipoeta aus, und Caesarius, der Mönch des Klosters Heisterbach im rheinischen Siebengebirge, berichtet in seinem ‚Dialogus miraculorum' XII 43, im Jahre 1219 habe ein umherziehender Kleriker namens Nikolaus, der damals von einer schweren Krankheit heimgesucht wurde, in seinem Kloster das Ordensgewand der Zisterzienser angelegt, „nach seiner Genesung sich aber wieder aus dem Staube gemacht."[2] Diesen Nikolaus habe man Archipoeta genannt. Jahrhunderte später stiftete die Mitteilung des Caesarius einige Verwirrung, da man seinen Nikolaus-Archipoeta mit dem Dichter des ‚Mihi est propositum' meinte identifizieren zu können. Das jedenfalls tat im 19. Jahrhundert Alexander Kaufmann in seiner Studie über Caesarius.[3] Mit Kaufmanns Caesarius-Büchlein in der Tasche zog bald sein Freund Wolfgang Müller von Königswinter durch das Siebengebirge nach Heisterbach und legte sich, das wollen wir späten Leser ihm gerne glauben, „in der Mitte des Berges in das frische Gras, um die vielfältigen Bilder, die es in schlichter und geschmackvoller Darstellung entrollt, nochmals in Gedanken vorbeiziehen zu lassen." Dabei trat ihm „auch der seltsame lateinische Poet" vor Augen, „der das lustige noch heutigen Tages erklingende Studentenlied:

> ‚Mihi est propositum
> In taberna mori.'

gesungen hat. Nikolaus war ein schweifender Cleriker, eine Art von musicirendem Vagabund, ein Ueberall und Nirgends, der wahrscheinlich von seiner Kunst lebte und deshalb von Ort zu Ort zog." Und dann erzählt Wolfgang Müller noch die Geschichte von Nikolaus' Krankheit, seiner Aufnahme in den Orden, von der durch die gute Heisterbacher Luft und Kost erlangten Genesung und dem spurlosen Verschwinden „dieser frischen Liederkehle."[4] Auch Müllers Zeilen sind ein Stück Rezeptionsgeschichte, wenngleich sie in die Irre führen.

Wie steht es nun um die Erfolgsgeschichte der ‚Beichte'? Zwar gehört sie „zu den am reichsten bezeugten Gedichten des Mittelalters"[5], doch auch mit ihren 41 (teils

---

der Wissenschaften, Philosophisch-historische Klasse, Sitzungsberichte 2011, Heft 3), München 2011.

[2] Caesarii Heisterbacensis monachi Cisterciensis Dialogus miraculorum, rec. Josephus Strange, Bde. I-II (Köln u. a. 1851), dist. II, Kap. 15 (Bd. I, S. 83-84); Caesarius von Heisterbach, Dialogus miraculorum: Dialog über die Wunder. Eingeleitet von Horst Schneider, übersetzt und kommentiert von Nikolaus Nösges, Bde. I-V (Fontes Christiani, 86), Turnhout 2009, hier Bd. I, S. 422/423. Vgl. auch Die Gedichte des Archipoeta, kritisch bearbeitet von Heinrich Watenphul, herausgegeben von Heinrich Krefeld (Heidelberg 1958), S. 19.

[3] Alexander Kaufmann, Caesarius von Heisterbach. Ein Beitrag zur Culturgeschichte des zwölften und dreizehnten Jahrhunderts. Zweite, mit einem Bruchstück aus des Caesarius VIII libri miraculorum vermehrte Auflage (Cöln 1862), S. 9-10.

[4] Wolfgang Müller von Königswinter, Sommertage am Siebengebirge. Mit in den Text gedruckten Abbildungen (Kreuznach 1867, Faksimiledruck Königswinter 1982), S. 93-95.

[5] Günter Bernt, Archipoeta, in: Die deutsche Literatur des Mittelalters. Verfasserlexikon, Bd. 1 (1978), Sp. 423-430, hier 425. Vgl. auch Carmina Burana, I. Band: Text, 3. Die Trink- und Spielerlieder – Die geistlichen Dramen – Nachträge. Hg. von Otto Schumann

fragmentarischen) Textzeugen ist sie weit weniger dicht überliefert als die im Eingang dieses Kapitels genannten Werke. Der Nachruhm freilich ist bis in die Gegenwart außerordentlich. Bereits im Mittelalter wurde die Strophenform imitiert und adaptiert, Schriftsteller zitierten aus der ‚Beichte‘ oder paraphrasierten den Wortlaut des Archipoeta nach Bedarf.[6] Auch in die ‚Carmina Burana‘ fand das Gedicht Eingang; in den Ausgaben steht es als Nummer 191.

Die Gestalt der ‚Beichte‘ selbst war durchaus instabil. Aus den 25 ursprünglichen Strophen wurden besonders gerne die Strophen 11 bzw. 12 bis 19 ausgezogen[7], und viele Rezipienten sahen im Vers *Meum* (oft auch: *Mihi*) *est propositum in taberna mori* den Anfang eines eigenen Gedichtes. Im 16. Jahrhundert nahm sich Orlando di Lasso der zum Trinklied verkürzten ‚Beichte‘ an. Er schuf dazu einen vierstimmigen Satz, allerdings mit denkwürdiger, verfremdender Tendenz. Hören wir Heinrich Krefeld: „Sein Lied war für die Trinkabende der bayerischen Hofabende bestimmt ... Doch wurde es in eine moralisierende Warnung vor dem Weingenuß umgewandelt, also parodiert, und diese Fassung befindet sich im Werk Lassos unter seinen Kirchenmotetten.“[8]

Als verkürztes Trinklied lernte auch Gottfried August Bürger die Verse des Archipoeta kennen. Freilich hielt man sie in seiner Zeit noch für eine Dichtung des Walisers Walter Map; erst Jacob Grimm konnte 1843 den Archipoeta als Dichter der ‚Beichte‘ und der übrigen Dichtungen um Rainald von Dassel identifizieren.[9] Nach dem Auszug aus der ‚Beichte‘ gestaltete Bürger sein eigenes „gar königliches Sauflied“, wie er an seinen Dichterkollegen Heinrich Christian Boie schrieb.[10] Unter dem Titel ‚Zechlied‘ erschien es 1778 erstmals im Druck.[11] Es wurde „mehrfach vertont und später in die deutschen Kommersbücher aufgenommen.“[12] Von der rasch wachsenden Popularität zeugt eine Laune Achim von Arnims. Der Jüngling verbringt den Sommer des Jahres 1802 in der Schweiz. Vom Genfer See schickt er im September an den Freund Clemens von Brentano einen Brief, der gleich ein halbes Dutzend mutwillige Gedichte einschließt, traurige und lustige, darunter auch eines von sechzehn Strophen, das Arnim ‚Liebesspiegel‘ überschreibt. Es folgt auf die unernste Romanze von dem

---

und Bernhard Bischoff (Heidelberg 1970) S. 12: „Die Beichte ist nach der Zahl der Handschriften wohl das verbreitetste aller weltlichen mittellateinischen Lieder.“

[6] Watenphul/Krefeld (wie Anm. 2), S. 39-40.

[7] Watenphul/Krefeld (wie Anm. 2), S. 39.

[8] Der Archipoeta. Lateinisch und deutsch von Heinrich Krefeld (Schriften und Quellen der Alten Welt, 41) Berlin 1992, S. 27.

[9] Freilich stellte schon im Jahr zuvor der Baron de Reiffenberg die Verbindung zwischen dem wiederholt angesprochenen Archicancellarius und dem Kölner Erzbischof Rainald her. Vgl. Walther Bulst, Rezension zur Edition von Watenphul/Krefeld, in: Anzeiger für deutsches Altertum und deutsche Literatur 72,4 (1961), S. 145-159, hier 147.

[10] Watenphul/Krefeld (wie Anm. 2), S. 42.

[11] Gottfried August Bürger, Gedichte (Göttingen 1778), S. 292-295. Voraus geht S. 290-291 die lateinische ‚Cantilena Potatoria‘ *Mihi est propositum* mit der Verfasserangabe Gualterus de Mapes, Archidiaconus Oxon., Saec. XI. Zu Urteilen über Bürgers ‚Zechlied‘ vgl. Watenphul/Krefeld (wie Anm. 2), S. 42-43.

[12] Watenphul/Krefeld (wie Anm. 2), S. 43.

‚Sänger Eunom' und gibt sich scheinbar „noch lustiger, eine närrsche Melodie zu einem ernsthaften Liede, als nach der Weise Mihi est propositum in taberna mori".[13] Arnim wahrt das rhythmische Schema der Vagantenstrophe, doch er ändert ihre Reimfolge ABCB zu ABAC. Die erste Strophe lautet:

Brüder mit dem Flockenbart
Hütet euch vor Liebe,
Nur die Augen recht bewahrt
Und des Traums Gebilde."[14]

Man sieht, Bürgers ‚Zechlied' hatte seine Wirkung nicht verfehlt. Zur Erinnerung sei dieses Gedicht hierhin gestellt; der Text folgt der Fassung des Erstdrucks von 1778.

1. Gottfried August Bürger, ‚Zechlied'
Im September 1777

Ich wil einst, bei Ja und Nein!
Vor dem Zapfen sterben.
Alles, meinen Wein nur nicht,
Lass' ich frohen Erben.
Nach der lezten Oelung sol
Hefen noch mich färben.
Dann zertrümre mein Pokal
In zehntausend Scherben!

Jederman hat von Natur
Seine sondre Weise.
Mir gelinget jedes Werk
Nur nach Trank und Speise.
Speis' und Trank erhalten mich
In dem rechten Gleise.
Wer gut schmiert, der fährt auch gut,
Auf der Lebensreise.

Ich bin gar ein armer Wicht,
Bin die feigste Memme,
Halten Durst und Hungerqual
Mich in Angst und Klemme.
Schon ein Knäbchen schüttelt mich,
Was ich auch mich stemme.
Einem Riesen halt' ich Stand,
Wann ich zech' und schlemme.

---

[13] Achim von Arnim und Clemens Brentano, Freundschaftsbriefe, I-II [I: 1801 bis 1806, II: 1807 bis 1829]. Vollständige kritische Edition von Hartwig Schultz (Die Andere Bibliothek), Frankfurt am Main 1998, hier Bd. I, S. 51-53.

[14] Mit Abweichungen ist das Gedicht als Lied der Olympie aufgenommen in Arnims 1811 erschienenes Schauspiel ‚Halle und Jerusalem' (3. Akt, 7. Auftritt), dort, wie bei Bürgers ‚Zechlied', in achtzeiligen Strophen.

Aechter Wein ist ächtes Oel
Zur Verstandeslampe;
Giebt der Seele Kraft und Schwung
Bis zum Sternenkampe.
Wiz und Weisheit dunsten auf
Aus gefülter Wampe.
Bas glükt Harfenspiel und Sang,
Wann ich brav schlampampe.

Nüchtern bin ich immerdar
Nur ein Harfenstümper.
Mir erlamen Hand und Grif,
Welken Haupt und Wimper.
Wann der Wein in Himmelsklang
Wandelt mein Geklimper,
Sind Homer und Ossian
Gegen mich nur Stümper.

Nimmer hat durch meinen Mund
Hoher Geist gesungen,
Bis ich meinen lieben Bauch
Weidlich volgeschlungen.
Wann mein Kapitolium
Bacchus Kraft erschwungen,
Sing' und red' ich wundersam
Gar in fremden Zungen.

Drum wil ich, bei Ja und Nein!
Vor dem Zapfen sterben.
Nach der lezten Oelung sol
Hefen noch mich färben.
Engelchöre weihen dann
Mich zum Nektarerben:
„Diesen Trinker gnade Gott!
Lass' ihn nicht verderben!"

Wie Bürgers Zechlied ging auch das lateinische *Meum est propositum* in die Kommersbücher ein. Auf diesem Wege fand es aus den Gelehrtenstuben ins Freie und führte als wein- und bierseliges Studentenlied ein munteres Eigenleben. Wie oft ist es wohl in fröhlicher Runde herdeklamiert worden, wie oft mag es bei Kommersen erklungen sein, ohne daß die Sänger auch nur entfernt an den Archipoeta und Rainald von Dassel dachten![15]

---

[15] Vgl. auch Gustav Luhde, Der Archipoeta. Seine Persönlichkeit und seine Gedichte. Erläutert und aus dem Lateinischen übertragen (Düsseldorf 1932), S. 8. Andererseits wiegt Otto Schumann schon 1933 bedenklich den Kopf: „Daß deutsche Studenten (den Auszug)

2. Otto Ernst, ‚Mihi est propositum ...‘

Nach Bürger wurde die ‚Beichte‘ wie auch das herausgelöste Zechlied noch oft übersetzt oder schöpferisch nachgestaltet. Bernhard Bischoff führt zwei Dutzend Übersetzer in verschiedene Sprachen an; unter den deutschen begegnen so namhafte Literaten wie Josef Eberle und Karl Wolfskehl.[16] Entgangen sind Bischoff dagegen die eigens mit ‚Mihi est propositum ...‘ überschriebenen Verse, die Otto Ernst (1862-1926) 1907 in einem Gedichtband vorstellte.[17] Dieser norddeutsche Dichter, dessen Name sich vor allem noch mit der Friesenballade ‚Nis Randers‘ verbindet, bietet freilich auch keine Übersetzung. Er hat nichts zu beichten in seiner fünfstrophigen Nachschöpfung. Der Dichter, das lyrische Ich, zeichnet von sich nicht das Bild eines Mannes, der dem Wein kräftig zuspricht und von ihm die poetische Inspiration einfordert. In urbaner Gastlichkeit lädt er vielmehr zu dionysischen Wonnen liebe Freunde ein, die sich mit ihrem Gastgeber zu einer lebensfrohen Agape zusammenfinden. Vor ihrem Urteil will der Dichter bestehen, im Leben und dereinst in der Erinnerung. Im Kehrvers – beim Archipoeta gibt es keinen solchen – spricht er aus, was ihm recht eigentlich am Herzen liegt.

Seine Philosophie der Gastfreundschaft hat Otto Ernst noch andernorts in einer leichten Plauderei ‚Von der Gastlichkeit‘ eingefangen. Als Wirt bedarf er der „chemischen Seelenverbindung“ mit seinen Gästen. Der Gast hinwiederum braucht das erwärmende Gefühl, daß der Wirt „allgütig und unendlich wie der Schöpfer aller Dinge“ ist. „Dann wird sein Fest verklingen in dem allgemeinen Bedauern, daß es zu Ende sei, und seine Gäste werden mit rückgewandtem Gesicht und schwer sich lösenden Händen von ihm Abschied nehmen.“[18] Die fünf Vagantenstrophen des ‚Mihi est propositum ...‘ hat der Verfasser noch einmal bedachtsam über seine Plauderei gestreut. Die beiden ersten Strophen des Gedichts stehen an deren Beginn, die dritte nimmt die Mitte ein, und die beiden letzten beschließen den leichtherzigen Beitrag über einen gewichtigen Gegenstand.

Mihi est propositum ...

Deckt mir überreich den Tisch
Für die lieben Gäste;
Aber aus dem Keller holt
Mir das Allerbeste!
Daß sie lächelnd sich gestehn,
Wenn sie heimwärts schweben:
Edlen Wein hat er geschenkt
Und ihn gern gegeben.

---

noch heute auf der Kneipe singen, ist doch wohl eine Legende“ (Artikel ‚Archipoeta‘, in: Die deutsche Literatur des Mittelalter. Verfasserlexikon, Bd. 1, Berlin u. Leipzig 1933, Sp. 107-119, hier 118).

[16] Carmina Burana I 3 (wie Anm. 5), S. 11-12.

[17] Otto Ernst, Siebzig Gedichte. Neue und alte Verse (Leipzig 1907), S. 107-108.

[18] Otto Ernst, Gesammelte Werke, 11. Band: Humoristische Plaudereien I (Leipzig o. J. [1923]), S. 205-214, hier 209 und 213-214.

Wonnig lacht mir deutscher Wein,
Wonniger das Leuchten,
Wenn der Zecher Augen sich
In Entzückung feuchten.
Ist ihr stammelnd Zeugnis doch
Feinste Frucht der Reben:
Edlen Wein hat er geschenkt
Und ihn gern gegeben.

Unser Dichten, unser Tun
Richten Pharisäer.
Rückt indessen um den Tisch
Näher nur und näher.
Will nun mit erhöhter Kraft
Nach dem Ruhme streben:
Edlen Wein hat er geschenkt
Und ihn gern gegeben.

Mag euch nun der Misanthrop
„Tafelfreunde" schelten,
O, ich weiß: ihr werdet einst,
Was ich gab, vergelten!
Klagend wird's an meiner Gruft
Euer Herz durchbeben:
Edlen Wein hat er geschenkt
Und ihn gern gegeben.

Und in meiner sichern Truh'
Werd ich leise lachen,
Weil Freund Hein es nicht geglückt,
Ganz mich tot zu machen.
Wird ein Tropfen meines Bluts
Doch im Sprüchlein leben:
Edlen Wein hat er geschenkt
Und ihn gern gegeben.

3. Georg Bungter und Günter Frorath, Vagantenbeichte (1981)

Mit einer Neuschöpfung der ‚Vagantenbeichte' traten 1981 Georg Bungter und Günter Frorath hervor.[19] Bungter, seinerzeit Leiter der Abteilung Unterhaltung beim Westdeutschen Rundfunk, und Frorath, ein Schriftsteller, der seit längerem vor allem

---

[19] Archipoeta, Vagantenbeichte. Neu übertragen von Georg Bungter und Günter Frorath, mit Serigrafien von Nikolaus Heidelbach (Köln 1981), die Beichte hier S. 5-25. Das Buch erschien in einer bibliophilen Vorzugsausgabe und einer kleinen, preiswerten Edition. Daß parallel zur Übersetzung auch der lateinische Text abgedruckt ist, geht aus dem Titel nicht hervor.

als Kinderbuchautor tätig ist, waren bemüht, vier ausgewählte Archipoeta-Gedichte[20] ihrem Inhalt nach getreu zu übertragen. Den Ton des zwölften Jahrhunderts transponierten sie in den des späten zwanzigsten und zollten in jeder Hinsicht der Gegenwart Tribut. In der ‚Beichte' stolpert oder rutscht der Leser über die Reeperbahn, St. Pauli, Schillers Glocke oder den Pep in der Musik. Aber er wird den Übersetzern jeden Kalauer abnehmen, da überdies einige Darstellungen des Künstlers Nikolaus Heidelbach die munteren Worte keck untermalen. Hier folgt das Gedicht; die Numerierung der Strophen habe ich hinzugefügt.

Vagantenbeichte
1 Ach, ich könnt vor Schmerz und Zorn   mir die Brust zerreißen
und vor Schuldgefühl mir selbst   in den Hintern beißen;
bin ein loses Blatt, das gern   sich vom Baum läßt reißen,
flatterhaft und leicht – ich könnt   Styropor wohl heißen.

2 Andre Leute bauen sich   zeitig was Stabiles.
Eigenheim und Rente sind   für sie Ziel des Zieles.
Ich Verrückter bin da mehr   Sohn des Rheins und Niles,
immer in Bewegung, kurz: was verdammt Labiles.

3 Wie ein steuerloses Schiff   treib ich auf dem Meere,
laß mich treiben mit dem Wind   wie die Montgolfiere.
Schräge Vögel hälts nun mal   nicht in der Voliere –
und die kommen häufig vor   da, wo ich verkehre.

4 Ich mein: wer nur die Schwermut pflegt   hat es schwer auf Dauer.
Ich lieb mehr den Blödelwitz: süß ist wie Kakao er.
Bläst Frau Venus zum Appell,   kenn ich keine Trauer;
zög sie in ein träges Herz,   wär sie ziemlich sauer.

5 Mit der Jugend eile ich   zur Allee der Laster,
und den engen Tugendpfad   lasse ich dem Paster.
Was schert denn der Hafenzoll   einen stolzen Master?
Meine Seele ist dahin, doch der Leib –   hier praßt er.

6 Würde doch, Herr Erzbischof,   dies von euch verziehen;
köstlich-süß ist so ein Tod: Wonneagonien!
Sehe ich ein Mädchen stehn,   merk ichs in den Knien
und wenn ich nicht auf sie darf,   helfen Phantasien.

7 Der Natur ein Bein zu stelln,   ist ein harter Brocken.
Wessen Sinn bleibt da schon rein,   sieht er Mädchenlocken?

---

[20] Watenphul/Krefeld (wie Anm. 2), Nrn. X, III, VI, VIII. Den Preis Rainalds (*Presul urbis Agripine*) haben die Autoren gleich mit neun Übertragungen bedacht, darunter einer englischen. Vgl. auch meine Besprechung des Büchleins in: Mittellateinisches Jahrbuch 19 (1984), S. 297.

Es sind die Gebote uns   Jungen viel zu trocken;
erst bei einem schönen Leib   läuten unsre Glocken.

8 Wird man in der Feuersglut   nicht ein Raub der Flammen?
Kriegen auf der Reeperbahn   nicht die Seelen Schrammen,
wo die Venus winkt und lädt   Jünglinge zum Rammen?
Ja, sie ruft und zwinkert sich   ganz schön was zusammen!

9 Würd man heut Sankt Paulus selbst   nach St. Pauli bringen,
würd er morgen ganz gewiß   Saulustlieder singen.
Man kann gar nicht anders dort   als auf Betten springen;
manches Haus steht da, doch keins,   um Choral zu singen.

10 Zweitens wirft man mir auch vor,   daß ich gerne zocke.
Aber trenn ich mich dabei   auch vom letzten Rocke,
friere ich nur äußerlich –   innen qualmt die Socke,
und dann schreibe ich den Butt   oder Schillers Glocke.

11 Und im dritten Abschnitt nun   folgen die Destillen;
immer liebt und lieb ich sie   mit dem besten Willen,
bis die Engel eines Tags   aus dem Äther quillen
und ihr Requiem mir sanft   in die Ohren brüllen.

12 Es besagt mein Horoskop: du stirbst noch am Tresen!
So kann ich mit Wein im Mund   mich vom Leben lösen.
Und in süßem Chorgesang   jubeln Engelwesen:
Gott im Himmel zahle ihm   gnädig alle Spesen.

13 Wein macht aus dem dunklen Hirn   eine Gaslaterne
und das nektarfeuchte Herz   fliegt bis an die Sterne.
Ich steh auf den echten Wein,   den aus der Taverne,
doch des Kanzlers Wasserzeug,   das kann mich mal gerne!

14 Stadtlärm ist ein Schreckgespenst   für ein paar Poeten.
Lieber hocken sie zu Haus   zwischen den Tapeten.
Wie die Irren schuften sie,   feilen, sägen, löten,
doch der Pep in einem Lied,   der geht ihnen flöten.

15 Wie die Jungfraun leben sie,   keusch bis an die Zehen.
Wo was los ist, lassen sie   sich erst gar nicht sehen,
um in die Unsterblichkeit   einmal einzugehen –
doch dann gehn sie selber ein   mitten in den Wehen.

16 Jeder hat von der Natur   seine eigne Gabe.
Mir fällt gar nichts ein, wenn ich   keinen intus habe.
Nüchtern haut mich aus dem Hemd   jeder kleine Knabe.
Abstinenz und Durst, die zwei   tragen mich zu Grabe.

17 Jeder hat von der Natur   ein paar Gratislose.
Wenn ich dichte ohne Wein,   geht das in die Hose.
Doch wenn ich das beste Faß   meines Wirts liebkose,
komme ich sehr schnell in Fahrt   und es läuft die Chose.

18 Alle Verse, die ich mach,   gleichen meinem Weine.
Ohne was im Bauche drin,   schaff ich wirklich keine.
Ist mein Magen arbeitslos,   bin ich tot wie Steine,
doch Promille machen mich   größer noch als Heine.

19 Nicht ein einzger Funke springt   aus dem Musenzunder,
wenn mein Magen vorher nicht   voller wird und runder.
Pump ich aber mein Gehirn   voll mit Spätburgunder,
fährt Apoll in mich hinein   und wirkt wahre Wunder.

20 Bitte schön – das also war   meine Sündenbeichte,
Sünden, die dein Hof dir schon   in die Ohren seichte,
Wenns doch auch bei dem mal bis   zum Bekenntnis reichte,
dieser einzgen rosa Puff-   Poker-Pintenleuchte!

21 Sollen vor dem Erzbischof   doch einmal erscheinen
und (wie sagt so schön der Herr   in der Schrift den Seinen)
schonungslos den Dichter hier   bombardiern mit Steinen,
die, die wirklich schuldlos sind   (oder dieses meinen).

22 Hab nach bestem Wissen nun   meine Beicht gesprochen
und das lang begehrte Gift   habe ich erbrochen.
Ja, ich will fortan ein ganz   neues Süppchen kochen.
Menschen sehn das Drumherum,   Gott sieht in die Knochen.

23 Ich werd nun ein braver Mensch,   laß die krummen Touren
und mein aufpolierter Geist   eilt auf neuen Spuren.
Ich bin quasi neugeborn,   mache Frischmilchkuren
und halt Eitelkeiten fern,   die sonst in mich fuhren.

24 Kölner Bischof, könnt ihr mir   einmal noch verzeihen?
Laßt mir, der um Nachsicht fleht,   Großmut angedeihen.
Lohnt mit einem Bußbescheid   bitte mein Bereuen.
Über jede Strafarbeit   werde ich mich freuen.

25 König Löwe, sagt der Brehm,   ist voll großer Gnade
und vergißt oft seinen Zorn.   Dann freut sich die Made.
Fürsten dieser Erde, eilt   auf demselben Pfade!
Ohne etwas Zucker schmeckt   keine Schokolade.

4. „Übertragen aus den Carmina Burana": Herrmann Mostars ‚Einst und jetzt' und ein Gedicht des Petrus von Blois (Carmen Buranum 30)

Gerne wollen wir in der „Welt" verweilen und uns noch ein wenig der Sinnenlust hingeben. Verführen lassen wir uns vom Schriftsteller Herrmann Mostar (1901-1973), der ein Gedicht aus den Carmina Burana ausgewählt und übersetzt hat. [21] Das verrät sein Hinweis unter der Überschrift.

Einst und jetzt
(*Übertragen aus den Carmina Burana*)

Einst in meines Lebens Mai
Lag ich jedem Mädchen bei,
Liebte frei und schrie den Schrei,
Schrie den Schrei der Lüste,
Griff ich hart
Und kniff ich zart
In die schönsten Brüste.

Nie hat sich der Quell geleert,
Jede hat sich lustverzehrt
Bald gewährt und kaum gewehrt,
Was ich wollte, schafft ich,
Jede Frucht,
Die ich gesucht,
Gab sich süß und saftig.

Aber ach, der Herbst beginnt,
Lieb und Trieb verwehn wie Wind,
Zu geschwind, doch spärlich rinnt
Nun der Strom der Säfte,
Und vorbei
Sind wie der Mai
Die gewohnten Kräfte.

Gott sei Dank erweist man sich,
Wenn die süße Torheit wich,
Tugendlich statt jugendlich:
Für das Glück der Jugend
Zahlt der Greis
Den Wucherpreis:
Pro Laster eine Tugend!

Mostar macht es uns leicht und wiederum doch nicht so leicht. Carmina Burana, damit scheint der Dieb dingfest gemacht, wenigstens wissen wir, wo wir ihn zu suchen

---

[21] In diesem Sinn Ihr Herrmann Mostar. Ein Hausbuch für Liebhaber mit einem Geleitwort von Peter Bamm, illustriert von Kurt Halbritter (Berlin u. a. 1966), S. 101/103.

haben. Trotzdem ist die Auswahl reichlich, denn die Carmina Burana enthalten ja in großer Fülle Gedichte, in denen die Liebe in allen Spielarten besungen wird. Das Walten von Venus und Amor, die Sehnsucht nach der Geliebten, Liebesklage, Lobpreis der Schönheit des Mädchens, die Liebe und die Jugend, der Frühling und das neu entfachte Liebesverlangen im Einklang mit der Natur im Frühling – keine Facette der Himmelsmacht bleibt unbeachtet. Der Leser darf sogar erleben, wie der Jüngling sich über das Menschenmaß hinaus zu den Göttern erhoben fühlt, während seine Hand den Leib des Mädchens liebkosend erforscht, von der Brust bis hinab zu den Lenden (Carmen Buranum 83, Strophe 4):

> *Hominem transgredior*
> *et superum*
> *sublimari glorior*
> *ad numerum,*
> *sinum tractans tenerum*
> *cursu vago dum beata*
> *manus it et uberum*
> *regionem pervagata*
> *descendit ad uterum*
> *tactu leviore.*

„Griff ich hart und kniff ich zart in die schönsten Brüste"? Aber welches Carmen Buranum hat Mostar denn nun übersetzt? Unter den Liebesliedern der Carmina (Nrn. 56 bis 186) ist keines, das sich inhaltlich wie auch formal mit Mostars Versen decken würde. Aber sind seine Verse überhaupt ein Liebesgedicht? Trauert da nicht vielmehr ein alternder Mann, dem die Natur die Liebeskräfte aufgekündigt hat, seiner ungestüm strotzenden Jugendzeit nach? Setzt er nicht die Unbändigkeit jener Jahre mit der aufgenötigten Ruhe seiner Gegenwart in ein gespanntes Verhältnis? Bei Mostar steht doch die Reflexion im Mittelpunkt des Gedichts, der denn auch herbe Tropfen des Bedauerns beigemischt sind. Wir täten also besser daran, die Liebeslieder der Carmina Burana beiseite zu legen und Mostars Vorlage in den moralisch-satirischen Dichtungen der Sammlung zu suchen (Nrn. 1 bis 55). Auf halbem Wege werden wir fündig: Das Gedicht Nr. 30 hat den Schriftsteller des 20. Jahrhunderts zu seiner Übertragung angeregt. Es gehört zu jenen Gedichten der Benediktbeurer Sammlung, deren Verfasser namentlich bekannt ist. Geschrieben hat es Petrus von Blois (um 1130/35 bis um 1211/12), von dem neun Lieder in die Carmina Burana aufgenommen sind.[22] Zahl, Aufbau und Reimschema der rhythmischen Strophen des Carmen Buranum 30 finden bei Mostar ebenso ihre Entsprechung wie der gedankliche Gehalt, die Gegenüberstellung von leidenschaftlicher Jugend und unfreiwillig besonnenem Alter, von Lastern und Tugenden. Doch während Petrus' Verse in gereifte Einsicht ausklingen (erst in der vierten Strophe bringt sich das lyrische Ich ins Spiel), schlägt Mostar einen unwilligen, grimmigen Ton an: Die Tugend, mit welcher der Alte für jedes Laster der Jugend bezahlen muß, kann er nur als Wucherpreis werten.

---

[22] Außer Nr. 30 die Nrn. 31, 33, 63, 67, 72, 83, 84 und 108. Eine kritische Edition von Petrus' Gedichten besorgte Carsten Wollin, Petri Blesensis Carmina (CCM 128), Turnholti 1998. Unser Gedicht steht darin mit Anmerkungen S. 375-377.

Mostars Übertragung ist bis heute unbeachtet geblieben. Zum Vergleich mit seinem ‚Einst und jetzt' stelle ich das Carmen Buranum 30 und die Übersetzung von Carl Fischer hierhin.[23] Man wird bemerken, daß Fischer der Reimstruktur seiner Vorlage aufmerksam folgt. Mostar hingegen hatte in seiner Übertragung den Binnenreim im zweiten Vers jeder Strophe in den dritten Vers verlagert und Vers 5 auf zwei Zeilen verteilt:

<table>
<tr><td>30</td><td>30</td></tr>
</table>

1. *Dum iuventus floruit,* *licuit et libuit* *facere, quod placuit,* *iuxta voluntatem* *currere, peragere* *carnis voluptatem.*	Da die Jugend froh geblüht, heiß gesprüht und heiß geglüht, war sie immerfort bemüht, ganz nach eignem Willen dreisten Bluts und heitren Muts Fleischeslust zu stillen.
2. *Amodo sic agere,* *vivere tam libere,* *talem vitam ducere* *viri vetat etas,* *perimit et eximit* *leges assuetas.*	Aber damit ists nun aus: aller Saus und aller Braus sind dem reifen Mann ein Graus; Regeln, die da galten, außer Kraft und abgeschafft sind sie für die Alten.
3. *Etas illa monuit,* *docuit, consuluit,* *sic et etas annuit:* *„nichil est exclusum!"* *omnia cum venia* *contulit ad usum.*	Ja, der kecke Jugendgeist fordert dreist und lobt und preist, was da bei ihm also heißt: „Freuden hochwillkommen!" Was sich beut und was ihn freut, das wird mitgenommen.
4. *Volo resipiscere,* *linquere, corrigere,* *quod commisi temere;* *deinceps intendam* *seriis, pro vitiis* *virtutes rependam.*	Bessern will ich mich fortan, abgetan sei aller Wahn so verwegner Lebensbahn; will mit ernstem Streben, statt dem Spiel, dem höhern Ziel frommer Tugend leben.

[23] Carmina Burana. Die Lieder der Benediktbeurer Handschrift. Zweisprachige Ausgabe. Vollständige Ausgabe des Originaltextes nach der von B. Bischoff abgeschlossenen kritischen Ausgabe von A. Hilka und O. Schumann, Heidelberg 1930-1970. Übersetzung der lateinischen Texte von Carl Fischer, der mittelhochdeutschen Texte von Hugo Kuhn. Anmerkungen und Nachwort von Günter Bernt. 6., revidierte Auflage (München 1995), S. 70-71.

5. Zum Ausklang: Herrmann Mostar und die Vita des heiligen Goar

Seinerzeit viel gelesen wurden Mostars geistreiche, das heißt mit Heiterkeit gewürzte geschichtliche Plaudereien. Mit leichter, doch stets gebildeter Feder führte der Autor sein Publikum durch die Epochen und erzählte ihm Aufregendes von „Liebe, Klatsch und sonstigen Menschlichkeiten". Wieviel ihm gerade diese immergrünen Zutaten für seine Schriftstellerei bedeuteten, ließ er im Untertitel seiner ‚Weltgeschichte höchst privat' anklingen, eines oftmals aufgelegten Bestsellers der 1950er Jahre.[24] Der unablässig neckisch kokettierende Tonfall freilich mag, bei aller Gelehrtheit des Verfassers, manchen Leser nach einiger Zeit ermüden. Wenn sich denn um diese Art Literatur heute überhaupt noch Leser versammeln.

Doch solche Bedenken sollen uns hier nicht kümmern. In einer kurzweiligen Geschichte, die an anderer Stelle erschienen ist, erzählt Mostar ‚Von Wein und Venus am Rhein', und er spannt dabei den Bogen von der Römerin Agrippina durch die Jahrhunderte bis zur „sagenberühmten Studentenwirtin Ännchen Schumacher aus Godesberg".[25] Mostar kennt Kaiser und Bischöfe, er nennt die Landschaften und ihre Heiligen, er erkundet ragende Ruinen und göttliche Weinlagen und hat, wie sich das eben für Plaudereien gehört, natürlich jederzeit ein offenes Ohr für Skandälchen und menschliche Schwächen. „Auch geistliche Fürsten verstehen zu küssen", behauptet er und erinnert sich genüßlich an die Affäre, die den Trierer Bischof Rusticus mit der Nonne Afflaja verband.[26] Kein Zweifel, Mostar hat sich durch die Werke der Kulturgeschichte gelesen und dabei gewiß auch manchen antiken Klassiker verinnerlicht. Aufgeräumt breitet er seine Kenntnisse aus, aber zu gerne wüßte man, wie er vom Techtelmechtel des Rusticus erfahren hatte.

Von diesem Bischof und seinem Fehltritt erzählt, übrigens nicht weniger genüßlich als Mostar, um 750 die doch recht entlegene Vita des heiligen Bekenners Goar.[27] Was fällt dort vor? In christlicher Nächstenliebe speist der rechtschaffene Gottesmann Goar nach dem Meßopfer in seiner bescheidenen Zelle am Rhein arme Leute und Fremde. Böse Zungen tragen dem Trierer Bischof Rusticus zu, Goar kenne kein Maß und beachte nicht die kanonisch gebotenen Essenszeiten. Der Bischof entsendet zwei Häscher an den Rhein, die den Vorwurf an Ort und Stelle untersuchen sollen. In böswilliger Verblendung sehen diese Büttel die Verleumdung bestätigt. So nehmen sie den frommen Goar mit nach Trier zu ihrem Herrn. Dieser stellt den Gottesmann, der unterwegs in aller Unschuld einige erstaunliche Wunder vollbracht hat, hochmütig zur Rede. Der Zufall will es, daß ein Kirchendiener in diesem Augenblick ein nur wenige Tage altes Kindlein hereinträgt, das in einem Becken am Domportal ausgesetzt worden war. Diese Einrichtung hatte die Trierer Kirche für Neugeborene geschaffen, die unehelich auf die Welt gekommen waren oder von ihren Eltern nicht ernährt

---

[24] Weltgeschichte höchst privat. Ein Buch von Liebe, Klatsch und sonstigen Menschlichkeiten berichtet und berichtigt durch Herrmann Mostar, Stuttgart 1954. Die 1959 gedruckte zwölfte Auflage umfaßte immerhin das 111. bis 120. Tausend.

[25] In diesem Sinn Ihr Herrmann Mostar (wie Anm. 21), S. 195-286.

[26] In diesem Sinn Ihr Herrmann Mostar (wie Anm. 21), S. 227.

[27] Vita Goaris confessoris Rhenani, in: MGH Passiones vitaeque sanctorum aevi Merovingici, IV, ed. Bruno Krusch (Hannover u. Berlin 1902), S. 411-423, hier 418.

werden konnten. Hämisch nutzt Rusticus die Gunst des Augenblicks, um den frommen Mann mit einem Gottesurteil bloßzustellen. Wenn seine Kraft von Gott sei, dann solle Goar doch den Säugling veranlassen, die Namen seiner Eltern preiszugeben. Der Gottesmann gerät in arge Not, darf sich seinem Bischof aber nicht verweigern. Flehentlich ruft er die Dreifaltigkeit an und beschwört das Kindlein: „Verrate uns klar und verständlich, wer deine Eltern sind!" Da zeigt der drei Tage alte Säugling mit dem Finger auf den Bischof und spricht klar und verständlich die Worte: „Der da, der Bischof Rusticus, ist mein Vater, und meine Mutter heißt Afflagia."[28]

Ein frommer Knalleffekt, der seine Wirkung nicht verfehlt, weder auf Rusticus – der freilich in den Trierer Bischofslisten nirgends nachzuweisen ist – noch auf Mostar, der das Dramatische der Situation aber dennoch nicht auskostet. Vielleicht hat er darauf verzichtet, weil ein pädagogisches Nachtreten im liebesleichten Geplauder zuviel Aufmerksamkeit auf sich gezogen hätte, vielleicht aber auch, weil die Quelle, aus der er schöpfte, ihrerseits den bischöflichen Skandal nur andeutete. Jedenfalls dürfte Mostar schwerlich die lateinische Ausgabe der alten Goar-Vita vor Augen gehabt haben. Ihren Widerhall hat die Geschichte vom heiligen Goar und dem Trierer Bischof vermutlich in der heimatnahen Rhein- und Mosel-Literatur gefunden, die sich seit dem 19. Jahrhundert einer weiten Verbreitung erfreute und hier und da wohl noch immer erfreut. Dankbar machen deren Autoren Anleihen bei den Schriften lateinischer Dichter, bereiten Sagen und Heiligenlegenden effektvoll auf oder würdigen Leben und Werk einer berühmten Persönlichkeit. In den rezeptionsgeschichtlichen Darstellungen steht solche eher volkstümliche Form der Aneignung bestenfalls am Rand. Meistens wird sie ganz übergangen, auch wenn manch ehrwürdiger Name nur auf diesem Wege breiteren Kreisen geläufig wird. Kein Schriftsteller spaziert an der Mosel entlang, ohne sich des Dichters Ausonius zu erinnern, der den Fluß und seine Landschaft im 4. Jahrhundert so gelehrt wie teilnahmsvoll besungen hat. Hymnischer Überschwang ist den jüngeren Autoren dabei nicht immer fern. Ludwig Mathar, Richard Wirtz, Ernst Hornickel, Rudolf Pörtner: An Ausonius ist niemand vorbeigekommen.[29] Ist es kühn zu vermuten,

---

[28] Der Name der Kindsmutter variiert in den Handschriften zwischen Aflagia, Afflagia, Aflaia und Afflavia. Wandalbert von Prüm nennt sie in seiner 839 verfaßten Bearbeitung der merowingischen Goar-Vita Flavia; vgl. Heinz Erich Stiene, Wandalbert von Prüm, Vita et Miracula sancti Goaris (Lateinische Sprache und Literatur des Mittelalters, 11), Frankfurt am Main u. Bern 1981, S. 27.

[29] Ludwig Mathar, Die Mosel, Köln o. J. [1924], S. 161-163, 178; Richard Wirtz, Das Moselland (2. Aufl., Trier 1925), S. 166-167; Hornickels Weinbibliothek: Die Reisen. Auf Schleichwegen des Bacchus quer durch Europa. Sonderausgabe (Stuttgart 1978/79), S. 7-8 und 167; Rudolf Pörtner, Mit dem Fahrstuhl in die Römerzeit. Städte und Stätten deutscher Frühgeschichte (Düsseldorf 1959), Taschenbuchausgabe München 1967, hier bes. S. 336-337. In die lange Tradition der Verachtung des Ausonius hingegen reihte sich Gerhard Nebel ein. 1948 erschien sein Buch mit dem Titel ‚An der Mosel'. Darin breitete er anspruchsvolle kulturphilosophische Betrachtungen über einen Fluß und die ihn begleitende Landschaft aus. Nebel verneigt sich an einer Stelle mit einem Zitat vor dem Dichter Stefan George, der, so Nebel, „physiognomisch und wesensmäßig ein Römer schon später Kaiserzeit war" (S. 18f.). Einen solchen feuilletonistisch geschüttelten Cocktail kann man ehrfürchtig einschlürfen oder einfach als hochtrabende Zumutung auf der Bartheke stehen lassen. Bezeichnend aber erscheint mir, daß der Altphilologe Nebel den Mosel-Panegyriker Ausonius, der ja tatsächlich ein „Römer" der späten Kaiserzeit war (er

daß die vielen nach Ausonius benannten Straßen in den Orten moselauf und moselab eher der heimatverbundenen Literatur geschuldet sind als den Bemühungen nüchterner Philologie?

Hat Herrmann Mostar aus einer ähnlichen populären Darstellung geschöpft, die den Konflikt zwischen dem heiligen Goar und dem sündigen Bischof Rusticus erzählte? Ich weiß es nicht. Oder war ihm Wilhelm Buschs Bildergeschichte ,Der heilige Antonius von Padua' bekannt, in der die Geschehnisse um Rusticus die sechste Episode bilden, auch wenn Busch sie von Goar auf den bigotten Antonius überträgt? Vielleicht kannte Mostar ja auch die ,Gesta Treverorum', eine weitgehend sagenhafte Geschichte der Stadt Trier, die ein Mönch am Beginn des 12. Jahrhunderts zusammenstellte.[30] Die Schmach des Rusticus ist mit wenigen Worten abgehandelt, aber, so fabuliert der unbekannte Verfasser hinzu, der Bischof tat für seinen Fehltritt sieben Jahre Buße. Den Namen der Mutter nennt er nirgends.

Woher auch immer Mostar den Stoff für seine historischen Plaudereien bezogen hat – mit Fußnoten hat er sie gottlob nicht beschwert.

---

kam aus Burdigala-Bordeaux), an keiner Stelle nennt. Oder doch, allerdings in der denkbar verächtlichsten Weise: Er streift ihn und straft ihn mit einer namenlosen und dadurch um so beredteren Andeutung (S. 18): „Ein römischer Dichter hat", so Gerhard Nebel, „wenn auch in schwächlicher und rhetorischer Manier, die Mosel besungen". Das ist der ganze Ausonius, das ist die ganze ,Mosella' auf den 134 Seiten von Nebels Mosel-Buch.

[30] Herausgegeben von Georg Waitz, in: MGH Scriptores VIII (Hannover 1848), S. 130-200, zu Goar und Rusticus S. 158.

Verzeichnis der Personennamen

Aar, Alexis, 57
Abel, Otto, 74
Abraham, 114-115
Accursius, 88
Achill, 35
Adèle von Champagne, 48
Adelperga, 78
Agius von Corvey, 102-113
Albertus Magnus, 60
Albrecht, Engelbert, 59
Albrecht, Michael von, V, 5, 19
Aler, Paul, 83
Alexis, Willibald, 93
Alkiphron, 29
Alkuin, 68
Alxinger, Johann Baptist von, 98
Ambrosius, 6
Anakreon, 7
Andreas Capellanus, 21, 32, 40-49
Angilbert, 61
Apicius, 29
Apuleius, 6
Archenholz, Johann Wilhelm von, 26
Archipoeta, 19, 59, 117-119, 121-122, 124
Ariadne, 33
Arichis II., 74
Aristoteles, 31
Arminius. *Siehe* Hermann der Cherusker
Arndt, Ernst Moritz, 17, 57
Arnim, Achim von, 8, 119-120
Artus, 41, 43
Arx, Ildefons von, 98
Attis, 53
Auber, Daniel François Esprit, 64
Augustinus, 6, 28, 30
Augustus, 31, 39
Ausonius, 56, 60, 80, 131-132

Balde, Jacob, 4
Bandel, Ernst von, 58
Barlaeus, Caspar, 64
Bathyllus, 51

Battaglia, Salvatore, 43
Bauernfeld, Eduard von, 16
Beardsley, Aubrey, 51
Beatles, 53
Bechstein, Ludwig, 70
Bellona, 53
Benedikt, hl., 108
Bernhardi, August Ferdinand, 93
Bertha, 61, 62, 67
Berthold von Reichenau, 76-77
Beumann, Helmut, 104
Bibula, 53
Bischoff, Bernhard, 122
Bismarck, Otto von, 16, 58
Bodmer, Johann Jakob, 94
Boie, Heinrich Christian, 9, 119
Bonifatius, 59
Borchardt, Rudolf, 4
Börne, Ludwig, 25, 28
Bossuet, Jacques Bénigne, 6
Bourdaloue, Louis, 6
Brecht, Bertolt, 4
Breitinger, Johann Jakob, 94
Brentano, Clemens von, 119
Brinitzer, Carl, 21-54
Brost, Eberhard, 75
Bube, Adolf, 57
Bungter, Georg, 123
Bürger, Gottfried August 119-122
Burger-München, Franz, 34, 36
Burke, Peter, 1
Busch, Wilhelm, 65, 132
Byron, George Gordon Lord, 25

Caesar, Gaius Iulius, 5
Caesarius von Heisterbach, 118
Caesennia, 53
Calpurnius Siculus, 32
Campe, Julius, 24-25
Canaval, Michael Franz von, 57
Caraccioli, Domenico, 27
Carnier, Xaver Franz, 83, 86, 88, 90-91
Carus, Carl Gustav, 94
Cats, Jakob, 64
Catull, 1, 4, 18
Chodowiecki, Daniel, 25-26

Cicero, Marcus Tullius, 1, 4-5, 18, 31, 76, 99, 110
Cinzio, Giambattista Giraldi, 5
Claudius, Matthias, 9
Codrus, Urceus, 84
Columella, 11
Commodian, 2
Cornelius. *Siehe* Nepos
Corraro, Gregorio, 5
Curtius, Ernst, 58
Curtius, Ernst Robert, 3

Daedalus und Ikarus, 34
Dahn, Felix, 55, 59-61, 65-66, 68-69, 73, 74, 97
Dante, 30
Darré, Walther, 31
Delavigne, Germain, 64
Dellius, 11
Desiderius, 74
Domaldi, 114, 115
Domitian, 50
Dräger, Paul, 80
Drobisch, Theodor, 57
Droste-Hülshoff, Annette von, 15, 17
Düchting, Reinhard, 75
Duns Scotus, 28
Dürer, Albrecht, 93
Düringsfeld, Ida von, 57

Eberle, Josef, 122
Ebers, Georg, 15
Ebert, Adolf, 104
Eckermann, Peter, 94
Eco, Umberto, 94
Einhart (Einhard, Eginhard), 19, 55, 59-62, 64-69, 73, 76, 97, 117
Ekkehard II. von St. Gallen, 98
Ekkehard IV. von St. Gallen, 59
Eleonore von Aquitanien, 45, 46, 48
Ellinger, Georg, 103
Elster, Hanns Martin, 43
Emma (Imma), 19, 59, 60-69, 73
Epikur, 32
Eppia, 52-53
Ermengarde von Narbonne, 46
Ernst, Otto, 117, 122

Eutropius, 99
Eyth, Max, 1

Fabricius, Georg, 4
Fels, Wolfgang, 105
Fischer, Carl, 129
Flaig, Egon, 2
Flaccus. *Siehe* Horaz
Flaubert, Gustave, 28
Fléchier, Esprit, 6
Fleischer, Karl Friedrich Wilhelm, 86
Folchart von St. Gallen, 98
Fontane, Theodor, 57, 58
Fouqué, Friedrich de la Motte, 64, 66, 68
Franck, César, 18
Francken, Matthias, 85
Fransecky, Karl Otto, 57
Freiligrath, Ferdinand, 57
Freytag, Gustav, 93, 99
Friedrich der Große, 4
Friedrich Wilhelm I., 16
Friedrich Wilhelm IV., 16
Frorath, Günter, 123
Fuhrmann, Horst, 94, 115

Galen, 39
Gaucelm Faidit, 46
Geibel, Emanuel, 57, 75
Gellert, Christian Fürchtegott, 7
George, Stefan, 131
Gerberga (Gerberg), 106, 107
Giannettasio, Niccolò, 5
Gleichen-Rußwurm, Alexander von, 33, 34, 35, 38
Glock, Anton, 18
Goar, hl., 130-132
Godefrid von Winchester, 14
Goebbels, Joseph, 22, 30, 32
Gollancz, Victor, 22
Goethe, Johann Wolfgang von, 3, 27, 57, 64, 75, 94
Göring, Hermann, 22
Gottschalk der Sachse (G. von Orbais), 111
Gottschall, Rudolf von, 58
Gottsched, Johann Christoph, 94

Grandaur, Georg, 105, 108
Gregor VII., 111
Gregor von Tours, 97
Greif, Martin, 57
Grillparzer, Franz, 64
Grimm, Jacob, 20, 95, 119
Grimm, Wilhelm, 95
Groß, Edgar, 86
Grossbard, Berthe, 22, 24
Grosse, Julius, 75
Grün, Anastasius, 57
Guillaume de Balaun, 46
Guilleaume de Cabestaing, 43, 46
Günzel, Klaus, 10, 95

Hadumod. *Siehe* Hathumod
Hadwig, 98
Hansjakob, Heinrich, 76
Hartlieb, Johannes, 43
Hartnid, 62
Hathumod (Hadumod), 100-106
Hauff, Wilhelm, 98
Hecker, Rolf R. A., 69
Heidelbach, Nikolaus, 124
Heimeran, Ernst, 34
Heine, Heinrich, 5, 25, 26, 34, 57
Heinrich II. von England, 46
Heinrich III. von England, 118
Heinrich III., röm.-dt. Kaiser, 63
Heinrich von Avranches, 118
Heinz, Gerd, 64
Herder, Gottfried, 4
Hermann der Cherusker, 56
Hermannus Contractus (Hermann der
    Lahme von Reichenau), 55, 59, 74-
    80, 98
Hero und Leander, 68
Herre, Franz, 95
Hertzberg, Wilhelm, 34, 36, 38
Herwegh, Georg, 57
Herzen, Alexander, 15
Heyse, Paul, 55, 57, 75
Hieronymus, 6, 28, 110
Hildegard (Hildigard), 66-67, 69
Hildegard von Bingen, 59
Hinkmar von Reims, 97, 111
Hitler, Adolf, 22, 31

Hoffmann von Fallersleben,
    Heinrich, 57, 99
Hofmann von Hofmannswaldau,
    Christian, 64
Hofmiller, Josef, 10, 13, 17, 18, 49
Hölderlin, Friedrich, 57
Homer, 1, 7, 8, 9, 15, 71, 121
Horaz, 1, 2, 3-4, 6-18, 29, 31
Hornickel, Ernst, 131
Hrabanus Maurus, 59
Hrotsvit von Gandersheim
    (Hroswitha), 20, 97, 99
Hubbard, Wynant Davis, 24
Hugo, Victor, 94
Humboldt, Wilhelm von, 3
Hume, David, 4
Huysmans, Joris-Karl, 2

Ijsewijn, Jozef, 84
Imma. *Siehe* Emma
Isaak, 114-115

Jaufre Rudel. *Siehe* Rudel, Jaufre
Jodelle, Étienne, 5
Johnson, Samuel (Dr. Johnson), 25
Juvenal, 21, 32, 49-54

Kain, 106
Karl der Große, 59, 61, 62, 64, 66-74,
    117
Karl V., 84
Kaufmann, Alexander, 118
Keefe, Lynn, 29
Kepler, Johannes, 3
Kinkel, Gottfried, 57
Kleist, Heinrich von, 56
Klopstock, Friedrich Gottlieb, 56
Knapp, Albert, 59
Knapp, Fritz Peter, 43, 48
Konfuzius, 31
Konstantin VI., 62
Kopisch, August, 58
Körner, Theodor, 57
Kost, Karlheinz, 68
Krasser, Helmut, 4
Krefeld, Heinrich, 119
Kriton, 39

Krüssel, Hermann, 91
Kügelgen, Gerhard von, 17
Kügelgen, Wilhelm von, 17
Kybele, 53

Labes, Hans von, 8
Lachmann, Karl, 95
Laistner, Ludwig, 74-77, 79-80
Langbein, August Friedrich Ernst, 64
Lao-tse, 30
Laßberg, Joseph Freiherr von, 95
Lasso, Orlando di, 19, 119
Laube, Heinrich, 16
Lenau, Nicolaus, 57
Leo von Ostia, 74
Leo X., 83
Libanius, 29
Lichtenberg, Georg Christoph, 25-26
Liesching, Friedrich, 102
Lingg, Hermann von, 55, 57, 60, 75
Liudolf, sächs. Herzog, 100, 101, 104
Livius, 3
Lohenstein, Daniel Caspar von, 56
Lollius. *Siehe* Maximus Lollius
Longfellow, Henry Wadworth, 64
Lovato Lovati, 5
Lucan (Marcus Annaeus Lucanus), 5
Lucilius, 90
Ludwig I. von Bayern, 57
Ludwig VII. von Frankreich, 46, 48
Ludwig, Abt von St. Denis, 62
Ludwig, Walther, 2
Lukian, 29

Mabillon, Jean, 74
Macrobius, 30
Magdalius von Gouda, Jakob, 83
Makart, Hans, 60
Manilius, 29
Mannes, Marya, 29
Marbach, Oswald, 57
Marc Aurel, 31
Marcabrun, 46
Marguerite von Roussillon, 47
Mark Twain, 27
Maro. *Siehe* Vergil
Martial, 5, 30, 50

Martini, Fritz, 60
Massillon, Jean Baptiste, 6
Mathar, Ludwig, 131
Maximilian I., 56
Maximilian II. von Bayern, 75
Maximus Lollius, 15
May, Heinrich, 63-65
Medea, 53
Meerheimb, Richard von, 57
Mejer, Luise, 9
Melissus, Paul (Schede), 4
Mertens, Martin, 57
Messalina, 53
Meyer, Conrad Ferdinand, 57
Millevoye, Charles-Hubert, 64
Monson, Don A., 44
Morgenstern, Christian, 4
Möser, Albert, 60
Mostar, Herrmann, 117, 127-132
Mozart, Wolfgang Amadeus, 88
Müller von Königswinter, Wolfgang,
    14, 118
Müller, Josef, 64
Müller, Wilhelm, 10-12
Munari, Franco, 117
Münchhausen, Börries von, 20
Musa, 39
Musaios, 68
Musius, Cornelius, 83-84
Mussato, Albertino, 5

Napoleon Bonaparte, 83, 86, 88, 91
Naubert, Benedikte, 64
Nebel, Gerhard, 131-132
Nemesian, 32
Nepos (Cornelius Nepos), 1, 99
Nero, 50
Newton, Isaac, 3
Nietzsche, Friedrich, 26
Nikolaus (sog. Archipoeta), 118
Nithard, 62
Notker I. Balbulus, 59, 98

Oda, 100
Ohly, Friedrich, 3
Orff, Carl, 4
Origenes, 28

Orth, Peter, 83
Ossian, 121
Ovid, 5, 18, 21, 31-42, 64, 67, 68, 108, 117

Paris (Pantomime in Rom unter Domitian), 50
Paris (Pantomime in Rom unter Nero), 50
Parry, John Jay, 42-45, 47-48
Patzold, Steffen, 63
Paul Warnefried. *Siehe* Paulus Diaconus
Paulinus von Aquileia, 69
Paulus Diaconus (Paul Warnefried), 55, 59, 69, 73, 74, 76
Peire Raimon, 46
Peire Vidal, 46
Peirol, 46
Pergolesi, Giovanni Battista, 88
Pertz, Georg Heinrich, 96-97, 100-105, 108, 112, 115
Pestel, Friedrich Julius von, 9
Petronius, 53
Petrus Diaconus, 74
Petrus von Blois, 117, 127, 128
Petrus von Pisa, 69
Peyrol. *Siehe* Peirol
Pez, Bernhard, 108
Pfeffel, Gottlieb Konrad, 64
Piloty, Carl Theodor von, 60
Pius VII., 86, 91
Platen, August Graf von, 9, 57
Platon, 1, 29, 31
Plautus, V, 29
Plinius der Ältere, 11
Plinius der Jüngere, 29
Pörtner, Rudolf, 131
Postumus, 32, 51-52, 54
Praz, Mario, 2
Properz, 5, 29
Pückler-Muskau, Hermann von, 14, 27
Pytheas von Massilia, 55, 56, 58

Quintilian, 5-6

Rabelais, François, 27
Rädle, Fidel, 41, 43-45, 47-48, 83, 85
Raimon de Miraval, 46
Rainald von Dassel, 117-119, 121
Raymond von Roussillon, 47
Regino von Prüm, 97, 113
Rehdantz, Carl, 112
Rehder, Jakob Heinrich, 14
Riehl, Wilhelm Heinrich, 93, 97, 110, 112-114
Rilke, Rainer Maria, 8
Rommel, Erwin, 24
Romuald von Salerno, 74
Roosevelt. Theodore, 55
Rorich (Rorico), 62, 68
Rotrud, 62, 68
Rückert, Friedrich, 75, 93, 100-109
Rückert, Heinrich, 101
Rückert, Luise, 103
Rudel, Jaufre, 46
Rusticus, 130-132
Rychner, Max, 49

Sallust, 1, 5, 18
Sannazaro, Jacopo, 5
Sappho, 6
Sarbiewski, Mathias Casimirus, 4
Schack, Adolf Friedrich Graf von, 65
Schanz, Martin, 38
Schede. *Siehe* Melissus, Paul
Scheffel, Joseph Victor von, 93, 96-98
Schelling, Friedrich Wilhelm Joseph, 13
Schenkendorf, Max von, 57, 83, 86, 88, 91
Scherer, Wilhelm, 47
Schiller, Friedrich von, 24-25, 33, 57, 70, 124
Schlegel, Friedrich, 94
Schmidt, Ernst A., 4
Schmidt, Helmut, 24
Schmidt, Paul Gerhard, 19, 91
Schnur, Harry C., 50
Schücking, Levin, 17
Schwab, Gustav, 57
Scott, Sir Walter, 94

Scribe, Eugène, 64
Seidel, Heinrich, 68
Seneca, 1, 4, 5, 18, 31
Septimius (Freund des Horaz), 13
Sergius, 52-53
Seth, 105-106
Seume, Johann Gottfried, 8-9
Seyffert, Johann, 23
Shaw, George Bernard, 27
Siebs, Theodor, 60, 97
Simrock, Karl, 58
Sokrates, 31
Sophokles, 1, 29
Spee, Friedrich von, 23
Statius, 5
Stein, Heinrich Friedrich Karl
   Freiherr vom, 93, 95-96
Stein, Therese vom, 95
Stemplinger, Eduard, 18
Stieglitz, Heinrich, 57
Stigelius, Johannes, 84
Stolberg, Friedrich Leopold Graf zu,
   56
Stolterfoth, Adelheid von, 57
Storch, Ludwig, 72-74, 76, 77, 78
Stout, Rex, 24
Streicher, Julius, 22
Sueton, 6
Sulpicius Lupercus, 90

Tacitus, 5, 18, 60
Tantalus, 34
Tartler, Georg, 31
Telemann, Georg Philipp, 64
Terenz, V, 99
Tetzner, Franz, 55-61, 66, 69, 75, 80
Theodulf von Orléans, 68
Theokrit, 5, 7, 31
Thikötter, Julius, 62
Thiota, 111
Thomas von Aquin, 31
Tibull, 5
Tieck, Ludwig, 93
Tigellius, 16
Toutain, 5
Trajan, 39, 50

Traube, Ludwig, 100, 105, 108
Treitschke, Heinrich von, 57
Uhde-Bernays, Hermann, 10
Uhland, Ludwig, 57
Ulrich von Lichtenstein
   (Liechtenstein), 47-48
Urban VIII., 83

Vansittart, Robert, 23
Venantius Fortunatus, 105-106
Vergil (Publius Vergilius Maro), 1, 4,
   5, 9, 18, 30, 31, 32, 90, 99
Vesalius, Andreas, 3
Vigny, Alfred de, 64
Vinzenz von Beauvais, 63
Vitruv, 90
Vogl, Johann Nepomuk, 58
Voltaire, François Marie, 4, 12
Voß, Johann Heinrich, 56

Wackenroder, Wilhelm Heinrich, 93
Walahfrid Strabo, 68, 97
Walling, Günther, 57
Walsh, P. G., 43, 48
Walter Map, 119
Wangenheim, Karl August von, 102,
   103
Weber, Friedrich Wilhelm, 7, 98
Weber, Otto, 56
Wend, Christoph Gottlieb, 64
Wieland, Wolfgang, 49
Wilhelm I., dt. Kaiser, 57
Wilhelm IX. von Aquitanien, 45
Wilhelm von Malmesbury, 62
Wilpert, Gero von, 21, 24
Winheim, Erhard, 84
Wirtz, Richard, 131
Wolfskehl, Karl, 122
Wunderlich, Werner, 97, 98

Xenophon, 1, 29

Young, Desmond, 24

Zesen, Philipp von, 6
Zeuxis, 49

Printed in the United States
By Bookmasters